本书是国家社科基金项目"微博舆论场的评价研究"（13XYY005）的研究成果，并获广西2011年协同创新中心"桂学研究中心"和广西一流学科"中国语言文学"的经费资助。

微博舆论场的评价研究

陈景元 著

中国社会科学出版社

图书在版编目（CIP）数据

微博舆论场的评价研究/陈景元著.—北京：中国社会科学出版社，2018.11
 ISBN 978-7-5203-2951-4

Ⅰ.①微…　Ⅱ.①陈…　Ⅲ.①博客—舆论—研究　Ⅳ.①G219

中国版本图书馆 CIP 数据核字（2018）第 180418 号

出 版 人	赵剑英
责任编辑	郭晓鸿
特约编辑	席建海
责任校对	李　莉
责任印制	戴　宽

出　　版	中国社会科学出版社
社　　址	北京鼓楼西大街甲 158 号
邮　　编	100720
网　　址	http://www.csspw.cn
发 行 部	010-84083685
门 市 部	010-84029450
经　　销	新华书店及其他书店
印　　刷	北京明恒达印务有限公司
装　　订	廊坊市广阳区广增装订厂
版　　次	2018 年 11 月第 1 版
印　　次	2018 年 11 月第 1 次印刷
开　　本	710×1000　1/16
印　　张	21.25
插　　页	2
字　　数	281 千字
定　　价	89.00 元

凡购买中国社会科学出版社图书，如有质量问题请与本社营销中心联系调换
电话：010-84083683
版权所有　侵权必究

目　录

导　论 …………………………………………………………………… 1
 一　研究对象和研究现状 ……………………………………………… 1
 二　研究理论和研究方法 ……………………………………………… 4
 三　研究的价值和意义 ………………………………………………… 6
 四　语料来源及事件简述 ……………………………………………… 8

第一章　舆论场和微博舆论场 ………………………………………… 14
 一　舆论和舆论场 ……………………………………………………… 14
 二　民间舆论场和官方舆论场 ………………………………………… 19
 三　微博舆论场 ………………………………………………………… 26

第二章　微博舆论场话语的生成机制和话语倾向 …………………… 31
 一　从"全景监狱"结构到"共景监狱"结构 ……………………… 31

二　微博舆论场话语的互动机制 ………………………………… 33
　　三　微博舆论场话语的类比机制 ………………………………… 41
　　四　微博舆论场话语的隐喻机制 ………………………………… 42
　　五　后真相时代的产生机制 ……………………………………… 44
　　六　微博舆论场的全民话语运动 ………………………………… 44
　　七　微博舆论场的意见倾向 ……………………………………… 50

第三章　微博舆论场的话语体系和舆论生态 ……………………… 60
　　一　话语和话语体系 ……………………………………………… 60
　　二　微博舆论场的话语体系 ……………………………………… 63
　　三　微博舆论场的舆论生态 ……………………………………… 68
　　四　小结 …………………………………………………………… 76

第四章　微博舆论场中的评价资源 ………………………………… 78
　　一　新韩礼德学派的评价理论框架 ……………………………… 78
　　二　微博舆论场中的态度资源 …………………………………… 81
　　三　微博舆论场中的介入资源 ………………………………… 118
　　四　微博舆论场中的级差资源 ………………………………… 153
　　五　小结 ………………………………………………………… 183

第五章　微博舆论场中的标签词语 ……………………………… 185
　　一　标签词语及其类型 ………………………………………… 185

二　微博舆论场中标签词语的污名化 …………………… 192

　　三　微博舆论场中的标签词语与身份范畴建构 ………… 197

　　四　微博舆论场中标签词语的选择性与动机 …………… 200

　　五　标签词语的去污名化与网络舆论的引导 …………… 202

　　六　小结 …………………………………………………… 204

第六章　微博舆论场的立场话语体系 …………………………… 205

　　一　立场概念的内涵及其基本特性 ……………………… 205

　　二　微博文本中立场的基本类型 ………………………… 214

　　三　微博舆论场中立场动态建构 ………………………… 224

　　四　立场归属与话语责任 ………………………………… 250

　　五　小结 …………………………………………………… 254

第七章　微博舆论场的评价参数 ………………………………… 256

　　一　评价参数理论阐述 …………………………………… 256

　　二　网络热点事件微博文本中的评价参数 ……………… 258

　　三　微博舆论场中评价参数的组合与相互作用 ………… 284

　　四　小结 …………………………………………………… 286

第八章　微博舆论场中评价的功能 ……………………………… 288

　　一　语言的功能 …………………………………………… 288

　　二　微博舆论场中评价的主要功能 ……………………… 289

三　微博舆论场评价功能的实现 ·················· 308
　　四　小结 ······································· 309

第九章　总结与展望 ································ 311
　　一　研究工作总结 ····························· 311
　　二　应用前景展望 ····························· 314

附　录　本书的语料符号 ·························· 316
参考文献 ·· 317
后　记 ·· 333

导　论

一　研究对象和研究现状

（一）研究对象

随着 Web 2.0 技术及互联网新技术新应用的快速普及，微博等新兴媒体在网络舆论场中发挥着极为重要的作用。微博是网络热点事件的策源地，也是舆情蔓延的发酵池，已越来越深刻地影响着媒体格局、舆论生态和社会舆论走向，进而影响人们的意识形态和行为选择。微博舆情研究，已经成为语言学、新闻学、传播学、社会学、公共管理学等学科众目关注的热点课题。

当前一些学者和研究机构主要从流量、关键词、词语频度、文本、粉丝结构、影响力、活跃度、地域、事件立场、情感维度（情感类型、状态和强度）等角度量化分析微博舆论，监测社会热点、焦点内容及舆情。由于对文本中具有立场、观点倾向的评价语言分析不足，导致舆情分析难以深化，不能满足舆情应对和管理的应用要求。针对这一问题，我们拟从语言学科的角度进行一项专题研究——微博舆论场的评价研究。

因此，本书的研究对象是微博舆论场中的评价语言。通过具体、深入、细致地研究微博及其跟帖评论，揭示网民怎样用语言参与社会实践、用语言互动和交换立场、用语言建构话语联盟、用语言来实现评价功能。

（二）研究现状

1. 英语评价研究现状

国外学者以英语为研究对象，致力于英语评价系统的研究。分为两个发展阶段：一是韩礼德（Halliday）系统功能语言学理论中有关评价的研究；二是新韩礼德学派（又称悉尼学派）马丁（Martin）等人的评价理论研究。

Halliday 系统功能语言学理论中有关评价的研究，有人际意义的色彩。Halliday 把语言的纯理功能分为三种：概念功能、人际功能和语篇功能。其中对人际功能的解释是"语言除具有表达讲话者的亲身经历和内心活动的功能外，还具有表达讲话者的身份、地位、态度、动机和他对事物的推断、判断和评价等功能。语言的这一功能称作人际功能"[①]。语言学家 Thompson 指出，评价是"所有语篇意义的核心问题，任何对语篇中有关人际功能的分析必然涉及评价……评价是指说话者对事物（如人、事件、行为……观点等）的看法，通常有好坏之分，也有强弱之别"[②]。

系统功能语法对人际功能的词汇语法手段有所描述，内容包括言语功能的论述、信息物品和服务的区分；主语和限定词的人际功能、归一度（polarity）和情态、人际隐喻、评论附加语、态度修饰词等，但都只是零散的讨论，没有系统化。

新韩礼德学派 Martin 等人的评价理论研究，是在系统功能语法关于人际功能的基础上发展起来的。Martin 认为系统功能语法对人际功能的研究不全面，于是提出评价理论填补传统系统功能语法对赋值语义研究的不足。Martin 于 2000 年第一次公开发表《交换以外——英语评价系统》（Beyond Exchange：Appraisal Systems in English），正式讨论评价理论。2003 年，Martin & Rose 合著的

[①] 胡壮麟、朱永生等：《系统功能语言学概论》（修订版），北京大学出版社 2008 年版，第 115—156 页。

[②] G. Thompson, *Introducing Functional Grammar*, London：Arnold, 1996, p. 65.

《语篇研究:跨越小句的意义》(*Working with Discourse*:*Meaning beyond the Clause*)第二章再次介绍了评价理论。2005年,Martin & White合著的《评估语言:英语评价系统》(*The Language of Evaluation*:*Appraisal in English*)专门阐述评价理论及其应用。

Martin等对评价理论的解释是:"评价理论是关于评价的,即语篇中所协商的各种态度、所涉及的情感的强度以及表明价值和联盟读者的各种方式。"[①]

目前,Martin的评价理论是话语分析的理论工具,已被广泛应用于新闻语篇、政治语篇、学术语篇、法律语篇、历史语篇、金融语篇以及科技语篇的话语分析之中,在意识形态的语篇分析中已显示出该理论的价值和意义。

2. 汉语评价研究现状

国内,汉语的评价研究还比较薄弱。较为突出的成果有:彭宣维描述了现代汉语词语的评价系统[②];刘慧勾勒了一个由词汇层、话语标记层、句子层和语篇层评价项构成的评价系统[③];陈景元描述了现代汉语评价表达理论体系[④];彭宣维等出版了汉英评价意义的分析手册[⑤];陈景元运用Martin的评价系统研究了网络热点事件的微博文本。[⑥]

然而,由于缺乏不同语体特征的大规模的语料库支持,汉语的评价研究在全局观、系统性、精细度和实用性方面存在严重不足。在词汇层面,汉语评价研究主要集中在词语的感情色彩的研究,如褒义词、贬义词、中性词等。

---

① J. Martin and D. Rose, *Working with Discourse*:*Meaning beyond the Clause*, London & New York:Continuum, 2003, p. 23; J. R. Martin and P. R. R. White, *The Language of Evaluation*:*Appraisal in English*. Basingstoke:Palgrave Macmillan, 2005, p. 1.
② 彭宣维:《现代汉语词语的评价语义系统》,《语言学研究》(第3辑),高等教育出版社2004年版。
③ 刘慧:《现代汉语评价系统研究》,博士学位论文,暨南大学,2009年。
④ 陈景元:《现代汉语评价表达论》,博士学位论文,华南师范大学,2010年。
⑤ 彭宣维等:《汉英评价意义分析手册——评价语料库的语料处理原则与研制方案》,北京大学出版社2015年版。
⑥ 陈景元:《网络热点事件文本中评价的功能及其实现》,《武陵学刊》2012年第5期。

在语法层面，汉语评价研究主要是运用主观性理论对个别的、零星的带有评价意义的结构、话语标记、立场标记的探讨。在语篇层面，国内研究大都是沿用 Martin 的评价系统进行分析。

国内外研究表明，评价研究呈现研究理论多元化、研究方法多样化的趋势。这在一定程度上弥补了采用单一理论和方法研究的不足。但总的来说，还存在不少问题：（1）对显性评价关注较多，对隐性评价讨论较少；（2）重聚合而轻组合，对词汇的评价潜势估计不足，忽视了语境或框架、修辞、文化等对词汇评价意义的影响和制约作用；（3）一些非真正表达评价意义的语言资源也被打上"评价"的标签，而真正表达评价意义的隐性评价却难以识别；（4）对褒贬评价讨论较多，对元语言评价讨论较少；对现实评价讨论较多，对非现实意义的评价讨论较少；（5）静态描述较多，动态考察较少。

目前，国内外对微博舆论场进行的评价研究尚不多见，新媒体话语的互动社会语言学研究仍然是匮乏的。因此，本书所呈现的研究很有必要。

二　研究理论和研究方法

（一）研究理论

单一理论无法全面解释某一语言现象，本书综合了语用学、社会文化分析、社会心理学、话语分析、传播学等多种研究视角，理论分析与实证研究并重。本书应用的理论如下。

1. 评价理论

Martin 等人的评价理论是本书的核心理论，作为语篇取向的语义学，本书着重描述了微博及其跟帖评论中的态度资源、介入资源和级差资源以及与读者建构的关系。

2. 互动语言学理论

互动语言学（interactional linguistics）是语言研究的一种"互动综观"

(an interactive perspective on linguistic research),它主张语义、功能和句法结构间存在互动性,且三者均是交互过程中所"浮现之物"(an emergent product),并随交际展开而不断变化。①

本书秉承互动语言学的核心理念,认为语言的意义、功能和句法结构并非既定而始终处于建构、变化之中,交互主体间的"互动"是建构、变化的驱动力。②

强调实证研究,将研究视域投向微博互动情景中的真实的、自然的语料研究。

3. "立场三角"理论

以 Du Bois 的"立场三角"理论(The Stance Triangle)为基本理论框架,研究微博舆论场中立场的动态建构,描述了微博舆论场的立场话语体系。③

4. 评价参数理论

评价参数就是说话人按照一定的语义维度或参数进行语言表述。本书根据微博文本语言事实进行考察,整理出微博舆论场中的评价参数。

(二) 研究方法

1. 会话分析

微博评论与原微博之间、评论与评论之间呈现出多层次、多向度的互动。我们截取会话的横截面来分析话轮对和话轮序列,探讨微博舆论场的立场共建和立场分离。

---

① E. Couper and M. Selting, *Studies in Interactional Linguistics*(eds.), Amsterdam/Philadelphia: John Benjamins, 2001, p.1.
② 刘锋、张京鱼:《互动语言学对话语小品词研究的启示》,《外语教学》2017 年第 1 期。
③ J. W. Du Bois, "The Stance Triangle", In R. Englebretson(eds.), *Stancetaking in Discourse: Subjectivity, Evaluation, Interaction*, Amsterdam/Philadelphia: John Benjamins Publishing Company, 2007.

2. 采样和统计分析

微博信息是海量的，我们运用社会语言学的研究方法，对材料做采样和统计分析。比如我们考察微博评论的评价参数分布情况，采用的就是抽样分析。

3. 内省法和例证法

内省法又名自我观察法，是根据研究者的语感和直觉判断语言现象的合法性和可接受性的方法。内省法注重根据语感和直觉判断。

例证法，即通过大量真实的微博例子来论证观点。本书中内省法和例证法相结合，充分观察评价语言的运用规律。

4. 文本细读分析

评价的复杂性和多维性，需要基于文本的、高度阐释性的细读分析。进行文本细读分析，才能有效地判别评价资源、话语立场和评价参数等。

我们围绕网络热点事件，紧密结合微博语料，综合运用上述理论和方法，避免了理论和方法的单一。

三 研究的价值和意义

我国当前正处于"互联网＋转型社会"时期，网络热点事件层出不穷，社会舆情热点呈现快速增长的趋势。将评价研究置于微博舆论场中，具有重要的价值和意义。

（一）理论价值

1. 朱德熙先生指出："进行语法分析，一定要分清结构、语义和表达三个不同的平面。"[①] 在结构平面和语义平面的分析方面，汉语语法学界已经取得了丰硕的成果，但表达平面一直是汉语语法研究的一个薄弱环节。微博中

---

① 朱德熙：《语法答问》，商务印书馆1985年版，第37页。

态度和立场的精细分类、互动建构中的语法、语义、语用研究，可以深化汉语的语法—语义—语用接口研究，充实汉语表达层面的研究。

2. QQ、微博和微信等社交平台，在质和量上改变着社会意见的表达方式。描述、解释微博的话语行为，描述、解释新媒体时代人们言语交际的模式和发展，可以展现微博语言的整体特征和使用规律。微博语类的评价研究，能丰富和发展评价理论。

3. 从评价视角切入分析舆论，弥补了舆情分析缺乏理论指导等问题。评价研究能提高舆情分析的精度，比单纯的次数提及能更好地预测网络意见倾向。

(二) 应用价值

1. 微博传播是即时传播，是点对面、多点对面的呈几何级数的裂变式滚动传播，具有强大的互动性。考察微博舆论场的评价，揭示微博舆论场的话语体系、意见倾向和舆论生态，能够帮助我们准确地把握网民立场、态度的种类和强度，以及话语介入的方式，找准网上舆论发展演变的规律和特点，为舆情有效应对和管理提供思路和借鉴。因此，本书对于引导微博舆论场的舆论走向，实现官民良性互动，具有重要的意义。

2. 本书进行的研究属于积极性话语分析的范畴，具有重要的实践价值。Martin 倡导积极话语分析，以弥补批评性话语分析的不足[①]，通过积极话语分析朝"和平语言学"（peace linguistics）方向努力，建设宽松、和谐、共处的人类社会。

Martin 认为，社团由该群体对事物的观点组成，我们期待社团内的人们对我们的所感移情（empathise）。"移情"即"人们对另一个人的处境、感情

---

① J. R. Martin, "Sense and Sensibility: Texturing Evaluation", In J. Foley (eds.), *Language, Education and Discourse: Functional Approaches*, London: Continuum, 2004, pp. 270–304.

的理解,并把这种理解与对方进行交流,使其觉得自己被理解了"[①]。这是构建和谐社区的重要话语实践,也是构建晴朗的网络空间的重要话语实践。

3. 本研究的应用前景十分广阔。对于言语交际、语言教学、语料库建设、机器翻译、话语分析、社会评价、舆情分析、传媒分析等应用领域有重要的指导作用,对于中文信息处理,也有一定的参考和借鉴价值。

诚如刘世铸所言,评价意义的复杂性决定了语码的计算机赋值过程将非常复杂。如何解决人际意义(包括评价意义)的计算机自动化处理是当前面临的重大研究课题。[②] 语言研究的滞后是制约信息处理的瓶颈,微博文本的评价分析可以为中文信息处理专家提供语言知识的支持。

总之,本研究是对语义学理论的一大贡献,确立了语义研究的整体观和动态建构观,是一项具有汉语特色的互动语言学成果。

四 语料来源及事件简述

微博是传播网络热点事件的舆论中心,而新浪微博又是热点事件的主要策源地和发酵池。因此,本书语料都采自新浪微博及其跟帖评论。微博数据规模大,时间特征明显,标注语料时,我们考虑到了微博用户名、事件名称和时间等因素,体现了舆情发展的动态特征。

微博文本是一种多模态文本,文本内容涵盖了文字、表情符号、图片、视频、元数据等。评价意义主要体现在文字之中,表情符号、图片(包括图画、照片、漫画等)、视频(包括语言、画面、音乐、音响等)、元数据(包括作者、发布时间、阅读量、转发量、评论量等)这些辅助性符号手段,也传递了一定的评价意义。语言符号和非语言符号都是构建意义的资源。意义互相阐释、互相补充、相得益彰。

[①] Pudlinski, "Doing Empathy and Sympathy: Caring Responses to Troubles Tellings on a peer Support Line", *Discourse Studies*, Vol. 7, No. 3, 2005, p. 267.

[②] 刘世铸:《评价理论在中国的发展》,《外语与外语教学》2010 年第 5 期。

本书的评价分析有特殊的关注点和侧重点。在新浪微博里边，主要选取转发和评论次数多的头条新闻等媒体官方微博、政务微博和微博大V的微博及评论。微博跟帖评论就是舆情。大部分评论具有较强的内容相关性，也存在着少量与话题无关的垃圾帖。本书涉及的网络热点事件有16个。

1. 郭美美炫富事件

事件简述：2011年6月21日，一个名叫"郭美美baby"的网友在新浪微博上大肆炫富，其认证身份为"中国红十字会商业总经理"。后来根据警方的调查和郭美美本人的供述：她以及她的资金来源都与中国红十字会毫无关系。中国红十字会没有"红十字商会"这一机构，没有"商业总经理"这一职位，机构中也没有"郭美美"其人。事件在网络上引起轩然大波，引发信任危机。

2. 李双江之子打人事件

事件简述：2011年9月6日晚9点，著名歌唱家李双江的儿子李天一和山西一富商之子因驾车争执一起殴打一对夫妻，施暴时高喊"谁敢打110！"而李双江之子案发时为无证驾驶，其同伙所驾车辆系套牌。事发后，李天一的家人探望了伤者，称希望给孩子机会，但李双江未出面。网络舆论将此事件与"我爸是李刚"事件联系起来，贴上"官二代""富二代"的标签，对李氏父子群起而攻之。

3. 重庆不雅视频事件

事件简述：2012年12月20日，网上出现时任重庆市北碚区区委书记雷政富与一名女子的"性爱视频"，迅速成为舆论关注热点。雷政富从被举报到免职，仅用了63个小时。随着事件发酵和舆情升级，至2013年1月24日，共有10名重庆官员、国企高管因与雷政富不雅视频"女主角"有染而被免职。不雅视频女主角赵红霞被网民调侃为"反腐英雄"而引爆网络舆论场。

4. 姚贝娜事件

事件简述：2015年1月16日下午，歌手姚贝娜因癌症不治去世，《深圳晚报》独家报道姚贝娜去世消息，因曝出三名记者为抢独家新闻伪装成医护人员潜入太平间拍摄引发了有关新闻伦理的口水战，网络上对《深圳晚报》和记者充满声讨和鞭挞之声。

5. 文登事件

事件简述：2015年7月22日下午，"爱国青年"侯聚森在其就读的学校门口被一群不明身份的青少年持械围殴，引起关注。文登警方将事件定性为"约架"拘留当事双方，以普通的治安事件处理。引发"自干五"、共青团等群体的不满；"公知"大规模参与论战，矛头直指共青团。威海警方政务微博表态支持文登警方以治安案件处理此事；"自干五"、共青团从《刑法》和《国家安全法》角度予以反击，揭露暴徒"方纳吧"团伙，要求追究警方内网信息外泄的责任。直到8月3日，公安部刑侦局官方微博才明确表态文登事件绝非一般性治安案件。

6. 毕福剑视频事件

事件简述：2015年4月6日网络上开始流传一段视频。视频显示，毕福剑在私人饭局上清唱经典样板戏《智取威虎山》选段，每唱一句都加了一句戏谑性调侃，侮辱已故国家领导人。毕福剑作为公众人物，不雅视频引起热议，舆论对事件的态度呈现两极分化的态势。

7. 天津滨海爆炸事件

事件简述：2015年8月12日23：30左右，天津市滨海新区归属瑞海公司的危险品仓库发生爆炸，造成了大量的人员伤亡和巨大的财产损失。微博舆论场中大致有事故信息类、网络正能量类、安全提示类、信息辟谣类、问责追因类等信息类型。

8. 青岛大虾事件

事件简述：2015年10月4日，一位四川网友爆料称，在青岛市乐凌路"善德活海鲜烧烤家常菜"吃饭时遇到宰客事件。该网友点菜时已向老板确认过"海捕大虾"是38元一份，结果结账时变成38元一只，一盘虾要价1520元。消费者向公安和物价部门举报，没有得到及时处理。事件经过微博曝光引发媒体报道，形成网络关注。

9. 聂树斌案

事件简述：1994年，聂树斌因被石家庄市公安局郊区分局怀疑为一起强奸杀人案的犯罪嫌疑人遭逮捕，1995年经过二审终审被判处并执行死刑。2005年1月，王书金供述曾强奸并杀害聂树斌案中的被害人。因一案两凶，河北政法部门启动对聂树斌案的核查，2013年9月27日，河北省高级人民法院对王书金案做出二审宣判，裁定王书金供述与石家庄西郊强奸杀人案证据不符，不能认定王书金作案，驳回上诉，维持原判。2016年12月2日，最高人民法院对原被告人聂树斌故意杀人、强奸妇女再审案公开宣判，宣告撤销原审判决，改判聂树斌无罪。此案形成网络关注。

10. 辱母杀人案

事件简述：2016年4月14日，于欢在和母亲被11名催债人侮辱长达1小时后，情急之下用水果刀刺伤了4人，被刺中的杜志浩自行驾车就医，却因失血过多休克死亡。2017年2月17日，山东省聊城市中级人民法院一审以故意伤害罪判处于欢无期徒刑。法院的判决触怒了网民，舆论哗然。是故意伤害还是正当防卫，成为本案最大的法律争议。

11. 山东非法疫苗案

事件简述：2016年3月，山东警方破获案值5.7亿元的非法疫苗案。未经严格冷链存储的疫苗（含25种儿童、成人用二类疫苗）被销往24个省市。

据最高人民检察院微博透露，检察机关对涉嫌非法经营疫苗的 125 人批准逮捕，对职务犯罪的 37 人立案侦查。疫苗安全事件引发社会高度关注。

12. 八达岭动物园老虎咬人事件

事件简述：2016 年 7 月 23 日，在八达岭野生动物园内，两名自驾游女游客在猛兽区下车后，被老虎袭击，造成 1 死 1 伤。事件当事人表示将起诉动物园，家属也发声质疑八达岭野生动物园巡逻人员未及时下车施救，管理存在问题，引发网民热烈讨论。

13. 魏则西事件

事件简述：2016 年 4 月 12 日，西安电子科技大学大学生魏则西因患滑膜肉瘤病逝。他去世前在知乎网站发帖称，通过百度搜索出武警北京第二医院的生物免疫疗法，在该医院治疗致使病情耽误，后来了解到，该技术在美国已被淘汰。他质疑百度竞价排名的医疗信息有误导之嫌。魏则西之死，将百度以及莆田系医院推上了舆论的风口浪尖。

14. 王宝强离婚事件

事件简述：2016 年 8 月 14 日，王宝强发布离婚声明，称妻子马蓉婚内出轨，与他的经纪人宋喆发生了不正当的两性关系，严重破坏了婚姻和家庭，决定与妻子马蓉解除婚姻关系，解除经纪人宋喆的职务。微博舆论场中，对马宋二人一片声讨之声。

15. 罗尔事件

事件简述：2016 年 11 月 29 日晚，深圳媒体人罗尔的文章《罗一笑，你给我站住》刷爆了朋友圈。文章引发网友的疯狂转发和微信打赏，赞赏金高达 300 多万元。事件几经反转，罗尔被指隐藏房产和财产。事件被指"炒作"，网友纷纷质疑这是一场"带血的营销"。

16. 宁波动物园老虎咬人事件

事件简述：2017年1月29日，宁波动物园发生老虎咬人事件。一名游客为了逃票翻越动物园围墙跳进虎园，被老虎拖咬，咬人老虎被击毙，违规闯进动物园的男子也抢救无效死亡。网络上迅速掀起"挺虎派"和"挺人派"的争论。双方针锋相对，互不相让。

第一章　舆论场和微博舆论场

一　舆论和舆论场

（一）舆论

1. 舆论的定义

舆论，《现代汉语词典》（第6版）解释为"公众的言论"。《大不列颠百科全书》解释为"舆论是社会上值得注重的相当数量的人对一个特定问题表示的个人意见、态度和信念的汇集"。公共舆论研究的先驱沃尔特·李普曼在1922年出版的《舆论学》中给舆论的解释是："他们头脑里的想象，包括对于他们自己、别人、他们的需要、意图和关系等等属于他们的舆论。"① 美国的伯内斯在1923年所著的《舆论的结晶》中认为，"舆论"这个术语被用来描述一种难以定义又反复多变的个人判断的聚合。舆论是时而统一、时而冲突的个体——社会成员和社会组织——意见聚合的结果。②

我国学者徐向红认为"舆论是相当数量的个人、群体或组织对公共事务

---

① ［美］沃尔特·李普曼：《公众舆论》，上海人民出版社2002年版，第3页。
② ［美］爱德华·伯内斯：《舆论的结晶》，胡百精、董晨宇等译，中国传媒大学出版社2014年版，第91页。

所发表的倾向一致的议论"①。项德生将"舆论"定义为"舆论是社会公众或集团对人们普遍关心的事态所作的公开评价"②。孟小平认为"舆论是公众对其关心的人物、事件、现象、问题和观念的信念、态度和意见的总和,具有一定的一致性、强烈程度和持续性,并对有关事态的发展产生影响"③。陈力丹认为,"舆论是公众关于现实社会以及社会中的各种现象、问题所表达的信念、态度、意见和情绪表现的总和,具有相对的一致性、强烈程度和持续性,对社会发展及有关事态的进程产生影响。其中混杂着理智和非理智的成分"。"态度用语言表达出来就是显舆论,用情绪表达出来是潜舆论,用规模行为来表达,就构成行为舆论。"④ 侯东阳认为:"舆论是公众对新近大家普遍关心或感兴趣的事件和问题公开发表的意见。"⑤ 韩运荣、喻国明认为,舆论是社会或社会群体中对近期发生的、为人们普遍关心的某一有争议的社会问题的共同意见。⑥

与"舆论"极为类似的一个概念是"舆情"。王来华认为"舆情是指在一定的社会空间内,围绕中介性社会事项的发生、发展和变化,作为主体的民众对作为客体的国家管理者产生和持有的社会政治态度"⑦。刘毅认为"舆情是由个人以及各种社会群体构成的公众,在一定的历史阶段和社会空间内,对自己关心或与自身利益紧密相关的各种公共事务所持有的多种情绪、意愿、态度和意见交错的总和"。并指出:"网络舆情就是通过互联网表达和传播的各种不同情绪、态度和意见交错的总和。"⑧ 徐晓日认为,网络舆情是社会舆

---

① 徐向红:《现代舆论学》,中国国际广播出版社1991年版,第23页。
② 项德生:《试论舆论场与信息场》,《郑州大学学报》1992年第5期。
③ 孟小平:《揭示公共关系的奥秘——舆论学》,中国新闻出版社1989年版,第36页。
④ 陈力丹:《舆论学——舆论导向研究》,中国广播电视出版社1999年版,第11—16页。
⑤ 侯东阳:《舆论传播学教程》,暨南大学出版社2009年版,第30页。
⑥ 韩运荣、喻国明:《舆论学原理、方法与应用》,中国传媒大学出版社2011年版,第45页。
⑦ 王来华:《舆情研究概论》,天津社会科学院出版社2003年版,第32页。
⑧ 刘毅:《网络舆情研究概论》,天津人民出版社2007年版,第52—53页。

情的一种表现形式,是公众在互联网上公开表达的对某种社会现象或社会问题具有一定影响力和倾向性的共同意见。① 曾润喜认为:"网络舆情是由于各种事件的刺激而产生的通过互联网传播的人们对于该事件的所有认知、态度、情感和行为倾向的集合。"② 张元龙认为,舆情是社会民众在一定的历史阶段和社会空间内,对关乎自己切身利益的公共事务(事项)或自己关心的特定事件所持有的群体性情绪、意愿、态度、意见和要求的总和及其表现。③

综上所述,"舆论"和"舆情",两者都涉及公众的态度、意见和情绪等,尽管表述不同,但内涵较为一致,没有本质的区别。"舆论"和"舆情",英文皆为 public opinion,因此我们对这两个概念不作过分区分,统一称之为"舆论"。舆论包括舆论主体(公众)、舆论内容(意见)和舆论客体(特定的客观对象)三个要素。

从上述定义来看,传播学上的舆论与语言学上的评价这两个概念有共同的内涵。舆论形态往往由一系列评价判断所组成,涉及肯定还是否定、支持还是反对、赞扬还是谴责,等等。可以说,舆论是民众对某一事件或议题所作的公开的评价的集合。舆论的倾向总是贯穿于一系列评价判断组合之中,舆论主体是评价主体,舆论内容是评价内容,舆论客体是评价客体。因此,我们将舆论纳入评价系统框架考察。

2. 网络舆论

谭伟认为,网络舆论就是在互联网上传播的公众对某一焦点所表现出的有一定影响力的、带倾向性的意见或言论。④ 祝华新、单学刚、胡江春在人民网舆情监测室发布的年度报告中,指出"网络舆论是指公众通过信息网络

---

① 徐晓日:《网络舆情事件的应急处理研究》,《华北电力大学学报》(社会科学版)2007年第1期。
② 曾润喜:《网络舆情管控工作机制研究》,《图书情报工作》2009年第18期。
③ 张元龙:《关于"舆情"及相关概念的界定与辨析》,《浙江学刊》2009年第3期。
④ 谭伟:《网上舆论概念及特征》,《新闻与传播》2004年第1期。

(有线和无线），针对公共事务和社会现象发表的意见"①。刘建明、纪忠慧、王莉丽提出"网络舆论是指在互联网空间形成的、关于公共问题的网民的一致意见，因舆论主体的虚拟化和全球性，大大提高了人类沟通、融合意见的能力，为广大民众参与社会舆论设置了平台"②。

严格地说，网络舆论是通过互联网平台表达的舆论，是具有相似性态度和看法的类聚集合。作为互联网场域中的一种舆论形态，它是社会舆论的集散地和放大器。网络舆论传播的方式有论坛发言、博客、微博、微信等。匿名性降低了人情和面子，消解了传统媒体的话语权。

在互联网上，网民各种情绪、意见、看法、态度、诉求交汇，相互磋商，相互影响。当前网络舆论已经形成了一个多元的话语结构，去中心化、情绪化、标签化、娱乐化是其主要的特点。

（二）舆论场

1. 舆论场的定义

法拉第提出了"场"的概念，作为物理学上的术语，指特定物质相互作用的空间。刘建明将"场"引入舆论学研究提出"舆论场"概念，用以说明具体舆论形成的一种情形。③ 项德生认为舆论场是特定的舆论主客体相互作用而形成的具有一定强度和能量的时空范围。④ 喻国明、刘夏阳认为，舆论场是指包含若干相互刺激因素，从而能使许多人形成共同意见的时空环境。⑤ 刘建明、纪忠慧、王莉丽从微观和宏观两个层面给出定义，舆论场的微观含义是

---

① 祝华新、单学刚、胡江春：《2009 年中国互联网舆情分析报告》，http://yq.people.com.cn/htmlArt/Art392.htm，2009 年 12 月 22 日。
② 刘建明、纪忠慧、王莉丽：《舆论学概论》，中国传媒大学出版社 2009 年版，第 171 页。
③ 刘建明：《当代舆论学》，陕西人民教育出版社 1990 年版，第 104 页。
④ 项德生：《试论舆论场与信息场》，《郑州大学学报》1992 年第 5 期。
⑤ 喻国明、刘夏阳：《中国民意研究》，中国人民大学出版社 1993 年版，第 283 页。

指舆论总是在具体环境中产生的,起始于某一具体空间。① 舆论场的宏观含义则是指社会的公共领域,是同微观舆论场相对的概念。公共领域首先由一个个场所构成,是基于与私人领域区别的交流意见的地方。公共领域实际是便于公众发表意见的场所的统称。

学界对舆论场的划分并不统一,有四分法,即民间舆论场、传统媒体舆论场、网络舆论场和境外舆论场②;有三分法,即口头舆论场、传统媒体舆论场、网络舆论场③;有两分法,如南振中提出两个舆论场概念,意指现实生活中实际存在着老百姓的"口头舆论场"和新闻媒体着力营造的舆论场。④ 袁勇认为舆论场不能机械地以官方和民间、主导和从属、强势和弱势、主流和支流来简单界定,而应结合舆论的生产方式及其动力源,以传播功能为基准,将社会舆论场细分为政治、人文、娱乐和宣泄四大板块。⑤

舆论场存在二元对立,比如官方舆论场与民间舆论场、精英舆论场与大众舆论场等。全媒体时代,各种媒介全方位融合,舆论场呈现出复杂性。

2. 网络舆论场

学界对于网络舆论场,尚未有一个权威、统一的定义。有两种观点。

一种是多场融合说。如余秀才认为,网络舆论场是"社会场""新媒介场""心理场"三"场"的交融,它既影响网络舆论传播的主体与客体的心理活动,也影响具体的网络舆论传播行为。⑥ 罗小红将"网络舆论场"界定为"网络环境中,针对公共事务和社会现象,新闻媒体的新闻报道所形成的

---

① 刘建明、纪忠慧、王莉丽:《舆论学概论》,中国传媒大学出版社2009年版,第50页。
② 张涛甫:《当前中国舆论场的宏观观察》,《当代传播》2011年第2期。
③ 王国华、肖林、汪涓:《论舆论场及其分化问题》,《情报杂志》2012年第8期。
④ 南振中:《把密切联系群众作为改进新闻报道的着力点》,《新闻记者》2003年第3期。
⑤ 袁勇:《舆论场交锋:博弈、冲突、互动与通融》,《新闻爱好者》2013年第8期。
⑥ 余秀才:《网络舆论场的构成及其研究方法探析——西方学者的"场"论对中国网络舆论场研究带来的启示》,《现代传播》(中国传媒大学学报)2010年第5期。

信息场和网民讨论所形成的民间舆论场的总和"①。

另一种是时空环境说。如聂德民认为，网络舆论场是网络空间和社会所特有的一个时空环境，与现实社会场交互作用，是现实社会的释放场和监控场，场内充满了权力与资本的争夺。② 肖文涛、黄学坚认为，"网络舆论场指的是多元分层的网络舆论主体，为实现各自利益诉求，以碎片化的社会热点问题为议事题材，以争夺话语权为手段，通过互联网传播和讨论而形成共识性意见的时空环境"③。

喻国明指出："网络已经改变了我国社会舆论的生态环境，并形成了崭新的网络舆论场。"④ "新舆论场"是指在信息网络化环境中，受不同政治、经济、文化等因素影响的各种信息同时在一个环境中传播，形成交互、多元、多变的舆论气候，即"场"。⑤ 网络舆论场，包括门户网站和BBS、QQ、博客、微博、微信等社交平台融合互通建构的舆论场。

在网络舆论场中，杂糅着政府舆论、媒体舆论、西方势力舆论、网民舆论。各种不同利益阶层都在发声，有参与诉求，有利益诉求，有娱乐诉求。网络舆论场中詈骂诅咒、非理性情感宣泄、谣言倒逼真相、人肉搜索等语言暴力现象给政府或当事人形成强大压力。

二 民间舆论场和官方舆论场

在网络热点事件的舆论中，存在着两个"舆论场"：一个是由报纸、广播、电视等传统媒体形成的"官方舆论场"；另一个是由"民间口头舆论场"进化而来的"民间网络舆论场"。两个"舆论场"存在着诸多差异。

---

① 罗小红：《论微博客在网络舆论场形成过程中的作用》，《青年作家》2011年第1期。
② 聂德民：《对网络舆论场及其研究的分析》，《江西社会科学》2013年第2期。
③ 肖文涛、黄学坚：《全媒体时代网络舆论场力量对比失衡问题探析》，《中国行政管理》2015年第8期。
④ 喻国明：《中国社会舆情年度报告（2010）》，人民日报出版社2010年版，第3页。
⑤ 参见刘正荣《互联网与新舆论场》，《新媒体研究前沿》，清华大学出版社2012年版。

"互联网+转型社会"时期,舆论格局变得多元而复杂。

(一)民间舆论场

在新媒体时代下,舆论场从传统的现实空间转移到互联网空间。本书所谓的民间舆论场,是指民间网络舆论场。民间舆论场的依托有BBS、QQ、博客、微博、微信,分别代表五个发展阶段。当前BBS、QQ、博客式微,微博和微信成为主要发声阵地。

由于社交平台的特点,舆论场出现"圈层化"。QQ群、微博群和微信群,出现了不同的利益群体和阶层,经常发生相左观点的公共舆论对垒。民间舆论场体现民众自身的需求和利益,意见在微博、微信、新闻客户端不断涌现,分割了传统的媒体场域,是对传统媒体垄断话语权的消解,意味着对单中心话语格局的颠覆,具有"去中心化"的特点。

民间舆论场中,网民不再凝神倾听权力话语的规训,而是采用围观、丑化、污名化、标签化政府及官员形象的方式,对政府权力和公信力加以消解。被网络联系起来的网民,往往对特定事件施以道德评判和网络审判。

民间舆论场中的一些个体对官方舆论场中的观点持习惯性怀疑态度,在解码的过程中强调对抗性,加上官方舆论场权力的傲慢,形成了两个舆论场间的对话鸿沟。民间舆论场形成强大舆论压力对事件中的各方施加影响,从而左右事件的进程。

(二)官方舆论场

官方舆论场指政府舆论场,体现党和政府的意志。以党报、电视台和国家通讯社等为代表。主要是宣传党和政府的政策方针,传播渠道体现为单向。

官方舆论场的传播是有序的、规范的。在网络热点事件中,官方舆论场或者进行单向度的灌输式政治化宣传,语气生硬,内容乏味。或者蛮横傲慢,集体"失明"或"失语"。或者反应迟钝,或者遮掩真相,或者避实就虚,或者敷衍塞责。普通民众对官方舆论场产生习惯性怀疑或对立情绪,加剧了官方和民众的矛盾。

舆论是党的喉舌，在网络热点事件中，官方舆论场出于维稳，倾向于宣传正面，弘扬时代主旋律，意图减少负面信息的影响。缺乏真诚的互动，难免出现"自说自话"和"自娱自乐"的局面。

官方舆论场的话语体系片面追求"舆论一律"，居高临下，调门统一，官话套话多。

（三）民间舆论场和官方舆论场的冲突碰撞

官方舆论场是体制话语，往往充满官话、套话，内容生硬。网络舆论场是民间话语，具有去中心化、情绪化和娱乐化等特点。官民两套话语体系，影响了两个舆论场的互动，加剧了两个舆论场的分歧和对立情绪。

网络时代，"人人都是麦克风"，普通网民也可以在互联网空间自由参与讨论，夺得了一定的话语权。民间舆论场的网民参与，主要是发布身边的新闻信息和对公共事件的评价，观点看法更加多元化。而官方舆论场持"舆论一律""话语一致"的一元思维，观点看法一元化，企图压制异己。对于挑战主流话语的"他者"，或者采取封堵、边缘化的方式，或者采取驳斥、打压的方式。于是网络舆论与官方权威声音分庭抗礼，这就是两个舆论场的冲突碰撞。

比如，在2015年"天津滨海爆炸事件"中，头条新闻新浪官方微博引述了"天津环保局"的官方论调"爆炸周边区臭味不影响健康"。发布微博：

（1）头条新闻：#天津滨海爆炸#【天津环保局：爆炸周边区域臭味不影响健康】天津环境保护局今日通报：爆炸事故现场周边部分区域出现的"臭味"源于甲硫醇，在目前浓度下，不会影响核心区从事应急工作的人员健康，事故核心区仍处于大规模清理阶段，气体还会不时产生，公众对此不必过于紧张。（天津滨海爆炸事件，2015－8－28，14：48）

民间舆论场跟帖评论，用质疑、反对、揶揄、反讽、詈骂等多种声音与官方舆论场冲突碰撞。例如：

（2）赵自刚：公信力几乎为零，不知还能独裁多久。（天津滨海爆炸事件，2015-8-28，14：51）

（3）Wilson_06：放爆竹你说污染环境，开车尾气你说污染环境，现在这么大的爆炸你跟我说没事？（天津滨海爆炸事件，2015-8-28，14：52）

（4）Noodles-pro：请天津环保局局长搬到无影响核心区办公，现场指导工作。每日清晨带领环保局的人深呼吸5分钟。（天津滨海爆炸事件，2015-8-28，14：52）

（5）名侦探柯南狂：环保局局长家搬到那里去住半个月好吗？（天津滨海爆炸事件，2015-8-28，14：49）

（6）大连公益单身俱乐部：不影响健康你带着防毒面具去现场？？（天津滨海爆炸事件，2015-8-28，14：51）

（7）琼小姐Sieben_：那你们为什么捂得那么严实？（天津滨海爆炸事件，2015-8-28，14：49）

（8）从心开始6002：不管你信不信，反正我是不信。（天津滨海爆炸事件，2015-8-28，14：49）

（9）祖哥和迅哥儿：放屁，欺负老子不懂化学？不好意思老子学这个的。（天津滨海爆炸事件，2015-8-28，14：50）

（10）请称呼我宇哥：我不信，没味儿还可能有毒呢，有味儿愣是没毒，我读书少，别总骗我！（天津滨海爆炸事件，2015-8-28，14：52）

（11）KW叶孤诚：一直都有关注官方报道，感觉爆炸后，空气比任何时候都要清新舒服的节奏啊！（天津滨海爆炸事件，2015-8-28，14：56）

(12) 动若脱兔静若痴呆：天津大爆炸很可能是一次历史转折的节点，中国腐败的所有问题都被炸出来了：官员素质低劣、怯场、懒惰、毫无实践经验、为官不作为；监督管理部门形同虚设；党委与政府的职责混淆、相互推诿相互扯皮、双双无能颟顸；环保以及规划等职能部门渎职越权、胡作非为；官商勾结；政商为奸、权钱交易；司法草菅人命。(天津滨海爆炸事件，2015-8-28，15：31)

(13) 弹一曲风花雪月：今天是七月十五，再糊弄百姓阎王今晚把你们带走。(天津滨海爆炸事件，2015-8-28，14：58)

(14) Xx_ _ Polly：对，空气清新剂，么么哒，行了吧［哼］。(天津滨海爆炸事件，2015-8-28，14：50)

(15) 青岛出租车预定：你们这些狗官简直是胡说八道。你们这是不负责任的说法。(天津滨海爆炸事件，2015-8-28，15：32)

(16) 乐帮主：呵呵，现在有些政府部门说瞎话都不用打草稿，张嘴就来呀?!你环保局再这样胡说，就罚你们全部搬到爆炸中心区现场办公，还不能戴口罩！(天津滨海爆炸事件，2015-8-28，15：14)

同样，头条新闻新浪官方微博引述了农业部的观点"天津海河大量鱼死亡因缺氧"。这一官方声音也受到民间声音的挑战。例如：

(17) 头条新闻：#天津滨海爆炸#【农业部称天津海河大量鱼死亡因缺氧】农业部公布天津海河鱼死亡原因，4份报告6项指标显示，鱼体及水域氰化物均未超标，硫化物监测合格，化学需氧量不合格、超标两到三倍，溶解氧指标不合格，说明水中缺氧，发生死鱼现象。综合可以判定，死鱼原因是缺氧。(天津滨海爆炸事件，2015-8-21，10：59)

网友跟帖评论，例如：

（18）我是你家隔壁王叔叔：我发现现在政府说什么。老百姓都是不相信的。公信力丧失。（天津滨海爆炸事件，2015-8-21，11：00）

（19）M天天向上：当然是缺氧，所以淹死了。（天津滨海爆炸事件，2015-8-21，10：59）

（20）原谅我这一生不羁放纵爱基友：领导先吃一条呗！（天津滨海爆炸事件，2015-8-21，10：59）

（21）Mr-Sun1993：中央把民众老百姓当成SB了，我的天，国家完了……（天津滨海爆炸事件，2015-8-21，11：00）

（22）南亦北：缺氧？那就可以吃了？让专家品尝！［怒］（天津滨海爆炸事件，2015-8-21，11：03）

（23）Miss姜汤：求农业部把缺氧鱼打包收回用作自家餐厅每日福利［微笑］。（天津滨海爆炸事件，2015-8-21，11：01）

（24）8分钟之前的太阳：给领导们来个全鱼宴吧，蒸的、煮的、煎的、炒的、烹的、炸的都上！我去年买了个表！（天津滨海爆炸事件，2015-8-21，11：02）

（25）鱼鱼12hiu：要加强鱼的思想政治工作，不能在关键时候添乱。（天津滨海爆炸事件，2015-8-21，12：22）

民间舆论场活跃程度高，为表达自身利益诉求，维护知情权，力求还原事实真相，倾向于挑刺和批评，语言极富煽动性，表达了网民对官方说法的强烈不认同。

（四）两个舆论场的共识度

尽管民间舆论场和官方舆论场的博弈仍在持续，但追求公平、公开、公正的目标是一致的。各家权威媒体纷纷开通官方微博，网媒与纸媒互动。面对公共事件，主流媒体、微博、微信等社交媒体的共同聚焦，社交媒体的舆论倾向与国家、政府处理事件的价值导向出现一致性。祝华新指出，国家网信办发布的"2014年度网上舆情形势分析"报告显示，我国主流媒体与社交媒体这两个舆论场出现交集，共识度已增强。社会正义、道德与良知和责任等在互动中趋同。①

比如，在2015年"天津滨海爆炸事件"中，两个舆论场中各种问责的价值倾向趋于相对统一。来自官方舆论场的问责声音有：

（26）头条新闻：#天津滨海爆炸#【政治局常委会：不论涉及谁都一查到底】中央政治局常委会上午开会，专题听取天津爆炸事故情况汇报，要求查清原因，查明性质和责任，不放过一丝疑点，不论涉及谁都一查到底，依法严肃追责，对涉及玩忽职守、失职渎职、违法违规的绝不姑息，给社会一个负责任的交代。（天津滨海爆炸事件，2015-8-20，15：47）

（27）头条新闻：#天津滨海爆炸#【至少7大环节11个问题待彻查】天津爆炸事故今天进入第10天。昨天上午，习近平主持召开政治局常委会，要求彻查责任严肃追责。瑞海公司虚假注册如何批准？消防验收如何通过？安评结果如何符合规定？批复文件又为何不公开？本次事故至少有7大环节11个问题有待彻查。（天津滨海爆炸事件，2015-8-21，00：35）

微博跟帖评论，代表了民间舆论场的问责声音。例如：

（28）自豪11101130同月：我相信习大大，政府加油，警察消防员都加油。（天津滨海爆炸事件，2015-8-23，00：45）

（29）Monica不胡闹：彻查！悲剧不能再发生！（天津滨海爆炸事件，2015-8-21，01：02）

---

① 祝华新：《2014："两个舆论场"共识度增强》，新华网，2014年12月25日。

（30）萍聚晴空210：不查怎能告慰亡灵，不查怎能安抚民心。相信支持习主席！（天津滨海爆炸事件，2015-8-21，06：44）

（31）连鹏：支持继续追问。如果不让罪恶得到惩罚，未来得到警示，那下一次受害的可能就是你我。（天津滨海爆炸事件，2015-8-21，00：54）

可见，两个舆论场存在一定的共识度，观点有交集，这是舆论引导的基础。官方和民间互动交流，呈现出从一元话语格局到一元与多元互动的话语格局的转变态势。要加强"官方舆论场"与"民间舆论场"的互动融通，营造和谐的网络舆论生态环境，实现两个舆论场的和谐统一，共同推动社会进步，一方面要增大官方网络舆论的吸引力与说服力，另一方面要培育大众的公共话语，允许和容忍不同的声音。这是建设并巩固网络舆论阵地的新常态。

三 微博舆论场

微博服务始于2009年。2010年，因个体、企业、机构、网站等纷纷进驻微博，微博成为企业发布官方信息与网民交流互动的平台，该年被称为"微博元年"。2012年，以人民日报、中央电视台、新华社等媒体为代表的"国家队"纷纷注册微博，试图主导微博话语权，被称为"媒体微博年"。中国传媒大学网络舆情（口碑）研究所发布的2011年上半年网络舆情半年报显示，微博已成为舆情第二大源头和最重要的舆论场。[①]

微博舆论场，整体上属于民间舆论场，是网络舆论场的子场，新浪微博在网络热点事件中发挥了巨大作用。网络论坛、博客、新闻跟帖曾经是网络舆论的主要网络空间，但微博出现后网络论坛、博客和新闻跟帖的力量开始被削弱。

---

① 张树庭、孔清溪、刘洪亮：《网络舆情"引爆点"解析——以两起重大事故网络舆情对比分析为例》，《现代传播》（中国传媒大学学报）2013年第5期。

微博的碎片化传播形态，高度契合了时代的特征。这是一个全息化的平台，微博用户可以随时随地，通过手机、MSN客户端、网络发微博，是一个即时性、交互性、开放性的民情民意汇集平台。

（一）微博的构成

通常由以下三个部分构成：

1. #话题#+［中心内容］+内容+链接+图片/视频。

2. 发布时间和来源。

3. 收藏、转发、评论和点赞等功能设置。

微博跟帖评论与原微博是链状套叠结构，包含回复数和点赞数。微博的阅读数、转发数、评论数、点赞数，以及微博评论的点赞数和回复数，这些元数据都是衡量交互度的指标。

微博特点是由其构成决定的，这种链状、环状、网状结构，信息呈立体多元的扩散，交互性强。可转发，可评论，可点赞，可以发私信。碎片化的信息不断拼接，形成相对完整的信息流。微博有天然的自净机制，碎片化文本之间相互证实、相互纠错、相互补充、相互延伸。微博传播是病毒式、裂变式、几何级的传播。

（二）微博的话语意义

新浪头条新闻板块的官方微博，纯文本较少，绝大多数配有图片，少数有视频，有超文本链接形式，是一种多模态文本。

文字话语具有概念、人际和语篇功能。与之相对应，非文字形式的图片和视频，则具有再现、互动和构成功能。文字、图片、视频、音频、表情符号等意义互相补充、协同作用，形成合力。微博的话语意义，是概念整合意义。

（三）微博的场域特征

场域是布尔迪厄提出的社会学中的一个空间隐喻术语。布尔迪厄强调：

依据场域进行思考即是进行关系性地思考,"在这里,机构化程度不高、边界并没有明确确立的实践就是场域"①。

微博传播中,机构化程度不高,各类人群无法取得共识,观点具有多声性。微博就是一个由网民进场、交互发声等一连串的模式化舆论活动所组成的广场式场域。政务微博、媒体微博、意见领袖和民众微博是微博舆论场的四个部分。

政务微博是政府机关开设的微博,在提供资讯与服务、舆情危机公关、负面事件的回应与辟谣方面发挥作用,对微博舆论有重大影响。

媒体微博包括传统媒体微博和新媒体微博。传统媒体微博,如人民日报微博、央视新闻微博等。新媒体微博,如头条新闻新浪官方微博。

政务微博和媒体微博代表官方话语,这是官方舆论场抢滩入驻微博,跟民间舆论场(微博舆论场)争夺话语权的行为。政务微博和媒体微博,影响着微博舆论场的舆论格局。

意见领袖微博是意见领袖发布或转发的微博。几乎每一个网络热点事件,都有"意见领袖"的身影出现。意见领袖的言论一定程度上影响粉丝的认知和价值判断。意见领袖的言论很可能成为一段时间网络舆论的中心议题,引导舆论走向。

民众微博是普通大众的微博。他们发布最多的是微博跟帖评论,人数众多。通过七嘴八舌的网络围观形成舆论叠加,以量取胜。传统媒体的公信力在民众微博的众声喧哗和讥讽戏谑中,有遭遇消解的风险。民众微博不可小觑,许多舆情事件具有"去中心化"特征,比如2015年的"青岛大虾事件",出现了"全民段子化"的趋势。

因此,微博舆论场是上述几种舆论子场构成的角力场。支持、反对、批

---

① [美]戴维·斯沃茨:《文化与权力:布尔迪厄的社会学》,陶东风译,上海译文出版社2006年版,第10页。

评、谴责、质疑、假设、回应、求证、修正、补充、声明、辟谣、辩解、挑战、道歉、理解、包容等多种声音互相关联、互相交织。话语权的下放，把关人的缺失，碎片化的表达，使舆论场中存在谣言滋生、蔓延的现象。但微博的开放和互动功能，使其具有较强的纠错和评价功能，这就是所谓的"无影灯效应"。

（四）微博舆论的形成过程

微博舆论的形成，一般是微博爆料或其他社区发帖，微博、博客、论坛、QQ 群等转发和评论，传统媒体关注和跟进，酿成热点事件。例如 2015 年的"青岛大虾事件"，源于四川网友微博爆料，称其在青岛一家大排档吃饭挨宰，此宰客事件引起大规模网络声讨而引发舆情危机。

再如，2016 年的"魏则西事件"就源于知乎社区的贴文。2015 年 8 月，魏则西在知乎平台上发帖讲述其已进入癌症晚期。2016 年 2 月 26 日，魏则西在知乎回答了"你认为人性最大的'恶'是什么？"主题帖，叙述其得知生物免疫疗法是被国外临床淘汰的技术，但自己受到欺骗性搜索及治疗的经历。该帖文成为后续微博围观事件的主要信息源头。

我们研究微博舆论场，主要看微博及其跟帖评论，分析其中的评价语言，探讨微博舆论场是怎样制造话题或参与话题讨论的，是怎样通过评价互动磋商实现立场共建和立场分离的。各种立场和声音在微博舆论场是怎样整合分化的，语篇意义是怎样建构的，意识形态是怎样互相影响和操控的。

Knight 提出了聚合理论（affiliation theory），用于分析团体认同在语篇中协商形成的过程。[①] Knight 认为，在言语展开过程中，评价意义与经验意义相伴而行，评价意义与经验意义的组合就形成一个个"耦合"（coupling）单位。

---

① N. K. Knight, "Wrinkling complexity: Concepts of identify and affiliation in humour", In M. Bednarek & J. R. Martin（eds.）, *New Discourse on Language: Functional Perspectives on Multimodality, Identity, and Affiliation*, London: Continuum, 2010, pp. 35–58.

这些"耦合"单位如果为言语活动的参与者所认可和分享,它们就会在社会—文化语境层建构一个个"一致关系"(bond)。"一致关系"是"聚合"层级的基本构成要素,"一致关系"聚类成"一致关系网络","一致关系网络"进一步聚类成"意识形态网络",并最后形成"一致关系文化系统"。Knight 根据"耦合"所表达的价值观念与言语活动参与者作为某个团体成员所持的价值观念之间的契合程度,区分了三种聚合策略:相容型聚合、笑谈型聚合和谴责型聚合。[①]

  微博舆情产生的过程,就是舆论聚合的过程。"围观就是力量",聚合人群情绪动员和话语运动已经成为网络社会的重要现象。看似弱小的声音,在持续关注和声援中逐渐强大。围绕网络热点事件,支持和反对两军对垒,或呈现一边倒现象。微博、博客、论坛、QQ 群等转发和评论,掀起全民话语运动。微博舆论场内,政务微博、媒体微博、意见领袖和普通网民之间互动,产生"共振和叠加效应",才能促成网络舆情的强大影响力。

---

  ① N. K. Knight, "Wrinkling complexity: Concepts of identify and affiliation in humour", In M. Bednarek & J. R. Martin (eds.), *New Discourse on Language: Functional Perspectives on Multimodality, Identity, and Affiliation*, London: Continuum, 2010, pp. 35 – 58.

第二章 微博舆论场话语的生成机制和话语倾向

一 从"全景监狱"结构到"共景监狱"结构

(一) 传统社会的"全景监狱"结构

法国哲学家福柯在《规训与惩罚》一书里提出了"全景监狱"的概念，将其作为一种隐喻来阐释社会权力的运行。福柯认为，"全景监狱"成为国家权力规训社会的一种权力技术和权力机制，其内在机制之一，就是信息的不对称，处在中心眺望塔的监视者视野开阔，随时能够看到被监视者的一举一动，掌握着充分的信息；而处在囚室中的被监视者则视野狭窄，既无法掌握其他人的信息，也看不到监视者的所作所为。这种信息不对称是"全景监狱"结构的重要基础。"全景监狱"的内在机制之二，就是被监视者个体被区隔在有限的空间，其相互之间既无法有效沟通信息，也无法进行集体行动，从而限制了有效制衡监视者的基础。"全景监狱"的内在机制之三，就是通过全景敞视"使权力自动化和非个性化，权力不再体现在某个人身上，而是体现在对于肉体、表面、光线、目光的某种同一分配上……这种安排的内在机制能够产生制约每个人的关系"[①]。

---

① 〔法〕米歇尔·福柯：《权力的眼睛：福柯访谈录》，严锋译，上海人民出版社1997年版，第103页。

"全景监狱"结构的特点是国家权力规训社会,政府高高在上,依靠大众传媒(国家喉舌)向社会大众发布自上而下的"官方舆论",民众无条件地听从主流话语的召唤和规训。

(二)网络社会的"共景监狱"结构

"共景监狱"理论源于"全景监狱"理论,是"全景监狱"理论的延伸和异化。喻国明认为,"共景监狱"结构,是"全景监狱"结构的反置,"'共景监狱'是一种围观结构,是众人对个体展开的凝视和控制"①。胡百精认为,"一人监视众人的透镜被反置了,他被安排在公共视野之中,承受围观者的期待、尺度、质询、娱乐和愤怒。如果说'全景监狱'是塔状的、一对多的俯视,那么'共景监狱'则更像古罗马的角斗场,主角就在场中央,出口却被封死了。表演必须继续,直到主角扑倒在地或者观众倦怠散场"②。

"共景监狱"结构的特点是社会大众对国家权力进行围观,原本作为"被监视者"的社会大众转变为"监视主体",可对某一对象"围观"和自由评论,集体围观而迅速产生公众舆论,影响政府决策。在网络热点事件中,之前处于优势地位的权力掌握者,被网民集体围观,犹如置身于古罗马角斗场中央,被网民的关注团团围住,直到"主角扑倒在地或者观众倦怠散场"。

从"全景监狱"结构到"共景监狱"结构,转变的内在机制是信息垄断被打破,互联网为信息共享、沟通互动提供了平台,给了网民形成"群体的力量"的机会。互联网时代,网民的权利意识、监督意识和民主意识普遍增强,越来越多的网民开始质疑、嘲讽和挑战政府权威。面对公共事件,网民不再凝神倾听权力话语的召唤和规训,而是去质疑、嘲讽和批评权力话语。

微博舆论场就是一个集体围观的舆论场,在"共景监狱"中,网民问责

---

① 喻国明:《媒体变革:从"全景监狱"到"共景监狱"》,《人民论坛》2009年第16期。
② 胡百精:《新媒体语境、危机话语与社会性格》,《中国新媒体传播学研究前沿》,中国人民大学出版社2009年版,第200—201页。

究因，倒逼政府改革，推动事件解决。由于网络的匿名性，网民表达意见非常直接，不礼貌和威胁现象普遍存在，甚至詈骂、诅咒、人肉搜索等语言暴力时有发生。由于裂变式的、呈几何级数的传播，围观者的意见迅速叠加类聚形成公共舆论，制造出巨大的"蝴蝶效应"。

赵宬斐指出，舆论场中逐渐形成了新媒体倒逼传统媒体舆论、市场化媒体倒逼主流媒体、网络谣言倒逼政府回应及解决热点问题等多重倒逼效应。①刘保指出，当"不可见的权力"变成"人人可见的权力""目光游离的网民"变成"目光如炬的网民"，"沉默的大多数"往往成为"喧嚣的大多数"甚至"沸腾的大多数"之后，几乎每个国家权力的行使者都感受到了网络围观的压力。②

因此，网络社会实现了从"全景监狱"到"共景监狱"的转变。网民用话语参与社会实践，用话语互动和交换立场，用话语建构彼此的话语联盟。越来越多的网民借助微博平台曝光各类社会不良现象，引爆社会舆论。他们揭露事实真相，捍卫公平正义，倒逼有关部门执法，惩治相关责任人或涉事机构。比如2016年的"魏则西事件"，微博舆论场将百度置于舆论的旋涡中心，从而最终推动了百度对竞价排名机制的整改。

当然，在"共景监狱"中，也有"全景监狱"的身影。网络言论自由不是绝对的，权力对网民的规训仍然存在，网民时刻受到法律、意识形态等方面的约束，网络行为不能超越法律的边界，不能损害国家的安全和利益，这可以从微博删帖、禁言和封号中体现出来。

二 微博舆论场话语的互动机制

（一）互文性理论阐述

苏联文艺理论家巴赫金的对话理论认为，"语言只能存在于使用者之间的

---

① 赵宬斐：《多元舆论场中党的舆论引导能力研究》，《政治学研究》2014年第1期。
② 刘保：《网络社会中的话语秩序研究》，博士学位论文，中国人民大学，2017年，第160页。

对话交际之中。对话交际才是语言的生命真正所在之处。语言的整个生命，不论是哪一个运用领域里（日常生活、公事交往、科学、文艺等）无不渗透着对话关系"①。对话突出"对"，"对"的丰富内涵是"双向"以至"多向"交流。语言是交际中的语言，对话只存在于人与人之间在用语言表达思想、情感、立场时发生的关系之中，这是巴赫金语言思想的基本观点。在巴赫金看来，一切表述都是对话性的。"每一个表述首先应视为对该领域中此前表述的应答（我们这里对'应答'一词作最广义的理解）：它或反驳此前的表述，或肯定它，或补充它，或依靠它，或以它为已知的前提，或以某种方式考虑它。"②

对话性可以分为外在对话性和内在对话性，外在对话性表现为交际者你来我往的话轮，内在对话性是指某个人的一席话或写的文章包含了他人声音、他人话语而在自身内部产生了对话关系。话语中存在两个或两个以上相互作用的声音，形成同意与反对、肯定和否定、保留和发挥、判定和补充、问和答等言语关系。③

在巴赫金"对话理论"的基础上，当代法国文艺理论家茱莉娅·克里斯蒂娃在《符号学：符义解析研究》一书中首次提出了"互文性"概念："任何文本都是由引语的镶嵌品构成的，任何文本都是对另一文本的吸收和改编。"④ 这里的"另一文本"，也就是我们通常所说的"互文本"，可用来指历时层面上的前人或后人的文学作品，也可指共时层面上的社会历史文本。而"吸收"和"改编"则可以在文本中通过戏拟、引用、拼贴等互文写作手法来加以确立，也构建作者和读者共享的意识形态。

费尔克兰福将互文性定义为"文本的一种基本属性，即包含其他文本的

---

① ［苏］巴赫金：《诗学与访谈》，白春仁等译，河北教育出版社1998年版，第242页。
② ［俄］巴赫金：《文本、对话与人文》，白春仁等译，河北教育出版社1998年版，第177页。
③ 陈景元、高佳：《现代汉语副词的评价视角分析》，《河北师范大学学报》2012年第6期。
④ J. Kristeva, *The Kristeva Reader*, In T. Moi（eds.），Oxford：Blackwell, 1986, p.37.

片段，而这些文本片段可能在一个文本中被清晰地划分或糅合，这个文本也可能对这些片段进行反驳、甚至嘲弄"①。费尔克兰福借鉴法国话语分析学派使用的术语，将语篇互文性区分为"语篇表层的互文性"（manifest intertextuality）和"语篇深层的互文性"（constitutive intertextuality）。② 表层互文性在语言层面中有清晰可见的其他语篇的痕迹特征。而深层互文性的语言特征则是隐晦模糊的。语篇表层的互文性可以包含 5 个范畴，即话语引述、预设、否定、超话语和反语。③

萨莫瓦约指出，共时层面上一个文本对另一个文本的"吸收"和"改编"，可以在文本中通过引用和粘贴等互文写作手法来加以完成。这种互文手法可以具体分为合并和粘贴。在合并手段中又可细分为引用、准确参考、简单参考、暗示、暗含和抄袭等。④

程锡麟认为，"互文性的引文从来就不是单纯的或直接的，而总是按某种方式加以改造、扭曲、错位、浓缩或编辑，以适合讲话主体的价值系统"⑤。辛斌也指出，互文材料很少只是被简单地嵌入某一语篇，而是根据该语篇内部的逻辑关系和语义结构被重新加以利用。⑥ 武建国进一步将篇际互文性分为融合型篇际互文性、镶嵌型篇际互文性、转换型篇际互文性和链接型篇际互文性。⑦

福柯强调话语实践的相互依赖性："文本总是利用和改变其他同时代的以及历史上已有的文本（这个属性通常被称为文本的'互文性'），而任何特定类型的话语实践都产生于与其他话语实践的结合，并受到它与其他话语实践

---

① N. Fairclough, *Discourse and social change*, Cambridge: Polity, 1992, p. 104.
② Ibid. .
③ Ibid. , p. 119.
④ ［法］蒂费纳·萨莫瓦约：《互文性研究》，邵炜译，天津人民出版社 2003 年版，第 138 页。
⑤ 程锡麟：《互文性理论概述》，《外国文学》1996 年第 1 期。
⑥ 辛斌：《语篇研究中的互文性分析》，《外语与外语教学》2008 年第 1 期。
⑦ 武建国：《篇际互文性研究述评》，《外语与外语教学》2012 年第 2 期。

的关系的限制。"①

简单地说，互文性是通过引用、例证、暗指、改编、挪用、戏讽、拼贴、模拟等方式与其他文本相连，从而使得"每个文本都与他文本形成对话关系"②。互文性是"一个语篇（主文本）把其他语篇（互文本）纳入自身从而使语篇之间发生联系的特性"③。

我们认为，巴赫金的对话理论和克里斯蒂娃、费尔克兰福等人的互文性理论，从本质上都可以理解为一种言语的互动。沃罗诺夫认为，言语互动是语言的一个基本事实，对话可以从一个更广的意义上来理解，既包括面对面的实际言语交际，也包括任何类型交际中的言语表现，其中书面话语也可以被认为是在更高层面上关于思想意识的商谈。④

（二）微博舆论场话语的互文性

社会热点事件的传播是多信源、多中心、多传手的环状嵌套的随机模式。⑤ 微博话语呈现出多层次、多向度的互动，互文性特征明显。

1. 现时文本与历时文本的互动

引语有直接引语和间接引语。直接引语是直接引用有关文本，通常用引号加以框定。间接引语是间接引述相关内容，不能用引号。例如：

（1）头条新闻：#女童患病父亲网文刷屏#【媒体称父亲曾承认帮公众号吸粉】有媒体综合报道指出，这是罗一笑父亲罗尔与某互联网金融

---

① ［法］米歇尔·福柯：《知识考古学》，殷晓蓉译，生活·读书·新知三联书店2003年版，第38页。
② Frank J. D'Angelo, "The Rhetoric of Intertextuality", *Rhetoric Review*, No. 1, 2009, p. 39.
③ 王莹、辛斌：《多模态图文语篇的互文性分析》，《外语教学》2016年第6期。
④ V. N. Volosinov, *Marxism and the philosophy of Language*, Translated by Ladislav Matejka and I. R. Titunik, New York: Seminar Press, 1973, p. 139.
⑤ 李彪：《网络时间传播空间结构及其特征研究——以近年来40个热点事件为例》，《新闻与传播研究》2011年第3期。

公司合作的炒作事件，让他们"在公众号上吸粉，同时也可以帮助笑笑"。罗尔随后谈到，文章经过该公司的加工，才酿成网络大事。不少网友对这次募捐事件提出质疑。（罗尔事件，2016-11-30，12：01）

例（1）头条新闻新浪官方微博中，"媒体称父亲曾承认帮公众号吸粉""有媒体综合报道指出""罗尔随后谈到"等表述，是微博作者"头条新闻"的转述，属于间接引语的形式。

其中"在公众号上吸粉，同时也可以帮助笑笑"，用了引号，是直接引语形式。微博的超文本链接了金羊网的文章《女儿患白血病刷屏网络 父亲承认帮公众号圈粉》，引导读者深度阅读，因是原文链接，所以属于直接引语形式。

头条新闻新浪官方微博通过引语，既与历时话语或文本互动，又与用户（潜在的读者或想象的读者）互动。

2. 微博读者与微博作者的互动

微博读者与微博作者的互动，体现在读者可以收藏、转发、评论和点赞。转发数、评论数和点赞数这些元数据，体现了事件关注度和舆情的热度。

微博文本的消费者（读者）与微博文本的生产者（作者）之间互动，你来我往，角色关系经常互换。微博读者既是文本的消费者，也是文本的生产者，充当了传播者、消费者和生产者多重角色，可以阅读、转发、点赞和评论，既是读者，也是作者。例（1）之下有大量跟帖评论，例如：

（2）榴莲流奶牛角包：小女孩是真病，却是场带血的营销，又一次消费了公众的善意。（罗尔事件，2016-11-30，12：01）

（3）睡醒拥抱你：如果这是真的，的确让人寒心与恶心。（罗尔事件，2016-11-30，12：03）

（4）夜长安：呵呵，身价千万，治疗花费还不到百分之一就跑出来

拿女儿的病去透支社会的善意，这种人真是卑劣。（罗尔事件，2016 - 11 - 30，12：04）

（5）歪歪得郑：案件只要满足两个条件即构成诈骗：一是嫌疑人以非法占有为目的，二是嫌疑人虚构了一些事实或隐瞒了一些情况。（罗尔事件，2016 - 11 - 30，12：15）

（6）Syrena 葵：金钱和亲情的较量中，女儿抵不过房产，生命赛不过金钱，赤裸的人性！挺失望的，一次一次磨灭了公众怜悯心。［困］（罗尔事件，2016 - 11 - 30，12：18）

3. 微博读者与微博读者的互动

针对微博跟帖评论，网民之间又展开评论。例如：

（7）YimanForever：不论是否关乎营销手段，不论是否关乎主人公个人品质，一个转发，就有可能给孩子带去一丝温暖。哪怕这整个事件都有可能是假的，哪怕你的善良可能被人利用，哪怕这个世界苍凉到要拿一个孩子的生命开涮营销，那又怎样！！至少你还有你的善良，不是吗？（罗尔事件，2016 - 11 - 30，12：02）

针对例（7），共有 108 条回复。例如：

（8）萌之喵明回复@YimanForever：别为自己的蠢找借口！（罗尔事件，2016 - 11 - 30，12：17）

（9）爱笨狂魔回复@YimanForever：不敢苟同。（罗尔事件，2016 - 12 - 1，03：02）

（10）HJRuru 回复@YimanForever：而这种转发的善良是真的善良吗？这种献爱心可能是虚伪的，是自己在朋友圈的一种作秀。逃避了现实问题。（罗尔事件，2016 - 12 - 2，01：40）

（11）琥珀里的幸福回复@YimanForever：这种自欺欺人的爱心泛滥是把自己树立成了伟光正的佛祖吗？善恶终有报，你以为你种了善，可却结出恶，当然捐款是你情我愿，你捐了不一定是善人，我没捐我也不代表是恶人，只能奉劝你别让滥爱冲昏了理智！（罗尔事件，2016-11-30，17：26）

其他读者与读者之间的互动，形成多向度的话轮序列，例如：

（12）尿湿裤头丁丁凉回复@杨沐沐V：划重点：三套房，他能卖一套，我都觉着这事没那么恶心，我家有钱，但我更喜欢用别人捐的钱[二哈]（罗尔事件，2016-11-30，16：28）

跪安吧V回复@尿湿裤头丁丁凉：重点是那篇文章并看不出他家有钱。（罗尔事件，2016-11-30，16：29）

尿湿裤头丁丁凉回复@杨沐沐V：所以大人才更卑劣啊！（罗尔事件，2016-11-30，16：31）

跪安吧V回复@尿湿裤头丁丁凉：所以这个事件，最受伤的是小朋友，再这么发酵下去，小朋友长大了知道这件事会怎么想，我觉得要去反转的人也不是什么好人~天知道是不是带着一丝恶意，觉得自己劳苦功高~（罗尔事件，2016-11-30，16：33）

尿湿裤头丁丁凉回复@杨沐沐V：孩子可怜啊，当爸的连自己姑娘的血馒头都吃。这事不在于用不用翻人老底，你就说作为一个有正常道德的人会在自己有钱的时候搞这种众筹吗？（罗尔事件，2016-11-30，16：36）

跪安吧V回复@尿湿裤头丁丁凉：其实咋个说，他爸也没发起众筹，毕竟娃娃生病是真的，他担心娃娃也是真的，可能他也没想到事情搞成这样，但是已经搞成这样了，是不是屎都已经兜在裤裆里，也不排除他当时就是有私心，就是想利用善意，反正整个事件尽快平息，小朋友治病才是第一，我还庆幸有SB愿意去转，至少证明这个社会还有善良存在。（罗尔事件，2016-11-30，16：46）

　　介厄回复@杨沐沐V：他并没有比广大群众穷，相反是有钱多了，他在透支公众的善心。你现在的每一个转发都是为那些没有能力营销的白血病孩子的。（罗尔事件，2016-11-30，18：07）

4. 微博读者与当事人的互动

读者与当事人的互动，例如：

　　(13) 我要X死我自己：就一句：在你没有变卖房子为你女儿治病之前，并不值得我为你捐款。（罗尔事件，2016-11-30，12：02）

　　(14) 东东821：因为以前的红会事件慈善事业就受质疑，现在又这样，以后谁还敢献爱心，我们的这点爱心都快被你们消费光了！（罗尔事件，2016-11-30，12：12）

上两例用第二人称代词"你""你们"，与当事人进行互动。严格地说，当事人也是读者。评论作者总是希望当事人阅读并回应，因此读者与当事人的互动实际上也是读者与读者之间的互动。

5. 戏仿

戏仿（Parody）是一种后现代小说叙事技巧，也称为反讽式引用、拼贴或借用，它不是局部地再现源文本，而是对源文本的戏仿、异化和戏谑。例如：

　　(15) 花花上仙：爸爸爱你但爸爸不能为了你卖了三套房子，网上有钱爸爸要去白捡。（罗尔事件，2016-11-30，11：29）

　　(16) 伦伦君i：钱和房子是我的，女儿是网友的。（罗尔事件，2016-

第二章 微博舆论场话语的生成机制和话语倾向

12-4，12：08）

（17）Sunny爱樱桃：又丑又坏［摊手］，房子是儿子的，女儿是靠网友的。（罗尔事件，2016-12-4，12：11）

（18）努力奋斗的小光棍：罗尔：女儿爸爸爱你，但是即使你病死了爸爸也不能卖房子给你治病，网上傻子多，爸爸去网上捡钱。（罗尔事件，2016-12-4，15：32）

（19）猫巷里的树语：爸爸爱你，但是爸爸不能卖掉一套房子去救你。（罗尔事件，2016-11-30，15：31）

（20）突然很怀念高家湾老市场：罗一笑，你给我站住，我们去看第四套房好吗？（罗尔事件，2016-11-30，15：31）

上六例运用戏仿，反讽式地引用了罗尔的话，传递了说话人的讽刺、戏谑、诙谐、嘲弄或幽默等态度。

三 微博舆论场话语的类比机制

类比是语言的创新机制，也是话语的产生机制之一。微博舆论场的类比，包括人物的类比和事件的类比。人物的类比，例如：

（21）BellaHaugen：河南的赵作海、内蒙古的呼格、河北的聂树斌……可怕的国家！（聂树斌案，2016-12-4，19：34）

（22）dangerousgirl3：罗尔、林丹、马蓉，年度三大恶心人物［吐］（罗尔事件，2016-12-5，22：42）

（23）尹恩熙：马蓉就是现代版的潘金莲，宋喆就是现代版的西门庆，而宝宝就像可怜的武大郎，被你们这对奸夫淫妇给害惨了。（王宝强离婚事件，2016-8-15，11：24）

（24）谜咪猫：这是中国版的匹诺曹吗？（魏则西事件，2016-5-2，22：33）

事件的类比，例如：

（25）琛大爷咆哮：记得彭宇案吗？从那之后，扶不扶成了一个难题。我相信这个罗尔事件之后，捐不捐也会成为一个难题，害的是真正需要帮助的人，冷的是人心。（罗尔事件，2016-11-30，13：15）

（26）林彬_Furio：一个孙志刚用生命废除了收容条例，一个魏则西让大家知道网络监督的漏洞，如果每次这种事情都需要生命，为什么每次都是大学生的命才能引起重视呢！（魏则西事件，2016-5-2，22：20）

（27）云就是我：试想，假如是中华人民共和国——我们共同的母亲被外敌凌辱，我们作为儿女的，哪一个不会誓死捍卫???!!!（辱母杀人案，2017-3-25，23：46）

（28）_小小小小_：说实话，这个事情跟北京那个不一样，动物园反应太慢了！看视频，这个人其实可以救得回来的，动物园的应急措施太烂了！这是条人命啊，为什么一堆人来评论里面玩段子！（宁波动物园老虎咬人事件，2017-1-29，17：17）

四　微博舆论场话语的隐喻机制

概念隐喻通过"携带评价源域事物的方式，并传递所选择的映射"而实现评价。[①] Fauconnier 认为，概念合成理论是"两输入空间有选择性地投射部分元素进入合成空间"[②]。Martin 和 White 认为措辞层与意义层之间的体现关系让隐喻评价成为可能，区分了"内在的"（inscribed）与"唤起的"

[①] G. Lakoff and M. Turner, *More Than Cool Reason: A Field Guide to Poetic Metaphor*, Chicago: University of Chicago Press, 1989, p.65.

[②] G. Fauconnier, *Mappings in Thought and Language*, Cambridge: Cambridge University Press, 1997, p.32.

(invoked)两种态度评价。① 前者是显性评价，后者是隐性评价。隐喻不仅产生了隐性评价意义，隐喻还是级差系统中量化和强化的手段。例如：

(29) 盘尼西林子大了：莆田系负责挖坑，榨干绝症患者积蓄；武警二院负责招揽，为其贴金字招牌，让患者丧失警惕；百度负责做假路牌，指引患者源源而来；监管部门负责为骗子保驾护航，让受害者无处维权，让罪恶长期延续。他们都是罪恶的一部分！（魏则西事件，2016-5-5，15：12）

(30) 顶戴花翎子：贵社想做甚？这一整条肮脏的利益链里，武警二院的狗贼，莆田系的狗贼，医疗监管部门的狗贼，和百度狗贼，一个也跑不了。现在把百度一个狗贼推向风口浪尖，是要选择性地保护剩下的这三条狗吗？是要保护他们不受公众瞩目么？你们休想。这四方，全是泯灭良心的恶兽，全得负责，全得拖出来遛遛，全得遭报应。（魏则西事件，2016-5-2，16：59）

(31) 叫你们经理来：直接杀手是医院，间接杀手是百度。[蜡烛]（魏则西事件，2016-5-2，10：07）

(32) 人民日报：【你好，明天】天津爆炸发生15天后，11名官员被立案侦查，职务覆盖规划、国土、交通、安监、海关等多个政府部门。它们本都是安全生产的有力保障，而如今却可能在某个甚至多个环节上出了问题。链条虽长，断了一环就会失效；木桶虽大，短了一板就会流失。问题出在哪里，让我们拭目以待！（天津滨海爆炸事件，2015-8-27，23：31）

(33) 凡辰_ XP：本来要把权力关在制度牢笼里，结果发现牢笼

---

① J. R. Martin and P. R. R. White, *The Language of Evaluation: Appraisal in English*, Basingstoke: Palgrave Macmillan, 2005, pp. 10-12.

的钥匙在权力手中，牢笼成了权力的豪华套间！（天津滨海爆炸事件，2015-8-28，00:04）

（34）北风那个吹呀999：所以说这就是个逆淘汰的社会，良知、正义、慈悲，日积月累地被从体制内挤出，剩下的是什么不言而喻。（聂树斌案，2015-4-9，19:41）

隐喻是评价意义的一种激发手段，是一种间接评价的策略，评价意义来自目的域与源域的互动映射。在网络热点事件微博文本中，隐喻的评价意义服务于其修辞劝说功能，一方面阐明作者立场，另一方面拉拢读者，企图影响读者的意识形态，建立正同盟关系。

五 后真相时代的产生机制

可以说，当前舆论环境处于后真相时代。后真相时代的特点是，舆论场在信息传播过程中，真相在后面，情感和观点在前面。主要原因有三。

首先，尖锐的观点或情绪化的言论极易煽情而引起网民共鸣和群体性参与，客观、理性的报道无法调动网民的情绪。为了做情绪总动员，往往观点先行，真相就显得不那么重要了，重要的是观点得到群体的认可和共鸣。

其次，注意力经济驱使。为了博头条，蹭热点，来不及调查和挖掘真相，对一些传闻甚至谣言没有仔细审查核对就迅速转载报道和发表观点。

最后，碎片化阅读时代的特点。网民不问真相，甚至只看标题，来不及看内容，就匆忙发评论。

待到真相揭晓时，舆情开始反转。比如2015年的"文登事件"、2016年的"辱母杀人案"、2016年的"罗尔事件"等。

六 微博舆论场的全民话语运动

（一）网络热词或网络流行语

赵一农指出，话语建构社会现实不仅停留在话语层面，而且体现在话语的最基本单位（词汇）层面。① 一些网络热词或网络流行语，是伴随着网络热点事件产生和传播的，在舆论造势中发挥了重要的作用。

网络热词或网络流行语，由网民创造，通过网络论坛、QQ、微博和微信等方式传播，其黑色幽默以及反讽的词汇风格等折射出对强势群体、官方定调以及权威说法的否定和颠覆。例如：

（35）全景网：【新成语——鲁驴怼车 我们一起呼吁让成语词典收录之！】这两天的热点事件"辱母杀人案"，本来和此案没有多大关系的"济南公安"，为了蹭热点，发出了"情感是情感，法律是法律"的微博。没料到的是，和这条微博挨着的另一条微博火了。这张毛驴撞大巴的图片，以及微博里的文字，疑似暗讽网友是驴。于是……（文登事件，2017－3－28，15：26）

2017年的"辱母杀人案"催生网络成语"鲁驴怼车"。

【字义】驴，指中华田园驴。群居，广泛分布于东亚大陆，数量多，分布广。

【近义词】自取灭亡、不想活了、安心吃草、别乱嚷嚷。

【用法】蹭热点、危机公关、上热搜神器；又可揭露现实，言简意赅，含义深远。

【释义】山东的驴子和大巴玩对对碰，扑街。

【寓意】驴子应安分守己，专心拉磨，少吃饲料多干活，没事多看新闻联播，别上网刷微博，驴子要有驴子的自觉；又寓意借了高利贷你要还，你妈被欺负你要忍。

【出处】《微博·济南公安传》："世事多奇葩，毛驴怼大巴。毛驴：不服

---

① 赵一农：《话语构建》，人民出版社2015年版，第64页。

来战！大巴：容你战我千百回，受伤的驴总是你啊。"①

网络热词或流行语的产生，发起了微博空间怨怼情绪的总动员。网民用自嘲、讽刺、诙谐、无奈的语言表达不满、气愤等情绪。可以说，网络热词或流行语是网络民意的另类表达。纵观"我爸是李刚""躲猫猫""戴套不是强奸""被××""这届×不行"等网络流行语，出自被围观者违背情理、法纪和常识的"雷人雷语"，展示了权力的傲慢、对民意的漠视和羞辱。全民掀起造句大赛，其实是一种对权力话语的反讽修辞。又如：

（36）哈皮花花：聂案得以改判无罪，<u>中国或成最大赢家</u>［good］（聂树斌案，2016-12-4，09：03）

例（36）"中国或成最大赢家"是网络流行语，其已被广泛运用于新闻标题之中，因被高频使用，结构和意义已凝固下来。例如：

（37）外媒：东盟外长会低调议南海　<u>中国或成最大赢家</u>？（中华网，2017-8-7）

（38）东京奥运会项目调整：<u>中国或成最大赢家</u>　孙杨欢呼（中国新闻网，2017-6-11）

（39）美国退出"巴黎协议"有何影响？　<u>中国或成最大赢家</u>（网易，2017-6-3）

（40）铜合金新材料将导电率提高5%　中国或成最大赢家（新浪，2016-12-13）

（41）特朗普又退群？　中国或成最大赢家（金融界，2017-9-4）

可见，"中国或成最大赢家"已经标题化。

---

① 引自http://blog.sina.com.cn/s/blog_56c35a550102xgrx.html。

网络流行词折射出国家治理方式、宣传方式和意识形态。"中国或成最大赢家"显示了官方话语语气强硬和大国意淫的心理，民间话语引用是对官方自我麻痹予以辛辣的嘲讽。

（二）网络段子

段子，一般认为是人们在交际过程中口头传播的一种短小精悍、引人发笑的俗文学形式。网络段子是网络围观的一种重要的话语形态，许多热点事件都有段子手出没的身影，当今已经进入了一个"全民段子化"的时代。网民用娱乐、戏谑的形式表达多元诉求，扩大了事件的影响力，形成了网民的持续关注，将全民话语狂欢、娱乐至死精神发挥到了极致。例如：

（42）九洲客：#段子手小九# 甲：别惹我，我是白眉大侠！乙：别惹我，我是红拂女侠！丙：别惹我，我是昆仑大侠！丁：别惹我，我是武当大侠！张三：谁敢惹我，我是青岛大虾！即刻，甲乙丙丁卒。［偷笑］（青岛大虾事件，2015 - 10 - 28，07：40）

（43）神的左动脉：问：老虎当时分明有能力，为什么不咬死这女的？老虎答：当时我是想一口结果了她的，但是咬了一半，顿时觉得这女的很恶心，下不去口了！（八达岭动物园老虎咬人事件，2016 - 11 - 22，12：23）

（44）醋大西酸：一大早，马蓉便来问禅师："网上都在骂我，我现在很苦恼，怎么办？"禅师不语，默默地拿出一张霍顿的海报让她看，马蓉看后顿悟："您是说让我骂霍顿转移网友的注意力？"禅师微微一笑："见霍。"（王宝强离婚事件，2016 - 8 - 14，20：15）

（45）手机用户1314159265：去马场选了一匹马准备骑，这时候马场的师傅阻止了我，说我选的这个马不好。我问为啥，师傅解释说："这马容易劈腿。"我没听太明白，师傅又大声说："这马蓉易劈腿啊！！"（王

宝强离婚事件，2016-8-14，20:58)

(46) 叫我水手咯：董黯有邻王寄，王嫉恨董。董黯出门，王寄闯董家，侮董母，董黯恨。不久，董母含恨亡故，董黯悲愤交加，伺机杀王寄，以祭奠。丧事毕，董投官自首。汉和帝知后下诏曰："释其罪，且旌异行，召拜郎官。"董黯未应，然孝传天下。大隐溪因此改名慈溪，遂建县，即今慈溪市。(辱母杀人案，2017-3-26，14:11)

(47) 时间旅行者Mr：马蓉，马：骑乘工具，畜生，人人可骑。蓉：艹字在头，穴字在下，穴中藏人，人似双腿，有口其中。三p无疑，姿势明确。说的正确大家赞我！(王宝强离婚事件，2016-8-15，18:51)

(48) 这个礼拜六我会在秋名山等你：马蓉：请问律师，我还有什么可以告他？律师：实在没什么可告，非要加戏干脆告个侵犯名誉权吧。(王宝强离婚事件，2016-8-16，12:22)

(49) 方片7：《人在囧途》，本以为《天下无贼》，没想到却被《最爱》《暗算》，真是《不可思异》，也许这是《天注定》。还能怎样？只好说《奔跑吧兄弟》，谁让你是《真正男子汉》，以后的路是《一个人的武林》。相信人生不是一口《盲井》，总有一扇《重生之门》能让你走出这阴影。(王宝强离婚事件，2016-8-15，13:01)

例(42)夸张渲染"青岛大虾"吃不起。例(43)嘲讽被咬女子令人恶心。例(44)"见霍"与"贱货"谐音，运用谐音修辞，是借禅师之语詈骂马蓉。例(45)也是运用谐音修辞，用戏谑方式恶搞马蓉。例(46)引用历史故事、例(47)运用析字修辞、例(48)借律师之口、例(49)串联影视剧名揶揄、戏谑言说对象。

可见，网络段子运用多种辞格，形式多样，不拘一格。有对话式，有问答式，有编故事式，有拆字式，有串联式，等等，是网民民意的另类表达。

广义的网络段子还包括绕口令、对联、顺口溜或打油诗等。绕口令形式的网络段子如：

（50）我叫温小哥：宝宝的经纪人睡了宝宝的宝宝，宝宝不知道宝宝的宝宝是不是宝宝亲生的宝宝，宝宝现在担心的是宝宝的宝宝不是宝宝的宝宝如果宝宝的宝宝真的不是宝宝的宝宝那就吓死宝宝了。宝宝的宝宝为什么要这样对待宝宝，宝宝很难过，如果宝宝和宝宝的宝宝因为宝宝的宝宝打起来了，你们到底支持宝宝还是宝宝的宝宝［haha］（王宝强离婚事件，2016-8-15，01：13）

例（50）中"宝宝"有多种指称义，有的指称"王宝强"，有的指称"王宝强儿子"，有的指称"王宝强妻子马蓉"，有的是网民自称。网民极尽戏谑恶搞之能事，诙谐风趣。

对联形式的网络段子如：

（51）宿命伊人：上联：李刚李阳李双江。下联：车祸家暴冲锋枪。横批：李家牛叉（李双江之子打人事件，2011-9-8，19：22）

（52）南下湘葱：官二代，富二代，名二代，一代不如一代。你张狂，我张狂，他张狂，张狂更加张狂。子不教，父之过。（李双江之子打人事件，2011-9-8，09：08）

（53）修水管的工人：上联，古有金莲武大郎。下联，今有马蓉王宝强。横批，金蓉危机。（王宝强离婚事件，2016-8-15，11：20）

民间顺口溜形式的网络段子如：

（54）睿志成楠：床前马蓉光，经纪身边躺。无心赏明月，绿了王宝强。马蓉性欲强，出轨很正常。宝宝工作狂，老宋来帮忙。世人都在防老王，谁知老宋翻了墙！（王宝强离婚事件，2016-8-15，14：15）

（55）Poppy天哥：做人不能太霍顿，娶妻不能叫马蓉，用人不能用宋

喆。[吐][拜拜]（王宝强离婚事件，2016-8-15，23：27）

（56）南宫葫芦：聊城警察真可笑，群众危难只会跑。母亲受辱怒火烧，于欢被迫举起刀。命丧黄泉讨债客，是你当初先作恶。豺狼横行人情薄，正当防卫不为过。这件案子依我看，警察渎职是关键。法院如此把案判，于欢堪比窦娥冤。（辱母杀人案，2017-3-25，23：40）

网络热词、网络流行语和网络段子是草根表达意见的主要方式。在揶揄、嘲讽和戏谑之中，有的表达了对权力的监督，有的表达了对当事人的恶搞和污名化。

（三）表情符号

表情符号是一种副语言话语形态，具有辅助交际和娱乐功能。既弥补了文字模态表意的生硬，又增添了娱乐性。例如：

（57）光怪陆离孙大爷：草泥马（文登事件，2015-7-24，18：20）

（58）手戈卒瓦：朝阳群众行动起来，一起帮宝宝找证据！（王宝强离婚事件，2016-8-16，07：34）

例（57）表情符号[药丸]，谐音"要完"。"文登事件"的微博舆论场中，一片"药丸""大青果药丸""乙烷"之声，这是对政府的婉曲批评，生动而形象。例（58）表情符号[怒][抓狂][抓狂][怒]，也生动地表达了网民对马蓉的愤怒之情。

七 微博舆论场的意见倾向

（一）意见倾向

所谓意见倾向，指对人、物、事件或命题所持有的赞成或反对、褒扬或贬抑、肯定或否定的态度、立场或观点，也包括主体消极或积极的情感。例如：

（59）魏可 v：同意！！纳吧那种垃圾堆早就该清扫了。（文登事件，2015-8-3，21：40）

（60）listenraineJOY_eternity：回复@敏小施号飞机飞走了：我同意，现在很多媒体越来越没有职业道德了，歪曲事实误导群众等等不要太多［汗］［汗］其实这种事在国内不是首例，只是这次闹大了，大家对百度积怨已深，自然群起攻之。（魏则西事件，2016-5-2，23：32）

（61）手机用户3084587573：强烈支持同行！依法治国，公平正义，不辱使命！赞一个！（文登事件，2015-7-26，12：24）

（62）老鹰88号：严重同意！（文登事件，2015-7-28，17：05）

（63）有责任心的昵昵596：我们永远爱你，力挺你，星光大道没有你不行。（毕福剑视频事件，2015-5-12，08：07）

（64）破锣Song：不同意那些什么百度只是一个搜索网站的辩解，这个辩解仿佛就是熊孩子家长对自己孩子的开脱，他只是个孩子。搜索网站就该恪尽所搜网站的职责，守住搜索网站的底线，监管部门也应该尽到自己的职责，只有每个人恪尽职守，这个社会才会往前走。（魏则西事件，2016-5-3，08：24）

（65）老谢Xq：反对上纲上线，坚持实事求是，文登警方做得好！（文登事件，2015-7-26，16：25）

（66）Andrew-dallas：没必要道歉！（毕福剑视频事件，2015-5-12，11：32）

（67）思想上的强者：反正我不在天津，影不影响不关心。（天津滨海爆炸事件，2015-8-28，14：52）

意见倾向有支持型、反对型和中立型。例（59）、例（60）、例（61）、

51

例（62）、例（63）属于支持型，例（64）、例（65）、例（66）属于反对型，例（67）属于中立型。

舆情分析需要对不同的意见和观点进行梳理，可以在无数的网络意见中，整理出网民对舆情事件相关议题的主体态度和总体倾向。

（二）公共意见：网民多元化的诉求

Volosinov 指出："所有的话语都含有价值判断，每一话语都有一种评价取向。"[①] 因此，话语中每一成分不只有意义，而且蕴含一定的价值。意见在不同社会群体的互动中类聚形成，反映了不同社会群体的诉求。有的基于利益诉求，有的基于情感宣泄，有的基于娱乐诉求，有的基于价值诉求。

基于利益诉求的，如 2016 年"山东非法疫苗案"中维护公共利益的意见倾向：

（68）Davidbo 戴：卫计委肯定要担责，民众都是在医院或者接种点接种的疫苗，md，明知有问题还给老百姓接种。视人命如草芥么？！（山东非法疫苗案，2016 - 3 - 28，19：32）

（69）8080808 号：卫生和教育都该严厉整治了。标本兼治才好。（山东非法疫苗案，2016 - 3 - 28，23：07）

（70）无语 - 立斜阳：绝不能走过场。奶粉、疫苗，样样冲着孩子来。有这样丧心病狂的吗？你让民族没有明天，我要你活不过今天。（山东非法疫苗案，2016 - 3 - 28，22：27）

（71）书似蕉叶：为了牟取暴利，疫苗都能弄虚作假，这可是关乎种族延续的大事！这个一切向钱看的国家还有希望吗？（山东非法疫苗案，2016 - 3 - 28，21：19）

---

① V. N. Volosinov, *Marxism and the Philosophy of Language*, Translated by Ladislav Matejka and I. R. Titunik, New York: Seminar Press, 1973, p. 105.

（72）漠上草开何处莺飞：事情发生一周有余，希望能公布问题疫苗批次和补救措施办法。（山东非法疫苗案，2016-3-28，20：19）

基于情感宣泄的，主要是出于仇权、仇官、仇富的心理，发泄生活中郁积已久的不满情绪。例如：

（73）没人玩的过你：如果我是于欢的话，我会把那11个人都杀完，再去杀他们的家人。（辱母杀人案，2017-3-27，18：19）

（74）一个何世界：假如正义不够正义！那么也只好让野蛮足够野蛮！（辱母杀人案，2017-4-1，14：44）

（75）王昭勤：这事要是放在北宋，直接就上梁山了［摊手］！现实版林冲鲁智深，哎！！！这不是把人往死里逼吗？（辱母杀人案，2017-3-26，14：50）

（76）李红昌HRD：老杜头，你的犬子死有余辜，应该被鞭尸。他撞死过过路小女孩，现在已偿命了，请心安。但于欢只是刺伤他，本来可以抢救一下的，是他××开车、与医护人员纠缠，致使失血过多。//@一江春水9211：这个杜家一家人厚颜无耻，有其父必有其子，杜志浩有这么个混账王八蛋爹，生出杜志浩这么个畜生，不奇怪！（辱母杀人案，2017-3-30，07：09）

基于娱乐诉求的，持娱乐戏谑的话语动机，冷嘲热讽，诙谐幽默。例如：

（77）神的左动脉：问：老虎当时分明有能力，为什么不咬死这女的？老虎答：当时我是想一口结果了她的，但是咬了一半，顿时觉得这女的很恶心，下不去口了！（八达岭动物园老虎咬人事件，2016-11-22，12：23）

（78）捏爆妳的蠕头：国庆期间，外地的王先生赶到青岛想去吃38

元一只的海捕大虾,因饭店爆满,王先生就点了盘8元瓜子边嗑边等。谁知轮到王先生就餐时,店员却要他先交6万,原来该店的瓜子不是8元一盘,而是8元一个!曾夺得过全国嗑瓜子速度冠军的王先生非常后悔。后面排队买单的李先生当场休克,手里紧紧握着小票:米饭3元!(青岛大虾事件,2015-10-9,10:52)

(79)述情别离:一辆失控的汽车撞飞了路边大爷手里的编织袋才停住,司机下车道歉:大爷,对不起,车失控了,那边一辆劳斯莱斯,旁边是个卖切糕的三轮,这俩俺都赔不起,只好委屈您了,用不用去医院?大爷说:我没事,可我的编织袋……司机:大爷放心,我赔你,里边装的什么?大爷:青岛大虾。司机当场晕厥,享年38岁。(青岛大虾事件,2015-10-7,17:39)

(80) porkapple:在青岛要喝青岛啤酒,再点一盘花生米,完了买单,边数瓶子边起身,"老板,几瓶啤酒多少钱?"老板答:"我们青岛人好客,啤酒不要钱白送,我们来数一下花生米。"(青岛大虾事件,2015-10-6,20:42)

(81) Gxy欣怡:王宝强离婚抢了奥运会风头,宋喆获得精牌,马蓉获得淫牌,宝强获得痛牌。[拜拜][拜拜](王宝强离婚事件,2016-8-15,12:18)

基于价值诉求的,如2015年的"姚贝娜事件"的意见倾向:

(82) Brahms888_717:@丹青不渝9999:狡辩,满口谎言,掩饰不了记者和医生肮脏的交易,记者为了拿独家信息触碰人类道德底线,医生带记者进太平间丧失医德,私自成立基金会也是借姚贝娜死亡炒作自己也是够缺德了,法律如果不能制裁他们,希望大家在道德上鄙视他们吧。(姚贝娜事件,2015-1-23,06:19)

(83) 桃子里的兔子：嗯，看完了，还是觉得特别恶心，从记者到那个医生。（姚贝娜事件，2015-1-22，09：34）

(84) 石头-包括钻石：不要高举职业习惯和职业操守的大旗遮羞了。那样的场合你拍照就是为了私利。不知道深圳晚报的记者到底和那个姚晓明医生是否有利益交换，那些东西根本不需要晚报的记者去献殷勤帮忙，在门口人问了记者的身份，回答"帮医生拿东西的"而刻意回避最真实最敏感的"记者"身份，这就是有预谋的！（姚贝娜事件，2015-1-22，09：59）

(85) Lovethewayyoul：现在的狗仔，为了报道什么都不顾。当然也不要脸了。（姚贝娜事件，2015-1-22，09：45）

上四例中网民对记者和医生的负面评价，是为了捍卫新闻伦理和职业道德，属于价值诉求。

网络热点事件中，网民的诉求是多元化的，针对同一事件的舆论往往同时具有利益诉求、情感宣泄、价值诉求和娱乐诉求。网民各种意见在网络上整合和分化，造成强大的舆论声势，从而引发主流媒体关注，进而改变政府决策，促成问题的最后解决。

（三）微博舆论场意见的多元化

在网络热点事件中，网民的情绪和态度容易受到感染和暗示，公共意见往往在夸大煽情中走向两个极端。如在 2017 年的"宁波动物园老虎咬人事件"中，微博舆论场出现了"挺虎派"和"挺人派"之争。"挺虎派"以规则意识为武器，同情老虎，谴责游客蔑视规则。"挺人派"以人道主义为武器，质疑动物园安全措施不到位，管理存在疏漏。双方对战激烈，撕裂了舆论场。

挺虎派的声音如：

(86)秘密树洞君：我个人觉得，不遵守规矩，你就必须承担责任，我替死者感到惋惜，这是出于我的同情心，但违反了社会准则，必须付出代价，闯红灯者、超速者、罪犯，必须清楚自己有可能会付出生命的代价，这就是你违背规矩所应该去承担的代价。人人都是，我可怜的是那只本来就拥有天性的老虎，它并没有错。（宁波动物园老虎咬人事件，2017-2-8，08：26）

(87)带你逆袭的阿妤：说真的宁波那人私自闯动物园纯属活该，家人说出的那番话更是搞笑，我觉得那只老虎很无辜。（宁波动物园老虎咬人事件，2017-2-8，08：03）

(88)萨摩斯岛的雅德蒙的家奴：之前看到的评论：之所以将野兽区和游客区隔离，就是为了区分野蛮和文明。当你越过栅栏无视束缚，来到了野兽区，那就应该遵循野兽区弱肉强食的丛林法则，而不是文明区万物平等的法则。没有规矩不成方圆，谨记。（宁波动物园老虎咬人事件，2017-2-8，08：07）

(89)你妈了喀吃：犯错的垃圾人和无辜被人抓进牢笼的老虎，我更同情老虎！（宁波动物园老虎咬人事件，2017-2-8，08：41）

(90)超大型仙人掌毛绒玩具：应该一枪把那个男的打死，这样既不用打死老虎，也不让那个人有悲惨的死亡过程。多好！（宁波动物园老虎咬人事件，2017-2-8，08：32）

(91)木子洛浅浅：因为同为人类就要无条件维护？放屁！这种没素质逃票被老虎吃掉的死了活该，活着也是浪费资源，连动物园门票都要逃还指望他能为社会做什么贡献？［摊手］（宁波动物园老虎咬人事件，2017-2-8，09：47）

(92)这个社会需要正气：那个愚昧无知的人害死了无辜的老虎，我只想说老虎死得冤。（宁波动物园老虎咬人事件，2017-2-8，09：28）

(93)久伴清晨小鹿：为什么要击毙老虎，它是无辜的，它饿了，当然也要吃饭，谁让那个男的自己翻进去的。（宁波动物园老虎咬人事件，2017-2-10，00：41）

(94)托斯卡鱼鱼：真的，可怜的老虎纯属躺枪被杀。（宁波动物园老虎咬人事件，2017-2-8，10：34）

(95)犬系健太Kenta：这种祸害就该死，自己不遵守自然法规，社会法规，出事是早晚的事。（宁波动物园老虎咬人事件，2017-1-29，17：16）

(96)一望可相见一步重如城：兽保持了兽该有的野性，人却没有保持人该有的智商。（宁波动物园老虎咬人事件，2017-1-29，19：29）

挺人派的声音如：

(97)小嘎嘎s：虽然确实是人错在先，可是人毕竟是人，逝者为大就不要再去骂了，说的好像所有键盘侠喷子没有抄过作业、闯过红灯、骗过别人、丢过垃圾一样，都是违规，你们怎么不去死呢，特别是闯红灯超速的人，你们得死多少次了？（宁波动物园老虎咬人事件，2017-2-8，13：37）

(98)木剑客daxia：看了评论觉得价值观好扭曲，那人就算有错也已经为他的错误付出生命代价了，没必要跟这冷讽热嘲，太过漠视生命了……（宁波动物园老虎咬人事件，2017-1-29，19：45）

(99)王栎栎栎鑫：帮兽不帮人，连兽都不如。兽之所以称兽是因为它没有感情，人要没感情和兽有什么区别，看到同类被残害还在那拍手叫好的，有点受不了。（宁波动物园老虎咬人事件，2017-1-29，23：27）

微博舆论场的理性声音如：

（100）热气青年3代：人死，因为他入侵了老虎的领地；虎死，因为它被困在人类的地盘。（宁波动物园老虎咬人事件，2017-2-8，07：58）

（101）唯有昆山玉：如果老虎咬着活人，关键时刻开枪还是要开枪；如果事后人已经抢救无效死亡，为何还要搭进去一条虎命？虎不是人，不要指望杀死一只震慑一群！（宁波动物园老虎咬人事件，2017-2-8，09：07）

（102）TST活酵母祛痘-顾泳儿：不该逃票，这是规矩！不该招惹老虎，这是本能！不该冷眼嘲笑，这是人情……（宁波动物园老虎咬人事件，2017-1-30，18：18）

（103）叶落无声豆豆：游客行为错误，但罪不至死，我们也无须一个劲地去骂这个人活该。可老虎也是无辜的，人有人性，兽有兽性，我们不能用人类的标准去评判动物行为的好坏。只是希望以后不要再有这样的游客了，因为给游客错误行为埋单的，是已经被判终身监禁的动物。（宁波动物园老虎咬人事件，2017-1-29，19：02）

（104）金刚菩提6：评论都太偏激，老虎是无辜的没错，游客虽有错，但不至于死，不单单是一条人命，还是一个家庭，他家人大过年的多伤心，看了游客发的视频动物园在应对突发状况时的救援存在很大问题，视频里看到被咬游客还没死，放了几个鞭炮，而不是麻醉枪等，老虎受惊吓咬得更凶。救援及时可能还能挽救一条人命。（宁波动物园老虎咬人事件，2017-1-29，18：34）

（105）荀之鱼瞳：这个人行为确实不对，但网友嘴巴太毒了。他给老婆孩子买了票，他自己不舍得买150块的票，一个穷人为了满足孩子的愿望，做了不应该做的事，逃票送了命。作为一个看过全过程视频的人，希望你们嘴下积德，他的行为虽然可恨却也可怜。450块的门票对于他来说是负担很重的。要怪就怪高昂的物价和低廉薪资吧。（宁波动物园老虎咬人事

件，2017 – 1 – 30，15∶42）

（四）微博舆论场意见的社会化分析

微博的应用为公众提供了广阔的话语平台，网民意见在公共事件的相关议题的评论中逐渐分化或趋同，需要对意见进行社会化分析。分析意见的种类有多少？是由什么评价主体赋予的？分别代表了哪一类人群？这一人群有多少人？其背后的动机是什么？为什么会出现截然相反的意见？

"批评只有反映批评者的立场、观点和利益，才可能变成社会改革的力量，才有可能成为批评者改变现实的社会实践。"[①] 社会化分析要兼顾赞扬、支持、中立、不关心、反对、谴责等不同态度，防止观点遗漏导致舆论分析结论的偏颇。

我国正处在"互联网 + 社会转型"时期，立体化、多层次地了解网民的多元化的意见诉求，能为政府决策和科学研究提供全面的参考，对于正确认识和把握微博舆论场的舆论生态，积极有效引导和管理微博舆论，也具有方法论的意义。

---

① 赵芃、田海龙：《批评性语篇分析之批评：评介与讨论》，《南京社会科学》2008 年第 8 期；田海龙：《批评话语分析：阐释、思考、应用》，南开大学出版社2014年版，第33页。

第三章 微博舆论场的话语体系和舆论生态

一 话语和话语体系

(一) 话语

在语言学领域,Kinneavy 认为话语是表现某个主体的具有相互联系的、符合逻辑的表达法,或某个主体的扩展的表达法,话语也指会话。[1] Beaugrande & Dressler 认为英语的篇章就是使用中的话语,提出了篇章的七个标准:衔接性、连贯性、意图性、可接受性、情景性、信息性和互文性。[2] Stubbs 认为"话语"是大于句子的语言单位。[3] Brown & Yule 认为"话语"是一个具体语境中实际运用的言语。[4] Hoey 给话语的定义是:"话语可清晰地表示一个或多个作者和一个或多个读者之间相当独立的、有目的的互动,其中作者控制着互动并生产大部分或所有的语言。"[5] 王振华认为,语篇(话语)是文本/话语生产者通过文本/话语(产品)及其消费者的互动来实现社会目

---

[1] Kinneavy, *A Theory of Discourse: The Aims of Discourse*, New York: W. W. Norton and Company, 1971, p. 4.
[2] R. de Beaugrande and W. Dressler, *Introduction to Text Linguistics*, London: Longman, 1981, p. 3.
[3] M. Stubbs, *Discourse Analysis*, Oxford: Basil Blackwell, 1983.
[4] G. Brown and G. Yule, *Discourse Analysis*, Cambridge: Cambridge University Press, 1983.
[5] M. P. Hoey, *On the Surface of Discourse*, London: George Allen & Unwin, 1983.

的的系统。它包括四个子系统：生产者、产品、消费者和社会目的。①

随着新媒体时代的到来，话语又被赋予了新的含义。张德禄认为多模态话语（语篇）是指运用听觉、视觉、触觉等多种感觉，通过语言、图像、声音、动作等多种手段和符号资源进行交际的现象。② 王莹、辛斌也将话语（语篇）定义为"在一定的时空内，运用文字、图像、声音等各类符号资源来表达意义的有结构、有意图的静态或动态符号产品"③。殷祯岑指出，话语是"以特定符号形式表征的完整意义的集合，这一意义集合由客观事件和以此为基础的诸评价潜势构成"④。

在社会学领域，福柯认为："话语是由符号构成的，但是，话语所做的，不只是使用这些符号以确指事物。正是这个'不止'使话语成为语言和话语所不可缩减的东西，正是这个'不止'才是我们应该加以显示和描述的。"⑤ 在福柯看来，"话语"既构建话题又定义和构建知识，同时还规定谈论和思考问题的方式、影响思想被付诸实施和被用来规范他人行动的方法。

田海龙综合了语言学和社会学关于话语的定义，认为话语是具体使用的语言与制约这些语言的因素共同构成的一个整体，指出语言学领域的话语与社会学领域的话语彼此区别又相互联系。⑥

按照上述定义，微博及其跟帖评论都属于多模态话语范畴。新浪微博及其跟帖评论是不超过140字的碎片化短文本，呈现一种链状套叠结构，具有很强的交互性，符合话语的内涵。利用超语篇链接手段，可以嵌入图片、视

---

① 王振华：《作为系统的语篇》，《外语学刊》2008年第3期。
② 张德禄：《多模态话语分析综合理论框架研究》，《中国外语》2009年第1期。
③ 王莹、辛斌：《多模态图文语篇的互文性分析》，《外语教学》2016年第6期。
④ 殷祯岑：《语篇意义的自组织生成——耗散结构理论观照下的互文语篇分析》，《当代修辞学》2016年第5期。
⑤ [法]米歇尔·福柯：《知识考古学》，殷晓蓉译，生活·读书·新知三联书店2003年版，第53页。
⑥ 田海龙：《学术话语的交融与交锋》，《北京科技大学学报》2015年第5期。

频和音频，可以链接其他文本。文字、表情符号、图像、视频等资源形成复杂组合，既有视觉模态，又有听觉模态。一个网址形式的链接，将一个文本与另一个文本联系起来，大大丰富了互文性的表现形式。

微博这种碎片化的话语减少了写作和阅读长篇文章的负担，满足了人们碎片化的时间和快节奏的生活状态。但有信息量不足的局限。长微博工具能比较好地解决微博的功能缺陷，可以把1万字以内的文字转化为格式很小的图片发至微博供读者阅读，收展自如，克服了微博信息碎片化，以及舆论深度方面的问题。

（二）话语体系

话语是一个围绕语言使用者而存在的语言和社会诸多因素相互关联、相互作用的体系。学界对话语体系有不同的表述。

斯图尔特·霍尔：一个话语体系至少必须是"一组陈述，这组陈述为谈论和表征有关某一历史时刻的特有话题提供一种语言或方法"[1]。

田海龙：话语体系指在社会生活中，人们根据自己的社会地位、价值取向、交流对象、所在场合以及各自依托的组织和机构选择使用不同的词汇、句式、体裁、模式来传递信息、参与活动、构建身份、再现事实。[2]

郭湛、桑明旭：话语体系是主体通过系统的语言符号，并按照一定的内在逻辑来表达和建构的结构完整、内容完备的言语体系。[3]

张天伟：话语体系即话语实践，包括话语主体、话语目的、话语空间、话语策略等要素。话语主体是话语目的、话语空间和话语策略的实施者，而

---

[1] ［英］斯图尔特·霍尔编：《表征——文化表象与意指实践》，徐亮、陆兴华译，商务印书馆2003年版，第44页。

[2] 田海龙：《语篇研究：范畴、视角、方法》，上海外语教育出版社2009年版；田海龙：《批评话语分析：阐释、思考、应用》，南开大学出版社2014年版。

[3] 郭湛、桑明旭：《话语体系的本质属性、发展趋势与内在张力——兼论哲学社会科学话语体系建设的立场和原则》，《中国高校社会科学》2016年第3期。

话语主体、话语空间和话语策略都是围绕话语目的展开的。此外，话语空间与话语策略也是相辅相成的，围绕话语空间，可以使用不同的话语策略。①

学界一致的看法是，话语体系不是个别话语，而是一个整体概念。每一套话语体系有自己的表达方式和风格特征。

二　微博舆论场的话语体系

国内微博经过近七年的发展，微博话语逐渐形成了一套独特的话语体系，具有鲜明的场域特征。了解微博舆论场的话语体系，才能很好地交流互动，正确地开展舆情研判和舆情引导。

（一）微博话语主体

我们根据话语主体，将微博分为官方政务微博、媒体官方微博、大V用户微博和普通用户微博。

1. 官方政务微博

官方政务微博是指中国政府部门注册的官方微博账户，力行"织博为民"。是官方权力话语积极走向前台的重要平台，既要有严肃性和权威性，也要有亲和力。

比如在2015年"文登事件"中，参与互动的官方政务微博有"文登警方在线""威海警方在线""山东公安""公安部打四黑除四害""公安部刑侦局""共青团中央""山东共青团"等，这些官方政务微博的话语主体发布的博文如：

（1）公安部刑侦局：【清除网上黑恶势力事关国家安全】类似于"纳吧"的网上黑恶势力的实质是教唆青少年成为西方反华势力颜色革命的马前卒。意识形态领域的网络颠覆活动绝非一般性治安事件，社会各

---

① 张天伟：《政治领导人演讲的话语体系构建研究——基于近体化理论的案例分析》，《中国外语》2016年第5期。

界要高度警惕，以必胜的信心与其进行长期性斗争，将依法治国落实到深层次和方方面面。@共青团中央（文登事件，2015-8-3，16：29）

2. 媒体官方微博

媒体官方微博，主要是传统媒体官方微博，其中影响力大的是主流媒体官方微博，如"头条新闻""人民日报""新华视点""央视新闻""新京报"等，在公共事件中积极介入引导，发挥其媒体官方微博的权威性和影响力。这些微博账号即媒体官方微博的话语主体。发布的博文如：

（2）头条新闻：#万象#【山东青年疑因爱国言论被多人打伤】昨天下午，山东文登青年侯聚森被多名不明身份人士打伤。至于为何被打，侯聚森说，自己经常在微博上发表一些爱国言论，可能引起一部分人反感，"就在前几天这些人还在网上说要来文登打我。"目前，警方已经立案，正全力调查、侦破。（文登事件，2015-7-23，01：12）

3. 大V用户微博

微博大V用户，即获得认证的微博意见领袖。大V用户是微博话语传播的重要节点，信息扩散和影响力强，在议程设置和舆论走向中起着重要作用。微博大V由活跃在网上的专家学者、媒体人士、各界精英等组成，由于粉丝众多，在微博上影响力较大。例如：

（3）千钧客：各打五十大板。对处罚结果不再做评论。三个问题很疑惑：1.是什么样的网上言论纠纷？2.小侯户籍信息被泄露有无调查？3.当你们的做法赢得了几乎所有推墙党掌声的时候是不是很荣耀？（文登事件，2015-7-24，19：00）

（4）五岳散人：这里点赞这么少啊？各位，帮忙给秉公执法的警察点个赞嘛。一起来。（文登事件，2015-7-24，19：48）

例（3）话语主体"千钧客"是微博大 V，粉丝 21 万，关注数 4885，该微博跟帖评论获点赞数 1446 个。例（4）话语主体"五岳散人"是微博大 V，粉丝数 221 万，关注数 1839，该微博获点赞数 1067 个。

4. 普通用户微博

普通用户微博的话语主体是普通网民，是微博用户的主要群体。尽管单一用户的跟帖评论往往淹没在海量的、滚动的信息洪流之中，但能以量取胜。网民的转发和评论行为使热帖更加热门。网络热点事件离不开网民的跟帖评论，否则帖子会冷却，信息衰减而无人关注，无法形成热点事件。

其中，普通用户的少数微博也能得到大量的转发、评论和点赞。例如：

（5）暴走的小烟：满屏欢呼迟来的正义，正义你 MB，对于一个已死的人，正义永远都不会来，更别说迟来，真正的正义就是当年办冤案的人全部都待在监狱里受到应有的处罚，而不是启动国家赔偿机制，用纳税人的钱赔偿受害人，依法治国在现阶段仍然是个笑话。（聂树斌案，2016 – 12 – 3，12：14）

例（5）话语主体是"暴走的小烟"，该微博有 372 条互动，点赞数达 7950 个。

话语主体的身份特征，是话语分析和舆情分析的重点。必须弄清话语主体是媒体、政府还是意见领袖、普通网民，对其进行社会化考察。

（二）微博话语客体

微博话语客体即话题。这里讨论的话题是超文本话题，并非句子话题。网络围观事件，微博涉及的话题主要有"警民关系"（如"我爸是李刚事件"）、"征地拆迁"（如"宜黄强拆自焚事件"）、"公共慈善"（如"郭美美炫富事件"）、"环境保护"（如"四川什邡事件"）、"治安案件"（如"文登事件"）、"药品安全"（如"山东非法疫苗案"）、"卫生医疗"（如"魏则西事件")、"刑事司法"(如"雷洋事件""聂树斌案"和"辱母杀人案"等)、"道德伦理"(如"毕福剑视频事件""王宝强离婚事件"等)。

有的微博会出现话题标签,例如:

(6)头条新闻:【#刺死辱母者#判决书细节 催债者露下体辱人】正有5099万网友参与全民话题 | 刺死辱母者判决引超九成网友不满。判决书细节揭露,被告人于欢陈述:"杜志浩进来吓唬我妈跟我,然后脱掉裤子露着下体……并且辱骂我妈和我,还把我的鞋脱下来,扇了我一巴掌。"(辱母杀人案,2017-3-25,23:40)

例(6)的话语标签是"刺死辱母者",两个#号中间包含话题的关键词语,便于同一话题的微博关注和搜索,但也会引起读者认知归类的简单化。

微博舆论场中,"辱母杀人案"的话题标签有:#刺死辱母者#、#于欢故意伤害案宣判#、#山东于欢案件#等。有了话题,读者对微博话语的理解更为快捷和准确。

微博舆情的发展与话题密切相关。网络热点事件一般会经历话题制造(发帖和直播)、话题发酵(跟帖评论)、话题扩散(转发和链接)、话题强化(点赞和打赏)、话题提升(浏览和搜索)、话题深化(主流媒体跟进报道)等阶段。可见,网络围观是紧紧围绕话题进行的。

微博话语在围观评论中,能推动话题的发展,引导话题的方向,进而影响微博舆论的走向。

(三)微博话语意图

话语意图是话语主体通过话语所要达到的目的。任何话语都是有目的的,为实现一定的功能服务的。理解话语的目的,洞察心智,才能正确地理解话语,才能采取相应的话语策略,在互动中更好地实现话语的功能。

比如,在2015年的"天津滨海爆炸事件"中,有的微博意图传递事故信息，有的微博意图辟谣，有的微博意图传递正能量，有的微博意图质疑反思，有的微博意图问责追因，有的微博意图宣泄情感，有的微博意图戏谑嘲讽，等等。

（四）微博话语场域

微博话语是新媒体媒介语境的产物，具有独特而鲜明的场域特征。按照法国学者皮埃尔·布尔迪厄的观点，一个场域可以被定义为在各种位置之间存在的客观关系的一个网络或一个构型。① 技术和制度是制约公众话语权的两个主要场域。微博具有关注、评论、转发、点赞等功能设置，微博空间给人们提供了自由表达的舆论环境，微博作为新兴的"场域"正在冲击着现有的传媒格局和话语权。

（五）微博话语策略

在话语实践中，微博话语主体介入话题，根据话语意图进行微博发布、转发或评论，在微博舆论场中运用多种话语策略实现话语功能。

根据 Martin 的评价理论，微博话语中态度系统（情感、判断、鉴赏；显性或隐性）、介入系统（自言和借言）、级差系统（高值、中值和低值）等语言资源的选择，都体现了话语策略。

为建构身份和立场，建立正负同盟关系，选用不同的人称指示语、称呼语、自称语、标签词语等，选择不同的介入、态度和级差表达手段，都体现了微博文本的话语策略。

（六）微博话语风格

微博的话语风格是语言碎片化和情绪化，多用短句，负面评价多，口语化程度极高，评价对象常常省略，有表情符号等副语言形式，有的有超文本

---

① 转引自方爱华、张解放《群体性事件中政府、媒体、民众在微博场域的话语表达——以"余杭中泰垃圾焚烧事件"为例》，《新媒体与社会》，社会科学文献出版社 2014 年版。

链接。有的微博还插入了图片、视频等非文字符号。

不同的话语主体，具有不同的话语风格，代表了不同的话语形态。比如政务微博要求正式化的语言风格，不失权威性和公信力。媒体官方微博要求客观中立，语言平实，不信谣不传谣，代表主流意识话语形态。大V用户微博和普通用户微博，语言风格可以活泼、多元化，可以煽动情绪，可以冷嘲热讽，可以嬉笑怒骂，代表平民话语形态。

无论是政务官方微博还是媒体官方微博，代表的是机构话语。Drew & Heritage 指出，机构话语就是指那些在特定场合受相应机构规范约束下发生的语言交流。① 可见机构话语是受到规范约束的。李艺认为，"和谐社会的语境允许阶层区分话语，但不允许导致阶层冲突的语言行为"②。

可见，微博话语体系又可细分为官方话语体系和民间话语体系。代表官方的政务官方微博和媒体官方微博与代表民间的大V用户微博和普通用户微博是不同的。官方话语体系不允许公开区分敌我或公开表达歧视的言语行为，民间话语体系可以不受这样的规范和约束。比如，在2016年"辱母杀人案"中，"济南公安"官方微博显然是不得体的。官方话语体系不允许出现"失言妄语""雷人雷语"现象。

三 微博舆论场的舆论生态

网络改变了大众传播时代话语权的分配格局，网民不仅是信息的消费者，也是内容和信息的生产者。网络赋予网民话语权，极大地推动了社会向平等化、公开化和高效化的方向发展。网民各种诉求和立场借助微博自由表达，舆论场呈现出复杂而活跃的状态。随网络热点事件的不同，或呈现"一边

---

① P. Drew and J. Heritage, *Analyzing Talk at Work: An Introduction*, Cambridge: Cambridge University Press, 1992, pp. 3 - 65.
② 李艺：《语言权势与社会和谐——中国转型期机构话语社会效应研究》，南开大学出版社2016年版，第15页。

倒"，或呈现多元化。各种舆论叠加、整合、对冲，呈现出多元化的舆论生态格局。

（一）微博舆论生态的现状

1. 群体极化现象

勒庞认为"一个心理群体，形成了一种独特的存在，受群体精神统一定律的支配"①。美国学者凯斯·桑斯坦提出群体极化的观点："团体成员一开始即有某些偏向，在商议后，人们朝偏向的方向继续移动，最后形成极端的观点。"② 简言之，在公共讨论中，群体成员发现自己的观点与群体大多数人的观点有分歧时，会感到沮丧并调整自己的观点使之朝大多数人的观点靠拢。③ 网民群体盲从，易受暗示，易受到情绪感染。网络使得人们更容易丧失独立思考的能力，对公共事物形成较为偏执的立场，造成"群体极化"。

群体极化，失去独立思考和理性判断能力，容易造成语言暴力。2017年的"八达岭动物园老虎咬人事件"中就出现了群体极化。舆论群情激愤，受害者遭网民集体詈骂，很少理性分析。例如：

（7）全是串：给保安加个鸡腿。（八达岭动物园老虎咬人事件，2017 - 1 - 7，09：07）

（8）唛斯基：你的代价你自己承担，别××了！（八达岭动物园老虎咬人事件，2017 - 1 - 7，09：07）

（9）猫叉便便本尊：又上节目又讹医院的我怎么觉得这是你额外

---

① ［法］古斯塔夫·勒庞：《乌合之众：大众心理研究》，冯克利译，中央编译出版社2017年版，第5页。
② ［美］凯斯·桑斯坦：《网络共和国——网络社会中的民主问题》，黄维明译，上海人民出版社2003年版，第47页。
③ 蒋忠波：《论群体极化的生成机制及其对网络舆论研究的意义》，《编辑之友》2014年第6期。

得到的资本不是代价……（八达岭动物园老虎咬人事件，2017-1-7，09：09）

（10）bfdhjkkhb：够×××，别××了，赶紧消失吧，别天天刷存在感了！看你就烦！！（八达岭动物园老虎咬人事件，2017-1-7，09：10）

（11）我雪白透亮：恕我直言，代价是你母亲的生命，而不是你。所以不够［摊手］（八达岭动物园老虎咬人事件，2017-1-7，09：07）

（12）Alejandrao：别再××了，没人逼你下车，你家人死了，是你的问题，保安给力！（八达岭动物园老虎咬人事件，2017-1-7，09：08）

（13）DavidZhang2198：淡出人们的视野，让所有人忘记你，这是你目前最需要做的头等大事。（八达岭动物园老虎咬人事件，2017-1-7，09：10）

当然，随着舆情的发展，有说服力的证据增多，群体的观点有可能向与初始观点相反的方向漂移，这就是去极化现象。在网络热点事件中，去极化情况也时有发生。比如在2017年的"罗尔事件"中，网民知道罗尔营销的真相后，舆情发生彻底反转。

2. 舆情两极化

舆情两极化是指面对同一热点事件，缺乏理性思维，缺乏包容意识，双方各执一词。比如在2017年的"宁波动物园老虎咬人事件"中，出现了"挺虎派"和"挺人派"的争论，舆情呈现两极化特征。

"挺虎派"力挺老虎，认为老虎无辜，死得冤，不守规矩的人死了活该，对死者和家属予以负面评价。例如：

（14）不才鲸鱼：［蜡烛］［蜡烛］［蜡烛］有些人，插队时候没人打他，随地吐痰的时候没人管他，马路上随便变道没人收拾他，随意开远光没人奈何他，所以产生了幻觉，觉得这个世界的规矩是有商量余地的，甚至这个规矩没什么用！于是有一天，他翻进了动物园的老虎园……无视规则者自有天收……可怜了老虎宝宝……（宁波动物园老虎咬人事件，2017-1-30，17：24）

（15）千万别弄乱我的发型：这只老虎勇杀逃票恶人，最后因公殉职，愿天堂没有痛苦［蜡烛］［蜡烛］［蜡烛］［蜡烛］（宁波动物园老虎咬人事件，2017-1-30，17：24）

（16）秘密树洞君：放××的狗屁，谁都永远无法拦住一个想要寻死的人。（宁波动物园老虎咬人事件，2017-1-30，17：24）

（17）任嘉伦的太阿剑：照家属这逻辑，所有的河流都（需要）加盖，不然就会引诱人去跳河，高楼都铲平了免得有人跳楼，红绿灯都砸了免得有人闯红绿灯……只想说一句：动物园弄再高的网也拦不住作死的人，连老虎都拦住了，人没拦住，怪谁呢？（宁波动物园老虎咬人事件，2017-1-30，17：29）

（18）我没想昵称：想讹钱直说，不用铺路。（宁波动物园老虎咬人事件，2017-1-30，17：27）

（19）Arthur_原野：你家人都害死一只老虎了，还想怎么样？这年头臭不要脸的××怎么就这么多？（宁波动物园老虎咬人事件，2017-1-30，17：26）

（20）次豆豆gar：这是赤裸裸的碰瓷啊！［doge］老虎还以为过年吃个新品种呢。（宁波动物园老虎咬人事件，2017-1-29，16：24）

（21）犬系健太Kenta：这种祸害就该死，自己不遵守自然法规、社会法规，出事是早晚的。（宁波动物园老虎咬人事件，2017-1-29，17：16）

（22）Samwang1986：老虎是濒危物种，脑残不是！（宁波动物园老

虎咬人事件，2017-1-29，17：28）

（23）蝴蝶家蝴蝶粉蝴蝶团队中药丰胸粉：求求这些智障了，大过年的可以在家消停待着么？别去祸害老虎行么？大年初二的，人家老虎招谁惹谁了。仅剩的国家级保护动物，都被这些智障害死了。［怒］［怒］［怒］（宁波动物园老虎咬人事件，2017-1-29，18：10）

"挺虎派"对违规者表现出集体性冷漠。对违规行为表达愤怒，对异己进行人身攻击和咒骂。

"挺人派"力挺死者，认为"逝者为大""公园有一定责任"，对死者予以宽恕。例如：

（24）阴阳怪气的人：人权大于虎权。（宁波动物园老虎咬人事件，2017-2-8，07：57）

（25）俞飞龙：说人该死的大约是为了印证"人面兽心"这个成语并非夸张吧——他们的心不与人共鸣，而与野兽共鸣。（宁波动物园老虎咬人事件，2017-1-31，11：19）

（26）一路爆炸：老虎应该击毙；受害人有错但不能说死了活该；动物园在监控、救援上有漏洞因此有一定责任。想起之前美国有因肺癌死亡起诉烟草商获得巨额赔款的事件，在中国也一定会被骂活该吧，说白了就是自轻自贱惯了。（宁波动物园老虎咬人事件，2017-1-31，11：30）

（27）李绪鑫lison：中国人讲究死者为大，现在却出现一帮人对死者进行"鞭尸"，戾气太重；稍有观点不合者，便极尽骂人之能事，恨不得抽刀见血，这是一个三千年沉淀后的民族应该有的样子吗？良善恭俭让的品行荡然无存，温和宽广大爱的胸怀全然不见！死者已逝，生命为大，并无致死之错，却承受万千咒骂，真是让人心惊！（宁波动

物园老虎咬人事件，2017-2-1，01：47）

（28）长春东子：尽管游客不该跳围栏，但虎园反应慢处理突发事件能力差。没有专业驱虎的队伍和工具。游客失去最佳救援机会，假设再有意外难道还要重演！（宁波动物园老虎咬人事件，2017-2-8，08：06）

（29）水弄寒：蚊子吸血也是天性，打死它你会犹豫么？闯虎园的确有错，但是罪不至死，那么活下去就是他的权力，在人权面前，虎权一文不值。（宁波动物园老虎咬人事件，2017-2-8，08：47）

（30）王泽鹏：听说现在微博上多了一帮"虎奴"，你怎么不把老虎当爹供起来呢，看不咬断你的脖子。（宁波动物园老虎咬人事件，2017-2-8，08：48）

（31）西安三人行民宿：挺虎的都是圣母婊，站着说话不腰疼！你是维护你的同类还是异类？站在人类的立场，老虎必须死，如果你当时在场，难道见死不救？（宁波动物园老虎咬人事件，2017-2-8，10：44）

（32）混合 de 理论：人大于虎，人统治着这个星球，所以人杀虎无错。（宁波动物园老虎咬人事件，2017-2-8，08：51）

3. 乱贴标签现象

20世纪50年代，美国社会学家莱默特（Edwin M. Lement）和贝克尔（Howard Becker）将标签概念引入社会学，提出了"标签理论"。标签理论认为，一个人有了"初级越轨"之后，周围的人就会以贴标签的形式描述、解释行为人曾经的所作所为，并对行为人及其行为进行标定。[①] 王赪认为被贴上越轨的标签（诸如罪犯、吸毒者、精神病患者等）不仅是厄运或者随意选择

---

① 薛深：《网络场域中的群体标签化现象研究》，《中国青年研究》2014年第12期。

的结果，而是体系化的社会对弱者的偏见。①

贴标签也是一种身份范畴化，有的标签贴得好，得体恰当，能起到很好的语用效果。有的标签则是偏见或刻板印象，肤浅地贴上定型化的标签归类，本质上是拒绝思考或是不具备任何深层次的思考能力。故意贴上某类标签，隐藏着评价者的表达意图。

"标签"被用来作为微博标题、中心内容关键词，表达网民对事件的定性，为评价蓄势。乱贴标签是标题党常用的手段。网民喜欢用贴标签来评价一个事件，主观结合片面事实，以偏概全，乱贴标签，随意恶意标定某个群体、某个事件、某个地域，这是一种污名化。贴标签侵犯隐私，形成语言暴力，超越了法治的边界。贴标签通常预设立场，对于有争议的公共事件，先入为主，甚至上纲上线。

乱贴标签造成了民众对相关议题的认知固化，形成既定的偏见或情绪。

4. 负能量滋生蔓延，正能量引导力不足

在网络热点事件中，负能量充斥微博舆论场，戾气很重。有些言论抹黑中国政府，攻击现有国家体制，不断制造社会矛盾，煽动民众仇权、仇官、仇富、仇警等情绪。比如在2015年的"天津滨海爆炸事件"中，网民用各种负面语汇、詈骂语、诅咒语评价政府机构，观点情绪化、娱乐化。

正能量引导力不足。主要是传统主流媒体的舆论引导力下降，导致网络舆论场的力量对比失衡。在"天津滨海爆炸事件"中，政务微博和媒体微博应该有所作为，应该多些对英雄的敬畏和报道。微博舆论场中，对消防英雄的讴歌不够。

微博舆论场中，负能量的评论多，例如：

---

① 王赪：《"贴标签"现象与越轨行为的发生——标签理论对个体社会化解释的述评》，《政法学刊》2003年第6期。

（33）赵泽妈：你们都是冤死的，别忘了去找那些贪官索命。（天津滨海爆炸事件，2015-9-1，23：02）

（34）深海有鱼蔚蓝有云：这么多人牺牲了，天津整个官场都要洗牌了，若干年后，领导还是领导，只有村口的老母亲还在等儿归家。（天津滨海爆炸事件，2015-9-2，00：10）

（35）心中的陀飞轮：消防员死的比群众还多，绝对是上面指挥不利，没经验的新兵蛋子全被领导骗去送命？（天津滨海爆炸事件，2015-9-1，23：17）

（36）熊肉肉威武：如果不是领导的无知指挥，怎么可能死这么多消防员？（天津滨海爆炸事件，2015-9-1，23：41）

正能量的评论少，例如：

（37）springwinder333：消防官兵真是新时代最可爱的人，迎着灾难毫无畏惧，向他们致敬！（天津滨海爆炸事件，2015-9-23，08：24）

（38）springwinder333：为消防官兵同志们点赞，天津人民加油，有了党和政府的坚强后盾，一切都会好！（天津滨海爆炸事件，2015-9-17，08：25）

（39）再见爱三六：灾难无情人有情，致那些战斗在救援一线的亲人们，你们辛苦了！（天津滨海爆炸事件，2015-9-15，09：08）

（二）舆论生态的重塑

就网络舆论工作而言，关键是建设网络良好生态，发挥网络引导舆论、反映民意的作用。

喻国明提出，理解和把握网络舆情生态机制中的关联性，保护舆论成分的多样性，要善用网络舆情生态的自组织机制，促成网络舆论的自身成长和价值涌现。①

朱孟云也提出了舆论场的"自我纠偏"概念，自我纠偏在发生特定事件或现象时，网民自发地关注、发帖、质疑、提供相关信息，并促使媒体和官方跟踪、发布、澄清相关事实信息，以形成具有博弈、互动和纠偏功能的网络意见舆论场，从而快速实现信息整合、极端舆论消解、事件还原和相关问题得以解决的一种现象，具有自发性、无组织性和互动性的特点。②

舆情表达多姿多彩，许多网络热点事件中，舆论呈现理性与情感博弈，法理与道德交织的特点。比如 2017 年发生的"辱母杀人案"，各种舆论观点纷呈。当事人于欢被赋予多种身份，甚至是截然对立的身份——"英雄"与"罪犯"，舆论审判、道德评判和价值观冲突充溢其间。这些公开透明的表达和讨论，有利于舆论的生态平衡。

在一个多元化社会中，诉求多元，意见多元，应充分尊重话语的多声性和协商性。官方话语体系要多些理解和包容，改变语言表述上的严肃沉闷，甚至陈旧呆板、板结化的话语模式和用词习惯。要提高舆论的共识度，加强法治的规约，培育网民的理性精神，构建开放、理性的舆论场。应加强对话，增进了解，主动引导微博舆论从无序的众声喧哗向有序的多声合奏演变。

四　小结

本章从微博话语主体、话语客体、话语意图、话语场域、话语策略、话语风格等方面讨论了微博舆论场的话语体系。根据话语主体，将微博话语体系分为官方话语体系和民间话语体系，其中政务官方微博和媒体官方微博代

---

① 喻国明：《关于网络舆论场供给侧改革的几点思考——基于网络舆情生态的复杂性原理》，《新闻与写作》2016 年第 5 期。
② 朱孟云：《舆情反转事件中网络舆论场"自我纠偏"模式研究》，《新闻研究》2017 年第 2 期。

表官方话语体系，大V用户微博和普通用户微博代表民间话语体系。官方话语体系不允许公开区分敌我或公开表达歧视的言语行为，民间话语体系可以不受这样的规范和约束。

  当前微博舆论生态的现状：一是存在群体极化现象；二是存在舆情两极化；三是存在乱贴标签现象；四是负能量滋生蔓延，正能量引导力不足。要重塑微博舆论生态，既要提高舆论的共识度，又要加强对话，尊重舆论场的多声性，维护舆论生态的多样性。

第四章 微博舆论场中的评价资源

一 新韩礼德学派的评价理论框架

评价理论是在韩礼德系统功能语法关于人际功能的基础上发展起来的。韩礼德把语言的纯理功能分为三种：概念功能、人际功能和语篇功能。其中对人际功能的解释是："语言除具有表达讲话者的亲身经历和内心活动的功能外，还具有表达讲话者的身份、地位、态度、动机和他对事物的推断、判断和评价等功能。语言的这一功能称作人际功能。"① 韩氏系统功能语法有关于人际功能的词汇语法手段的描述，其中包括言语功能的论述、信息物品和服务的区分、主语和限定词的人际功能、归一度（polarity）和情态、人际隐喻、评论附加语、态度修饰词等。② 但这些都只是零散的讨论，没有系统化。

Martin 认为韩氏系统功能语法对人际功能的研究不全面，于是提出评价理论填补传统系统功能语法对赋值语义研究的不足。2000 年 Martin 第一次公开发表《交换以外——英语评价系统》（*Beyond Exchange: Appraisal Systems in English*），正式讨论评价理论。Martin & Rose 的《语篇研究：跨越小句的意

---

① 参见胡壮麟、朱永生等《系统功能语言学概论》（修订版），北京大学出版社 2008 年版，第 115 页。
② 同上书，第 115—159 页。

义》(*Working with Discourse: Meaning beyond the Clause*) 中第二章专门介绍了评价理论，将评价作为与概念、联结、识别和语篇格律并列的五种语篇分析视角之一。① Martin & White 的《评估语言：英语评价系统》(*The Language of Evaluation: Appraisal in English*) 全面系统地介绍了评价理论，清晰地阐明了评价系统在文本分析中的应用。②

新韩礼德学派 Martin 等学者创建的评价理论，将英语的评价系统按语义分为态度（attitude）、介入（engagement）和级差（graduation）三个子系统。其中态度系统又细分为情感（affect）、判断（judgement）和鉴赏（appreciation）三个子系统（表达感情的称为"情感"，评估人物品格的称为"判断"，评估物体价值的称为"鉴赏"）。情感是情绪性的，表达人们积极或消极的感情，如高兴/不高兴、满意/不满意、安全/不安全；判断是伦理性的，是对人物品格的评估，可以分为社会评判（social esteem）和社会约束（social sanction），其中社会评判从规范（normality）、才干（capacity）和韧性（tenacity）三个角度对人的个性及行为作出判断，社会约束则从诚实（veracity）和妥当（propriety）两个角度对人的个性和行为作出判断；鉴赏是美学性的，是对物体价值的评估，如是否完善、美丽等，鉴赏又可以细分为反应（reaction）、构成（composition）和估值（valuation）。

介入子系统研究态度的嵌入问题。说话人以何种方式介入态度，可以看出其是承担话语责任还是规避话语责任。主要涉及自言（monogloss）和借言（heterogloss）。介入的语言资源主要有投射、情态和极性、让步等。投射包括引述（quote）和转述（report），引述或转述的内容可以是原话，可以是大意，也可以是思想或感受。情态是介于肯定和否定之间的中间状态。极性即

---

① J. R. Martin and D. Rose, *Working with Discourse: Meaning Beyond the Clause*, London & New York: Continuum, 2003.
② J. R. Martin and P. R. R. White, *The Language of Evaluation: Appraisal in English*, Basingstoke: Palgrave Macmillan, 2005.

肯定或否定。让步即反期望（counterexpectancy）。有些语言现象给读者留下预期或期望，但是语言使用者话锋一转，让读者的心理预期落空，这就是反期望。

级差子系统涉及态度和介入的强烈程度，是态度的增减，就好像调节音量，分为语势和聚焦。语势还可以细分为强势和弱势，聚焦还可以细分为明显和模糊。大多数评价的价值可根据强度分为高值、中值、低值。也可以根据典型性程度，使没有级差的范畴变得具有等级性。如图4-1所示。

```
                      ┌─ 自言(monogloss)
            ┌─ 介入 ─┤
            │         └─ 借言(heterogloss)
            │
            │         ┌─ 判断(Judgement)
评价系统 ─┼─ 态度 ─┼─ 情感(Affect)
            │         └─ 鉴赏(Appreciation)
            │
            │         ┌─ 语势(Force) ──┬─ 强势(raise)
            │         │                 └─ 弱势(lower)
            └─ 级差 ─┤
                      └─ 聚焦(Focus) ──┬─ 明显(sharpen)
                                        └─ 模糊(soften)
```

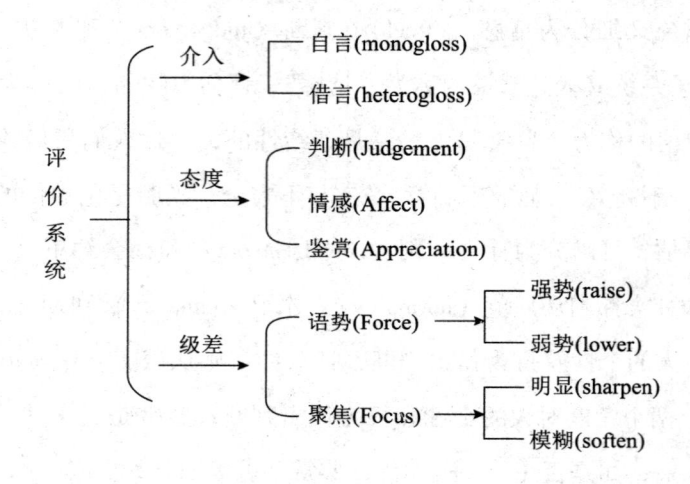

图4-1 英语的评价系统①

评价系统超越了小句对语言的研究，是语篇语义系统中一个研究大语篇人际意义的系统（其他系统有：概念系统、联结系统、识别系统、篇章格律系统和磋商系统）。②

评价系统是一个新词汇—语法框架，将人际功能从词汇语法层提升到语篇语义层，填补了传统系统功能语言学对赋值语义研究的不足，开启了

---

① 王振华：《评价系统及其运作——系统功能语言学的发展》，《外国语》2001年第6期。
② J. Martin and D. Rose, *Working with Discourse: Meaning Beyond the Clause*, London & New York: Continuum, 2003.

人际意义在大语篇层面研究的先河,是系统功能语言学对人际功能的深化和拓展。该理论在话语分析领域中得到了广泛应用,已被广大评价理论实践者广泛应用于政治、新闻、历史、学术、广告、法律等各类语篇分析中,显示了其在意识形态的语篇分析中的价值和意义。

本章运用评价理论分析网络舆论语篇——微博文本,分别考察微博舆论场中的态度资源、介入资源和级差资源以及与读者建构的关系。

二 微博舆论场中的态度资源

(一)态度资源的类型

1. 情感、判断和鉴赏

态度系统包括情感、判断和鉴赏三个子系统,相应地,态度资源也分为情态态度资源、判断态度资源和鉴赏态度资源。

情感态度资源,可以是积极的,也可以是消极的。例如:

(1) Hester:错案冤案总让人难过!明明是冤案,公检法方还要为自己继续狡辩!寒心!检察官、法官有时候也是杀人凶手!(聂树斌案,2016-12-10,13:31)

(2) 被懒虫附身的淑女:看着文字就觉得心酸,根本不敢点开视频。(辱母杀人案,2017-3-30,16:53)

(3) 漠然201209:为聂树斌的沉冤昭雪欣慰,也是中国法治的进步。(聂树斌案,2016-12-4,21:40)

(4) 叫唔兽兽兽兽兽:蓝瘦香菇[泪](罗尔事件,2016-12-2,08:10)

(5) 晴天的晴呀:看着我的眼泪哗哗地流。(辱母杀人案,2017-3-31,04:22)

(6) 福尔摩瑞夏:看哭了。每一个生命都那么脆弱,是真的好无力。

(魏则西事件，2016-5-2，12：34)

例（1）"难过""寒心"属于消极情感态度资源，表达消极情感评价。例（2）"心酸"属于消极情感态度资源，表达消极情感评价。例（3）"欣慰"属于积极情感态度资源，表达积极情感评价。例（4）"蓝瘦香菇"属于消极情感态度资源，表达消极情感评价。例（5）"眼泪哗哗地流"属于消极情感态度资源，表达消极情感评价。例（6）"看哭了"属于消极情感态度资源，表达消极情感评价。

判断态度资源，可以是褒义的，也可以是贬义的。例如：

（7）笑对人生V822：这对狗男女吃着宝强的，喝着宝强的，到头来还这样坑害人家，猪狗不如的东西。×××这毒妇早就在转移资产了，还搞过制造车祸谋杀……这女的太歹毒了［怒］（王宝强离婚事件，2016-8-16，09：48）

（8）追赶心中更加完美的自己：充分体现了山东高法认真负责、慎重的办案态度！！！（聂树斌案，2015-9-15，14：25）

（9）五柳先生1984：看了视频，确实比较恶劣！必须严惩……（毕福剑视频事件，2015-4-13，17：50）

（10）手机用户3084587573：强烈支持同行！依法治国，公平正义，不辱使命！赞一个！（文登事件，2015-7-26，12：24）

例（7）"狗男女""坑害""猪狗不如的东西""毒妇""谋杀""歹毒"等，是对马蓉、宋喆行为品德的负面评价，属于判断态度资源。例（8）"认真""负责""慎重"等，是对山东高院的正面评价，属于判断态度资源。例（9）"恶劣""必须严惩"等，是对毕福剑行为的负面评价，属于判断态度资源。例（10）"依法治国""公平正义""不辱使命"等，是对文登警方的正面评价，属于判断态度资源。

鉴赏态度资源，可以是肯定的，也可以是否定的。例如：

（11）Arujan 妈咪：就是中国法律不够健全，也不够严厉！（山东非法疫苗案，2016-4-3，09:06）

（12）李新月186：游客不守规矩，没有自保意识，有明显的责任，但动物园防护设施不完善，监管不到位，也难辞其咎。（宁波动物园老虎咬人事件，2017-1-31，09:25）

（13）鼎鼎大魔：你这么胡搅蛮缠，难道不自责么。视频清清楚楚，你的狡辩好苍白。（八达岭动物园老虎咬人事件，2016-10-21，18:37）

（14）梦游6124：不检查也知道你们会公布这样的结果，空气是合格的，水是无毒的，房子是安全的，这次爆炸很河蟹呀！（天津滨海爆炸事件，2015-8-27，08:29）

例（11）"不够健全""不够严厉"是对中国法律的否定评价，属于鉴赏态度资源。例（12）"不完善"是对动物园设施的否定评价，属于鉴赏态度资源。例（13）"清清楚楚"是对视频的肯定评价，属于鉴赏态度资源。例（14）"合格"是对空气的肯定评价，"无毒"是对水的肯定评价，"安全"是对房子的肯定评价，这些都属于鉴赏态度资源。

2. 显性态度与隐性态度

态度有显性和隐性之分。显性态度资源表达显性评价。例如：

（15）硬盘铭：支持正义警官的公正处置！（文登事件，2015-7-24，18:31）

（16）屋檐下的老虎：警察不作为，破坏青岛形象！［怒］（青岛大虾事件，2015-10-6，10:58）

(17) fengjsha：何止"严重违反政治纪律"，就是"政治思想反动透顶"。党员干部不只要做政治上的"明白人"，而是要做政治方向坚定的人。（毕福剑视频事件，2015-8-11，09：02）

(18) 用户5500121663：毕姥爷主持的风格与众不同，特喜欢您，希望您早日回到星光大道。（毕福剑视频事件，2015-5-12，11：04）

(19) 彭毅61359：于欢无罪，警察失职包庇黑社会要严查！（辱母杀人案，2017-5-28，22：39）

(20) 齐鲁小苗：非常通情达理的母亲！非常客观的陈述！致敬！（魏则西事件，2016-5-1，19：32）

例（15）"正义""公正"具有明显评价意义，表达对警方的显性正面评价。例（16）"不作为""破坏"也具有明显评价意义，是对警察的显性负面评价。例（17）"严重""违反政治纪律"，具有明显的评价意义，是对毕福剑的显性负面评价。例（18）"与众不同""喜欢"具有明显的评价意义，是对毕福剑的显性正面评价。例（19）"无罪"具有明显评价意义，是对于欢的显性正面评价。"失职""包庇"具有明显的评价意义，是对警察的显性负面评价。例（20）"通情达理""客观""致敬"具有明显的评价意义，是对魏则西母亲的正面评价。

隐性态度资源表达隐性评价。例如：

(21) 期货交钱不杀：百度！又是你!!!（魏则西事件，2016-5-2，07：13）

(22) 小小小小飞w：这么宽的河这么高的围栏，竟然有人怀疑动物园设施不到位？（宁波动物园老虎咬人事件，2017-1-29，18：08）

(23) 刘思立羽：人家的化学课是体育老师教的。[挖鼻]（天津滨海爆炸事件，2015-8-28，14：54）

（24）漫长的玩笑和揪心的白日梦：一帮骑自行车的人在忙着给开保时捷的人捐款。[摊手]（罗尔事件，2016-11-30，11：53）

（25）心理2017年：如果在路上正常行驶，前面有人违反交通规则横穿马路，被撞死了，那驾驶员是不是完全不用承担责任啊？（八达岭动物园老虎咬人事件，2016-8-24，18：58）

例（21）由副词"又"预设意义而引发，加上对语境意义的吸收而产生了负面评价意义，属于隐性评价。例（22）描述性话语"这么宽的河这么高的围栏"，隐含正面评价，隐性评价了动物园设施到位。例（23）描述性话语"化学课是体育老师教的"，隐含负面评价，隐性评价了化学没学好。例（24）描述性话语"一帮骑自行车的人在忙着给开保时捷的人捐款"，隐含负面评价，隐性评价了捐款行为的不合理。例（25）运用假设句，类比推理动物园也有责任，隐含负面评价。

反语修辞，尽管是具有明显评价意义的语汇，但因违背质真原则，会话含义需要经过语用推导才能得出，因此也属于隐性评价。请看头条新闻官方微博：

（26）头条新闻：#天津滨海爆炸#【天津环保局：爆炸周边区域臭味不影响健康】天津环境保护局今日通报：爆炸事故现场周边部分区域出现的"臭味"源于甲硫醇，在目前浓度下，不会影响核心区从事应急工作的人员健康，事故核心区仍处于大规模清理阶段，气体还会不时产生，公众对此不必过于紧张。（天津滨海爆炸事件，2015-8-28，14：48）

与之互动的微博评论运用反语辞格，负面评价了天津环保局的通报不可信，属于隐性评价。例如：

（27）VERA狸狸：是哦，炸的都是空气清新剂。（2015-8-29，

22:07)

(28) 玛傅：具有化疗作用，杀死癌细胞。(2015-8-29,13:24)

(29) 凑凑热闹好吧：臭味不影响健康……应该有益健康哦……[哈哈]（2015-8-29,09:33)

(30) 马里亚纳的一缕阳光：当年，苏联都说切尔诺贝利爆炸后没有辐射，很安全呢！(2015-8-28,16:01)

上述例子运用正面评价语汇表达负面评价，属于态度意义的隐性表达。

微博舆论场中，省略形式也是一种态度资源，通常表达隐性负面评价。郑娟曼指出简省式省隐了直接表明消极态度或体现贬义情感态度的部分。① 陈景元也论证了简省与负面评价的系统性关联。② 例如：

(31) 叫我周郎就好：这个社会啊！（天津滨海爆炸事件，2015-8-27,16:44)

(32) 小小菜Randy：看电视一切繁荣昌盛……上网？……还是算了吧……（魏则西事件，2016-5-2,09:28)

例(31)"这个社会啊"是话题，缺少说明，隐性表达了负面评价。例(32)的省略号，也隐性表达了负面评价。

(二) 语汇态度资源

语汇态度资源，指聚合关系产生的评价意义。在网络热点事件的微博文本中，散布着大量具有明显评价意义的褒贬语汇。从词类来看，主要有名词、

---

① 郑娟曼：《从贬抑性习语构式看构式化的机制——以"真是的"与"整个一个×"为例》，《世界汉语教学》2012年第4期。
② 陈景元：《基于网络热点事件的汉语评价研究》，中国社会科学出版社2016年版，第172页。

动词、形容词、量词、副词、叹词等。此外，还分布着大量具有明显评价意义的成语、惯用语、歇后语、俗语、詈骂语和诅咒语等。这些语汇，是构成褒贬评价的主要资源。

1. 名词

微博用户常用含有褒贬情感色彩的名词来指称人或事物，实现正面评价或负面评价。例如：

（33）yorechan：泄露公民资料的内鬼抓了嘛？？？（文登事件，2015 - 7 - 24，18：03）

（34）KaKaKaooo：爱国，爱党，爱毛主席。这个毕福剑是中国的败类。滚出中国。（毕福剑视频事件，2015 - 5 - 13，00：03）

（35）假装溺水的藤：骗子不可怕，可怕骗子有文化。（罗尔事件，2016 - 12 - 1，13：54）

（36）小倩倩yanxi：白眼狼一个，几百万捐款他瞬间就给忘了……（罗尔事件，2016 - 12 - 3，15：39）

（37）芥末墩儿与三文鱼：她居然还有脸要名誉！这还真是法律社会！这淫妇都能写进历史啦！（王宝强离婚事件，2016 - 8 - 16，12：23）

（38）阿紫的果果：让那贱货净身出户！（王宝强离婚事件，2016 - 8 - 15，11：19）

（39）幸福牧夫：致哀这些默默无闻的英雄！！［泪流满面］［泪流满面］（天津滨海爆炸事件，2015 - 8 - 20，20：14）

（40）蝴蝶家蝴蝶粉蝴蝶团队中药丰胸粉：求求这些智障了，大过年的可以在家消停待着么？别去祸害老虎行么？大年初二的，人家老虎招谁惹谁了。仅剩的国家级保护动物，都被这些智障害死了。［怒］［怒］［怒］（宁波动物园老虎咬人事件，2017 - 1 - 29，18：10）

(41) 过年后一定要瘦：脑残太多。抵制脑残的行动任重而道远。（八达岭动物园老虎咬人事件，2016-10-3，19：48）

(42) 长华和业：[鄙视]垃圾，人渣，你女儿知道恨死你，废材。（罗尔事件，2016-12-1，13：50）

(43) 司马-小杰：迟来的正义根本就是有瑕疵的。（聂树斌案，2016-3-30，18：56）

例（33）"内鬼"是贬义词，属于判断态度资源，表达对文登警方的负面评价。例（34）"败类"是贬义词，属于判断态度资源，表达对毕福剑的负面评价。例（35）"骗子"、例（36）"白眼狼"是贬义词，属于判断态度资源，表达对罗尔的负面评价。例（37）"淫妇"、例（38）"贱货"是贬义词，属于判断态度资源，表达对马蓉的负面评价。例（39）"英雄"是褒义词，属于判断态度资源，表达对消防员的正面评价。例（40）"智障"是贬义词，属于判断态度资源，表达对死者的负面评价。例（41）"脑残"是贬义词，属于判断态度资源，表达对事件中被咬伤女子的负面评价。例（42）"垃圾""人渣""废材"是贬义词，属于判断态度资源，表达对罗尔的负面评价。例（43）"瑕疵"是贬义词，属于鉴赏态度资源，表达对"迟来的正义"的负面评价。

2. 动词

微博用户常用含有褒贬色彩的动词来陈述人或事物，实现正面评价或负面评价。例如：

(44) gscss：！//@王小东：警匪勾结的事有没有？这才是你们应该处理的重点，不要避重就轻！//@铁军祥哥：你们处理的是个××。导致案件发生的重要因素是泄露了只有公安机关才有权利查看的个人信息，是谁泄露的查出来没有？（文登事件，2015-7-24，18：42）

（45）深秋3622629：我就说嘛，无风不起浪，一个巴掌拍不响。人家为啥千里迢迢过来打你，看来你侯聚森是打群架打输了。然后冒充爱国青年装可怜！真够不要脸的！（文登事件，2015-7-24，18：07）

（46）前进-大娃利息：文登的领导说：这事赶紧按照普通治安事件，各打五十大板结案。公知控制了舆论，惹不起，否则贪污受贿包二奶会被曝光。至于自干五，吓唬一顿，忽悠一下，就行了。（文登事件，2015-7-24，18：36）

（47）村口尬舞黄大爷回复@报人老罗：他们会威胁警方，辱骂警方，他们这群五毛狗已经颜面扫地。（文登事件，2015-7-24，18：29）

（48）Alejandrao：别再××了，没人逼你下车，你家人死了，是你的问题，保安给力。（八达岭动物园老虎咬人事件，2017-1-7，09：08）

（49）社编涂编辑：到底是谁先欺骗谁？你自己隐瞒了你的真实情况，只利用大家的同情心募捐。现在反而倒打一耙怪我们没有同情心，我们没有同情心你能募捐到钱吗？真是补药碧莲！［鄙视］（罗尔事件，2016-12-1，13：52）

（50）chuangwai：婚内出轨，偷人，还有名誉？（王宝强离婚事件，2016-8-16，09：47）

（51）老负：挺虎，是因为人们讨厌违规行为，并不是因为老虎的命大于人命。（宁波动物园老虎咬人事件，2017-2-8，08：33）

例（44）"勾结""泄露"是贬义词，属于判断态度资源，表达对文登警察的负面评价。例（45）"冒充"是贬义词，属于判断态度资源，表达对侯聚森的负面评价。例（46）"贪污""受贿""吓唬""忽悠"是贬义词，属于判断态度资源，表达对文登警察的负面评价。例（47）"威胁""辱骂"是贬义词，属于判断态度资源，表达对"五毛狗"的负面评价。例（48）"××"是贬义词，属于判断态度资源，表达对八达岭被咬伤女子的负面评价。

例（49）"欺骗""隐瞒""利用"是贬义词，属于判断态度资源，表达对罗尔的负面评价。例（50）"出轨""偷人"是贬义词，属于判断态度资源，表达对马蓉的负面评价。例（51）"讨厌"是贬义词，属于消极情感态度资源。"违规"是贬义词，属于判断态度资源，都表达了对宁波动物园被咬男子的负面评价。

3. 形容词

微博用户常用含有褒贬色彩的形容词来陈述或修饰人或事物，表达正面评价或负面评价。例如：

（52）硬盘铭：支持正义警官的公正处置！（文登事件，2015 - 7 - 24，18：31）

（53）心旷神怡的围脖：太无耻了！贱货！（王宝强离婚事件，2016 - 8 - 16，13：10）

（54）昆仑皇帝：医疗系统如此薄弱，人心如此险恶。（魏则西事件，2016 - 5 - 2，10：08）

（55）在微博看滚滚：在危险区域内下车确实愚蠢，但出人命了难道不应该赔偿吗？一码归一码，多少还是应该赔点吧。（八达岭动物园老虎咬人事件，2017 - 1 - 7，10：11）

（56）这个社会需要正气：那个愚昧无知的人害死了无辜的老虎，我只想说老虎死得冤。（宁波动物园老虎咬人事件，2017 - 2 - 8，09：28）

（57）暗锦：比较吊诡的是，百度被查了，发布虚假广告的莆田系医院却毫发无损。（魏则西事件，2016 - 5 - 3，08：17）

（58）带你逆袭的阿好：说真的宁波那人私自闯动物园纯属活该，家人说出的那番话更是搞笑，我觉得那只老虎很无辜。（宁波动物园老虎咬人事件，2017 - 2 - 8，08：03）

(59) 茉儿小窝：百度是有责任，但骗人的垃圾武警医院不是更应该取缔吗？现在全国各地很多武警医院的科室都是外包的，各种虚假广告，虽然广告平台有责任，但最该死的是造假企业吧！（魏则西事件，2016 - 5 - 2，22∶18）

例（52）"正义""公正"是褒义词，属于判断态度资源，表达对文登警察的正面评价。例（53）"无耻"是贬义词，属于判断态度资源，表达对马蓉的负面评价。例（54）"薄弱"是贬义词，属于鉴赏态度资源，表达对医疗系统的负面评价，"险恶"是贬义词，属于判断态度资源，表达对人的负面评价。例（55）"愚蠢"是贬义词，属于判断态度资源，表达了对被咬女子的负面评价。例（56）"愚昧""无知"是贬义词，属于判断态度资源，表达了对宁波动物园被咬男子的负面评价。例（57）"吊诡"是贬义词，属于鉴赏态度资源，表达对当前事情处理情况的负面评价。例（58）"无辜"是褒义词，属于鉴赏态度资源，表达了对老虎的正面评价。例（57）和例（59）"虚假"是贬义词，属于鉴赏态度资源，表达了对广告的负面评价。

4. 量词

有些量词也具有评价意义，是构成评价的态度资源。例如：

(60) 绿色环保不熔断2016：一帮吃里扒外的货，指望你们，果然药丸啊！（文登事件，2015 - 7 - 24，18∶54）

(61) 真真假假已分不清：卫生部那帮饭桶！（魏则西事件，2016 - 5 - 2，10∶11）

(62) 泥花蛤ga57992：我觉得警察处理得非常专业，并无任何问题，不明白为何如此多反对声音，后来明白是五毛党一流，瞬间觉得释然了。也请警察同志不要理他们，他们不过是时代的一撮蛆虫而已。（文登事件，2015 - 7 - 27，15∶56）

例（60）、例（61）的量词"帮"，是"群、伙"的意思，隐含了负面评价意义。例（62）的量词"撮"，也含有负面评价意义。

5. 副词

许多副词也具有明显的褒贬态度意义，是构成评价的重要资源。例如：

（63）骑毛驴的阿里粑粑：没有领导承担责任，一味地歌颂英雄。对得起消防英雄吗？（天津滨海爆炸事件，2015-8-18，10：13）

（64）神观察：所有媒体大肆炒作姚女士不幸消息，没完没了，实属非常态。（姚贝娜事件，2015-1-18，15：17）

（65）专坑雇主陈有西---天崖童鞋：警方人员帮助约架。//@carlvinson金牛：//@曲瀚：[嘻嘻]//@魔力的真髓：[嘻嘻]//@全知全能猫：唉，蓄意伤人硬能写成约架，太逗了……（文登事件，2015-7-24，18：57）

（66）村口尬舞黄大爷回复@大尸凶的漫画：更可怕的是自干五群体妄图恐吓、威胁警方，干预司法公正，妄图推翻习总倡导的依法治国，居心叵测，不得不防！这种连国家暴力机关都敢威胁的类似于恐怖组织的群体势必被铲除。（文登事件，2015-7-24，18：59）

（67）树歌之歌：哈哈哈，笑看小清新们大骂警察叔叔。@孙警官说事 有人公然侮辱公安民警！（文登事件，2015-7-24，19：06）

（68）奥咔姆剃须刀：支持警方，依法治国，而不是什么问题都上纲上线。（文登事件，2015-7-26，14：06）

（69）雨之烛：秉公执法，维护公正。（文登事件，2015-7-26，11：22）

例（63）副词"一味"为贬义词，属于判断态度资源，表达了对记者行为的负面评价。例（64）副词"大肆"为贬义词，属于判断态度资源，表达了对媒体的负面评价。例（65）副词"蓄意"为贬义词，属于判断态度资源，表达了对文登警察的负面评价。例（66）副词"妄图"为贬义词。属于判断态度资源，表达了对自干五群体的负面评价。例（67）副词"公然"为贬义词，属于判断态度资源，表达了对侮辱公安民警的负面评价。例（68）副词"依法"为褒义词，属于判断态度资源，表达对文登警察的正面评价。例（69）副词"秉公"为褒义词，属于判断态度资源，表达对文登警察的正面评价。

有些副词，尽管没有明显的褒贬意义，但传递了微博作者的主观态度，也是评价的词汇资源。例如：

（70）拿着烟发呆呆呆：疫苗，这可是疫苗，比吃的严重得多，才19年。都是什么法律。（山东非法疫苗案，2017-1-25，18:28）

（71）有骨头的桃子：就十九年？出来肯定接着干！在中国犯罪成本真低！（山东非法疫苗案，2017-1-24，12:29）

例（70）副词"才"，语义指向"19年"，传递了说话人不满的主观态度，表达对案件审判者的负面评价。例（71）副词"就"，语义指向"十九年"，极言处理太轻，也表达了对案件处理结果不满的负面评价。

6. 叹词

有些叹词表达感叹，能传递微博作者的情感态度，也是实现评价的词汇资源。例如：

（72）zzy0339：咦！怎么没人去追究莆田系呢？（魏则西事件，2016-5-3，00:53）

（73）零到1：咳……长叹息以掩涕兮！（魏则西事件，2016-5-3，00:33）

(74) simigo23：根本没人管，唉！（魏则西事件，2016-5-2，23：24）

(75) 亮剑芮城：唉！这个国家？（聂树斌案，2014-12-12，22：50）

(76) 雪儿wxj：基本上都是消防员，哎！（天津滨海爆炸事件，2015-9-1，23：07）

(77) 相似路人LYY：我呸……（王宝强离婚事件，2016-8-16，09：46）

例（72）叹词"咦"表示惊讶，传递微博评论者认为怪异、不正常的情感态度。例（73）叹词"咳"表示惋惜或后悔的消极情感态度。例（74）、例（75）叹词"唉"表示伤感或惋惜的消极情感态度。例（76）叹词"哎"表示不满或提醒的消极情感态度。例（77）叹词"呸"表示斥责或唾弃的消极情感态度。这些情感态度资源，表达负面评价。

除叹词外，热点事件微博文本中存在着一些感叹语，表示强烈的感情和语气，是表达情感态度的评价资源。例如：

(78) ktrrrq：天啊！（王宝强离婚事件，2016-8-16，09：46）

(79) 杨彩霞1314：天哪，做错事还这么理直气壮，不要脸。（王宝强离婚事件，2016-8-16，09：48）

(80) 摩羯座鱼摆摆：我的天，厉害了，简直越描越黑，女儿就不值得卖房救了？［拜拜］（罗尔事件，2016-12-5，00：30）

(81) 曾娃不要做抑郁症患者：我的妈呀，世界上既然还有如此无耻之人。那些说你是潘金莲的，我只想对他们说不要侮辱了潘金莲。（王宝强离婚事件，2016-8-16，10：12）

例（78）"天啊"、例（79）"天哪"、例（80）"我的天"、例（81）"我的妈呀"等感叹语，在文本中表达了说话人惊讶的感情，是表现负面评价的语汇资源。

7. 成语

成语是人们长期以来习用的、简洁精辟的固定短语或短句，具有丰富的评价意义，也是重要的评价资源。例如：

（82）权倾：不知道那些徇私枉法的办案人员会做何感想，心里会不会有一丝丝忏悔呢？（聂树斌案，2016-12-3，12：13）

（83）访客萧先生：爱国者被人殴打，警察只会息事宁人，我们这些自干五平时为你们说了多少话，却换回这样一个结果，看来你们也是活该被骂，死了也不冤枉。（文登事件，2015-7-24，18：28）

（84）蓝布衬依：骗子医院！还有助纣为虐的广告商！延误治疗等同杀人犯！（魏则西事件，2016-5-2，10：10）

（85）村口尬舞黄大爷：五毛狗们已经从颠倒黑白到恼羞成怒，不惜威胁公安干警，警惕文革复辟！（文登事件，2015-7-24，18：33）

（86）苏阿孟：看看下面这些评论，真觉得毛骨悚然。（八达岭动物园老虎咬人事件，2017-1-7，09：12）

（87）Olivia 小松鼠：吾从未见如此厚颜无耻之人！（王宝强离婚事件，2016-8-16，09：45）

（88）汤大条：所谓的医德就是挂着羊头卖狗肉吗?!!! 看到这里真的很愤怒。（魏则西事件，2016-5-2，11：24）

（89）莲花宝宝的图书馆：警官辛苦了，秉公执法，黑白分明，这个国家需要你们这样正直的人守候。祝你们平安。祈祷我们的国家不会再有文革。（文登事件，2015-7-24，19：20）

例（82）"徇私枉法"、例（83）"息事宁人"、例（84）"助纣为虐"、例（85）"颠倒黑白"、例（87）"厚颜无耻"、例（88）"挂羊头卖狗肉"是贬义成语，属于判断态度资源，表达对评价客体的负面评价。例（85）"恼羞成怒"、例（86）"毛骨悚然"是贬义成语，属于情感态度资源，表达对评价客体的负面评价。例（89）"秉公执法""黑白分明"是褒义成语，属于判断态度资源，表达对警官的正面评价。

微博文本中，还有许多网络成语，是构成褒贬评价的语汇资源。例如：

（90）一个人的电影票回复@踏浪之帆：然并卵～你鸡冻个毛线！（毕福剑视频事件，2015-8-17，08：32）

（91）白莲终结者：你们终于要对纳吧那群杂碎下手了！喜大普奔！！！！！！！［泪流满面］（文登事件，2015-8-3，21：21）

（92）范旭博：好！我信！鱼死了是雨浇的，城会玩！#天津滨海爆炸#（天津滨海爆炸事件，2015-8-20，20：51）

例（90）"然并卵"是贬义成语，属于鉴赏态度资源，表达负面评价。例（91）"喜大普奔"是褒义成语，属于积极情感态度资源，表达正面评价。例（92）"城会玩"是贬义成语，属于判断态度资源，表达负面评价。

8. 惯用语

惯用语以口语色彩较浓的固定短语表达一个完整的意义，多用其比喻意义。也是评价的语汇资源。例如：

（93）BirdFrank：和稀泥，捣糨糊。（文登事件，2015-7-24，18：43）

例（93）惯用语"和稀泥""捣糨糊"，表达负面评价。

9. 歇后语

歇后语由两个部分组成，前一部分像谜面，后一部分像谜底，通常只说前一部分，而本义在后一部分。例如：

第四章 微博舆论场中的评价资源

(94) 用户1xx3tmpac1：此人用一歇后语来形容："老太太靠墙喝稀饭——卑鄙下流无耻"！（罗尔事件，2017-2-3，04：42）

(95) 似水流年-怀念：文登警方现在是"死猪不怕开水烫"，有点"马蜂掉进裤裆里——爱咋蜇就咋蜇"的架势！（文登事件，2015-8-9，00：52）

例（94）歇后语评价了罗尔的品德，属于判断态度资源，表达负面评价。例（95）歇后语批评文登警察不回应，属于判断态度资源，表达负面评价。

10. 俗语

俗语是通俗并广泛流行的定型的语句，在口语中流传，具有口语性和通俗性。大多数为劳动人民所创造，反映人民的生活经验和愿望。俗语也具有评价意义，例如：

(96) 似水流年-怀念：文登警方现在是"死猪不怕开水烫"，有点"马蜂掉进裤裆里——爱咋蜇就咋蜇"的架势！（文登事件，2015-8-9，00：52）

(97) 梦回午夜阑珊：人不要脸，天下无敌。（八达岭动物园老虎咬人事件，2016-11-22，10：35）

(98) 一天一美图：原告有错，但老虎属动物园，支持起诉，水军站着说话不腰疼。（八达岭动物园老虎咬人事件，2016-11-23，09：14）

(99) 王志民WZM：人在做，天在看，法律没有定论，中国人都积点口德，逝者为大，但母亲无错，而且是个伟大的母亲［给力］［赞］［good］［蜡烛］［蜡烛］［蜡烛］（八达岭动物园老虎咬人事件，2016-11-23，08：34）

(100) 厮守这段：人至贱，则无敌。［good］（八达岭动物园老虎咬人事件，2016-11-23，08：10）

97

（101）Daisy 力哥：不作死就不会死。（八达岭动物园老虎咬人事件，2016－10－28，21：23）

（102）桑里洛：一个杀人凶手，而且还是害死了她老妈，谁会去同情一个杀人凶手，没让她偿命都算好了，还有逼脸来要赔偿，俗话说自作孽不可活，下辈子好好反省救赎自己吧！（八达岭动物园老虎咬人事件，2016－10－15，03：43）

（103）金色鲈鳗：人为财死，虎为食亡！（宁波动物园老虎咬人事件，2017－2－8，07：59）

（104）你最动人魂：龙生龙凤生凤老鼠的儿子会打洞。[喵喵]（王宝强离婚事件，2017－5－18，22：53）

（105）小虾米大九节：于欢这个富二代还需要捐款？这群圣母婊瞎操的什么心，瘦死的骆驼比马大。[摊手]（辱母杀人案，2017－3－30，08：26）

例（96）"死猪不怕开水烫"、例（97）"人不要脸，天下无敌"、例（98）"站着说话不腰疼"、例（99）"人在做，天在看"、例（100）"人至贱，则无敌"、例（101）"不作死就不会死"、例（102）"自作孽不可活"、例（103）"人为财死，鸟为食亡"、例（104）"龙生龙凤生凤老鼠的儿子会打洞"、例（105）"瘦死的骆驼比马大"等俗语，表达负面评价。

11. 詈骂语和诅咒语

微博舆论场中，网络戾气很重，存在着大量的詈骂语和诅咒语。这些语言具有表达感情的功能，是宣泄情感的话语资源，表达负面评价。评价系统只是将这些资源笼统地归入态度语汇，而不细分其到底归属于情感、判断还是鉴赏。

詈骂语，例如：

（106）老杨9529：××××，婊子生的，狗娘养的。（姚贝娜事件，2015-1-22，12：42）

（107）白羊座的yxy38912：草泥马，同情心都被你们这些伪善的人吃了！！！！（罗尔事件，2016-12-1，16：33）

（108）一位损友：×××！你是不是人养的，你的女儿，你自己应该尽心尽责去管，你不管让别人管，你也配做父亲！×××！（罗尔事件，2016-12-6，05：57）

（109）宇先生的小可爱：卧槽，她还有名誉权？？？（王宝强离婚事件，2016-8-16，09：46）

（110）小小_朵儿：靠！出轨的时候你咋不考虑自己的名誉！！［怒］［怒］［怒］（王宝强离婚事件，2016-8-16，09：48）

（111）黄命苦又不乱来：药店碧莲好嘛！［微笑］（王宝强离婚事件，2016-8-16，09：46）

诅咒语，例如：

（112）伊人红妆666空间：那个发视频的真不是东西，小心报应不爽！生个孩子没屁眼！（毕福剑视频事件，2015-5-12，04：10）

（113）骑鲸闹海：每天送文登警察局三重诅咒，一咒你们出门被车撞，死了喂野狗老鼠；二咒你们老婆当妓女，患梅毒淋病艾滋病；三咒生儿夭折横死，生女当婊子。（文登事件，2015-7-30，00：04）

（114）快乐每一天good：对你的事情非常气愤。但又没能力帮你。发视频的人真该死。天打雷劈。一家人不得好死。（毕福剑视频事件，2015-5-12，08：59）

（115）徐骞：××，这贱女人不得好死。（王宝强离婚事件，2016-8-16，09：47）

(116) 娱乐圈侦察队长：骗子死全家，罗尔的女儿，还有儿子，父母，老婆，以及所有亲戚以后都会得白血病，全家爆炸，我要用世界上最恶毒的诅咒来让罗尔全家死光。（罗尔事件，2016－12－3，11：11）

(117) WRTMMM：祝你当场暴毙，贱女人。（王宝强离婚事件，2016－8－16，09：47）

(118) Ban仔：祝你长命百岁百病缠身！［拜拜］［拜拜］（罗尔事件，2016－12－5，16：39）

(119) hi－missxu：曹尼玛的罗尔，你恬不知耻臭不要脸，你害了那些贫穷家庭的真正需要社会帮助的人！诅咒你被天打雷劈！（罗尔事件，2016－12－5，15：46）

(120) Tina小姐爱下雪：诅咒所有参与者死无全尸！诅咒你们祖宗十八代！你们没有良知，没有信仰，一定会有报应！！！（山东非法疫苗事件，2016－3－22，10：20）

12. 网络流行语

网络流行语盛行网络，是微博舆论场中重要的态度资源。这些网络流行语，我们也只笼统地归入态度资源，而不去区分到底是表达情感、判断还是鉴赏。例如：

(121) xueqilibao：马蓉怎么不上天？（王宝强离婚事件，2016－8－16，09：46）

(122) 曾哈哈_ha：真是日了狗了。（王宝强离婚事件，2016－8－16，09：47）

(123) 雪之夕YAN：我也是醉了。（王宝强离婚事件，2016－8－16，09：48）

例（121）"怎么不上天"用于嘲讽，表达了愤怒的感情。例（122）"日了狗了"表达了惊诧的心情。例（123）"我也是醉了"蕴含嘲讽之意，表达对事件无奈的感叹。

（三）语法态度资源

语法态度资源，指组合关系产生的评价意义。包括一些评价构式或标记。方梅指出，构式解读产生不仅与句法环境密切相关，也与构式所处的会话语境密不可分。① 构式意义的产生不仅有特定句法环境中的语境吸收，也有对其会话环境的语用意义的吸收。

1. ×婊

"婊"指妓女（多用于骂人）。自2013年4月的"海天盛筵"围观事件产生了网络热词"绿茶婊"后，"×婊"词族迅速扩大，衍生了"奶茶婊""鸡汤婊""心机婊""圣母婊"等网络新词，具有负面评价意义。例如：

（124）小张只是小张：心机婊就是心机婊。（王宝强离婚事件，2016-8-16，09：46）

（125）某某馨：看了看评论，反正，你们就是觉得，只要和自己意见不一样，就是圣母婊对吧？［摊手］（宁波动物园老虎咬人事件，2017-1-29，20：12）

2. "说好的×呢"构式

陈景元指出，"说好的×呢"构式意义是"用在反预期语境中，提供一个说话人的预期×，并以此为话题希望受话人关注和互动"②。其基本的话语功能是立场表达，问责、诉求、调侃、揶揄等功能是其立场表达功能的具体体

---

① 方梅：《负面评价表达的规约化》，《中国语文》2017年第2期。
② 陈景元：《网络流行构式"说好的×呢"的动态建构》，《新疆大学学报》2016年第3期。

现。例如：

（126）王多多wyj：说好的言论自由权呢？还该不该让我们公民相信了？真可怕，［白眼］（毕福剑视频事件，2015-5-27，8:19）

（127）俗子可耐：说好的撕逼呢？说好的爆料呢?!!!（王宝强离婚事件，2016-8-16，09:49）

（128）魏笑萌萌君：在中国，报警不如发微博来得快，只要媒体关注了，有舆论压力，警方才会重视，哎……说好的为人民服务呢［笑cry］［挖鼻］（辱母杀人案，2017-3-27，08:39）

（129）起名什么的最：说好的反垄断的呢？是时候该让谷歌回归了。（魏则西事件，2016-5-1，21:20）

3. NP一个

胡清国指出，"NP一个"作为标记性构式，主要表达的是对人的负向评价。① 例如：

（130）允儿babygirl：破鞋一只［挖鼻］（王宝强离婚事件，2016-8-17，00:24）

（131）小漠94：贱货一个！顺便说一句：长得是真丑！（王宝强离婚事件，2016-8-16，22:37）

（132）十英寸的英雄：智障一个。［拜拜］［拜拜］鉴定完毕（罗尔事件，2016-12-5，00:19）

4. 什么NP

"什么NP"一般含有否定意义，或者表达不以为然的语气，表达负面评

---

① 胡清国：《现代汉语评价构式"NP一个"》，《汉语学报》2017年第1期。

价。例如：

（133）OO 阿雯：什么玩意。不要逗我们。（天津滨海爆炸事件，2015-8-18，21：47）

（134）感悟人生2574463441：这中消协是个什么××单位。（八达岭动物园老虎咬人事件，2016-10-23，19：45）

（135）what_ wait：什么狗屁说法，自己连个常识都不懂。别人已经说过了还要怎么说。不知廉耻还是没有智商。（八达岭动物园老虎咬人事件，2016-10-15，01：33）

（136）邵呼呼：什么混蛋逻辑？虽然是无辜的，但还是得死。我不懂这种逻辑，无辜的就不该死，该死的就不无辜。所以我当不了砖家，因为我不能巧舌如簧，胡说八道。（宁波动物园老虎咬人事件，2017-2-8，08：04）

有的组合产生语法构式意义，有的组合因频率效应发生语义偏移。语言在横向与纵向上具有同等的意义潜势。加强组合关系的评价意义研究，可以补充侧重聚合关系研究的不足。

（四）修辞态度资源

1. 隐喻

"评价的体现方式可涵盖一些语言偏离式表达，隐喻就是重要的评价手段。"① Martin 也明确指出"语言评价中仍需考虑其他许多相对被忽略的话语资源，例如隐喻等"②。

Lakoff & Turner 认为"给输入空间增加意义和情感，源域概念就携带了评

---

① G. Thompson and S. Hunston, "Hunston. Evaluation: An introduction", Text: Authorial Stance and the Construction of Discourse, New York: Oxford University Press, 2000, p. 6.
② J. Martin, "Comment", World Englishes, No. 1, 2007, pp. 84–86.

价义,通过隐喻迁移将评价义投射至目标域"①。例如:

(137)九州风倾语:莆田系就像一种传染病,而百度就是它的传播途径。所以,没有百度推波助澜,受害者哪里可能会有这么多!否则莆田系为什么每年给百度那么多广告费?羊毛出在羊身上。若是百度推广没有给莆田带来足够的病人,他难道会傻得赔本做买卖吗?(魏则西事件,2016-5-4,00:13)

(138)西海散人:莆田系医院已如癌细胞一样扩散,百度助纣为虐。(魏则西事件,2016-5-2,09:58)

(139)直白直人:最悲伤的莫过于白发人送黑发人[泪],最邪恶的莫过于本应救死扶伤的医院成了无良商家谋财害命的帮凶和刽子手。这个国家的医疗体系是盘旋在人们头顶的秃鹫,随时准备吞噬那些倒下的人。[蜡烛](魏则西事件,2016-5-2,07:24)

(140)我叫我叫名字还没想好:有人说谷歌是雄鹰,百度是个送外卖、搞竞拍的麻雀,麻雀我们也接受了,毕竟你不能指望麻雀飞得和鹰一样高。但这只麻雀是臭虫、吸血鬼。请大家尽情科普其他搜索引擎,坚决抵制百度。(魏则西事件,2016-5-2,10:44)

2. 仿拟

陈望道指出,"为了讽刺嘲弄而故意仿拟某种既成形式的,名叫仿拟格"②。例如:

(141)粥粥的西瓜地:孔子曰:"苛政猛于虎",哪知两千年后"泼

---

① G. Lakoff and M. Turner, *More Than Cool Reason: A Field Guide to Poetic Metaphor*, Chicago: University of Chicago Press, 1989, p.65.
② J. R. Martin, "Comment", *World Englishes*, No.1, 2007, p.109.

妇猛于虎"!!!（八达岭动物园老虎咬人事件，2016-11-22，10：44）

（142）孤独的筑路者回复@用爱发电呆湾人：果然是煞笔"爱国青年"，你们这样能爱你××的国啊。碍国还差不多。（文登事件，2015-7-24，19：54）

（143）战略兵王V：【"一查到顶"才牛B】#天津滨海爆炸#市长黄兴国说：对于涉事公司，不管他是什么人，不管他有什么样的关系，都要"一查到底"，依法依规严肃处理，绝不袒护、绝不姑息。我想说的是："一查到底"抓几个小混混交差算个毛，你敢"一查到顶"才叫牛！（天津滨海爆炸事件，2015-8-19，21：29）

（144）拾壹的世界你不明白：然并软！（青岛大虾事件，2015-10-8，17：02）

（145）guangzihao［陕西省西安市雁塔区－联通网友］：纵子行凶，从重惩处！对那些仗权、仗钱、仗势欺人的混蛋富二代们一定要从严管教，否则今天的社会怕是没得救了……满街都有了"高衙内、张衙内、李衙内、王衙内"横行霸道，欺压良善……（李双江之子打人事件，2011-9-10，18：23）

例（141）由"苛政猛于虎"，仿造出"泼妇猛于虎"。例（142）由"爱国"，仿造出的"碍国"，临时与"爱国"构成相反相对的关系。例（143）由"一查到底"，仿造出"一查到顶"。例（144）由"然并卵"，仿造出"然并软"。例（145）由"高衙内"仿造出"张衙内""李衙内""王衙内"。这些都表达了负面评价，产生了幽默诙谐或讽刺嘲弄的效果。

3. 反语

反语是指故意使用与本来意思相反的词语或句子去表达本意，也叫"反话"。例如：

（146）春风轻吻我像蛋挞：碰瓷界的翘楚，业界巨擘。（八达岭动物园老虎咬人事件，2016－11－23，06：27）

（147）吃货的逗比：青岛人民，威武！（青岛大虾事件，2015－10－9，16：41）

（148）呃乜春：万能的有关部门。（青岛大虾事件，2015－10－8，18：19）

例（146）"翘楚""巨擘"是反语，例（147）"威武"是反语，例（148）"万能"是反语。这些都表达负面评价。

4. 对比

对比是把两种不同事物或者同一事物的两个方面放在一起进行对照比较的一种辞格。从语言形式看，对比辞格可以通过词语、句子或段落的语义对立，形成对照。例如：

（149）唐前言：青岛，一个去了就再也不敢去的地方；成都，一个来了就不想离开的地方！（青岛大虾事件，2015－10－9，09：53）

（150）福大蝈蝈：打110，人不来；打物价局，说国庆后上班；打工商局说，不归他们管；店主打110说有人吃霸王餐，警察就屁颠屁颠的来了……（青岛大虾事件，2015－10－8，17：00）

（151）renzaitaxiangab：一位戏子离婚，引发全民关注，媒体可谓兴师动众，铺天盖地的报道，各种细节挖掘无孔不入，甚至盖过了奥运的喧哗与热闹！而今天是抗战纪念日，却没有媒体纪念报道，中国媒体人的狭隘短视跃然纸上！（王宝强离婚事件，2016－8－17，08：20）

5. 析字

析字是分析和利用汉字的形体来作为提高话语表达效果的一种修辞格式。① 一方面让受众体味到语言的神秘性，另一方面使语言风趣幽默。因此，在微博评论中被大量使用。例如：

(152) 吴小彬 w：马蓉，马：骑乘工具，畜生，人人可骑。蓉：艹字在头，穴字在下，穴中藏人，人似双腿，有口其中。三 p 无疑，姿势明确。（王宝强离婚事件，2016-8-16，21：35）

6. 拈连

拈连指的是当甲乙两件事情并提或连续出现时，故意把只适用于甲事物的词语，顺势也用于乙事物上去。甲事物比较具体，乙事物比较抽象。这种陌生化搭配衍生了评价意义。例如：

(153) 酱酱梓：缺氧，缺氧的不是鱼，是这群专家的脑子。（天津滨海爆炸事件，2015-8-24，10：22）

7. 反讽

用复述或仿拟对方话语的方式讽刺对方言辞的荒谬，是负面评价。反讽本意在"讽"而不在反，所以与反语修辞是不同的。例如：

(154) 谷友军律师："套牌"车都敢这么嚣张?！也是呀！"带套都不算强奸"的！（李双江之子打人事件，2011-9-8，08：50）

(155) 无影-枫：这届老虎不行，太仁慈！（八达岭动物园老虎咬人事件，2016-10-18，11：40）

---

① 王希杰：《汉语修辞学》（第三版），商务印书馆2016年版，第360页。

微博舆论场中，修辞态度资源非常丰富，兹不一一列举。

(五) 符号态度资源

微博文本是多模态文本，以视觉模态为主，听觉模态为辅。网民通过文字、表情符号、图片、视频等表达意识，多模态的话语资源对文本意义构成有重要意义。

1. 标点符号

微博文本可以使用夸张而随意的标点符号，例如：

(156) nj多多：一群没房的捐款给三套房的！臭不要脸！！！！（罗尔事件，2016-11-30，15：34）

(157) Dear 霖霖霖霖霖：虎兄一路走好！！！！！（宁波动物园老虎咬人事件，2017-1-31，08：18）

(158) 从北边来的风：呸！！！！！！！！！！！！！！！！！！！！！！！！！（文登事件，2015-7-24，22：28）

(159) 雪中藏梦：约架，呸！！！！！！！！！！！！（文登事件，2015-7-28，01：46）

(160) LOVEVampiresLi：老虎凭什么死，我靠，有没有王法啊，老虎？看见肉，过去吃，有错吗？？！！！（宁波动物园老虎咬人事件，2017-1-29，17：17）

(161) 伊西笑：请问团中央的你们可以不理会，公安部的你们能理会一下吗？？（文登事件，2015-8-4，16：30）

(162) 南京小溜：看！不！懂！……毫！无！诚！意！……［怒骂］［怒骂］［怒骂］［怒骂］［怒骂］［怒骂］［怒骂］［怒骂］［怒骂］（姚贝娜事件，2015-1-18，06：46）

例(156)、例(157)、例(158)、例(159)用夸张而随意的感叹号,表达强烈的感情,强化了负面评价意义。例(160)问号和感叹号连用,表达质疑和感叹,强化了负面评价意义。例(161)用夸张而随意的问号,表示强烈的质疑,表达了负面评价意义。例(162)每个字用感叹号隔开,惹人注目,强化了负面评价意义。

2. 微博表情符号

微博文本有丰富多彩的表情符号,多达上千种。表情符号是态度资源的副语言表达,例如:

(163)吸舔取精大湿胸:支持依法治国,给文登警方点赞。👍👍👍👍👍👍👍(文登事件,2015-7-24,18:07)

(164)张爱国律师:侯某只是想见面谈理争论,并没动手的意思。而对方来四个人目的却很明确,带着家伙来就是要动手教训侯某。这竟然被办成结伙斗殴?山东警察这个案件办得!👎👎👎👎👎👎(文登事件,2015-7-25,01:16)

(165)吴韬先生:人至贱则无敌!😀😀(罗尔事件,2017-1-14,15:32)

(166)王孙不可留:请领导穿凉鞋去雨中漫步人生路!😂😂😂(天津滨海爆炸事件,2015-8-18,16:58)

(167)呢俺楠:反正我不信。🐱🐱(天津滨海爆炸事件,2015-8-18,17:57)

例(163)(表情符号[强],表示赞同);例(164)(表情符号[弱],表示反对);例(165)(表情符号[摊手],表示无奈);例(166)(表情符号[笑cry],表示笑哭了);例(167)(表情符号[喵喵][doge],表示无语、不屑等意义)。

3. 数学符号

常用的数学符号有等号、加号等。例如：

(168) 烈日当头 S：互联网＋骗子。（魏则西事件，2016－5－2，11：10）

(169) 凉菜小姐：马蓉是不要×＋不要脸，你是不要命＋不要脸。[挖鼻]（八达岭动物园老虎咬人事件，2016－10－14，22：47）

(170) 头条新闻：【中消协回应老虎伤人：消费者违规≠经营者无责】"八达岭野生动物园老虎伤人"事件3个月后，受伤游客首次提出赔偿要求，而园方称没有责任，不会赔偿。对此，中国消费者协会法律部负责人表示，在责任主体中，经营者是保护消费者安全的第一责任人，消费者"违规"不等于经营者无责。（八达岭动物园老虎咬人事件，2016－10－23，11：00）

(171) xuxu0904：消费者作死＝经营者无责！！！（八达岭动物园老虎咬人事件，2016－11－22，13：49）

(172) Sonicaya：莆田系医院＞医院监管部门＞百度。两两之间差距极小，都该死。（魏则西事件，2016－5－2，10：44）

4. 图像符号

Barthes 区分了两种图像—语篇关系，即语言语篇拓展了图像的意义或增加了信息；语言语篇细化了图像的意义，给予详细说明或更准确的重述。① 在人际意义的系统中，文字模态和图片模态相互补充，各有所长。②

---

① 参见 C. Anthonissen, "Interaction between visual and verbal Communication: Changing Patterns in the Printedmedia", *Critical Discourse Analysis and Interdisciplinarity*, 2003, pp. 297–311。
② 侯建波：《房地产广告的多模态人际意义研究》，《中国外语》2014年第4期。

Martin 认为，多模态语篇中图像的功能体现在两个方面：一是图像本身可以通过"激发"（provoke）方式间接地表达态度意义。二是图文关系以评价为导向，图像一般是语篇层次的主位，功能在于使整个语篇的价值立场被自然地接受；图文关系在围绕共同的价值观念形成共同体的过程中扮演着重要的角色。①

图像是语篇意义的延伸，克服了微博碎片化信息的不足。在微博舆论场中，图片和视频符号加强了语言所表征的意义。有的图文相互配合，相互印证，有图有真相。例如：

（173）头条新闻【天津环保局：爆炸周边区域臭味不影响健康】天津环境保护局今日通报：爆炸事故现场周边部分区域出现的"臭味"源于甲硫醇，在目前浓度下，不会影响核心区从事应急工作的人员健康，事故核心区仍处于大规模清理阶段，气体还会不时产生，公众对此不必过于紧张。

例（173）原有配图传递信息"防化兵检测毒性"，意在增强话语的真实性和说服力，却招来网民的质疑和批评。跟帖评论对"天津环保局"进行了反驳，如"不影响健康你带着防毒面具去现场？""既然空气质量达标，你为什么戴防毒面具？"

许多跟帖评论有配图，图文结合。例如：

（174）写给自己 999 封情书：
图片评论

---

① J. R. Martin, "Fair trade: Negotiating Meaning in Multimodal Texts", In P. Coppock (ed.), *The Semiotics of Writing: Transdisciplinary Perspectives on the Technology of Writing*, Bloomington: Indiana University Press, 2001. pp. 334-335.

(辱母杀人案，2017-3-30，06:31)

（175）全是串：不造谣，不带节奏，只求司法公正。

评论配图

(辱母杀人案，2017-3-26，21:28)

（176）iOS_Boy：你皮任你皮，把你当瓜皮。

评论配图

（辱母杀人案，2017-3-26，21：29）

例（174）评论配图引用了习近平主席的话，具有权威性，表达了网民追求公平正义的态度。例（175）"众驴"代表网民集体围观，"大巴"代表济南公安，象征网民集体围观权力机构。例（176）"济南公安大巴"面目全非，不堪入目，象征围观网民力量的强大。

（六）态度资源的分布以及褒贬指向

1. 态度资源的分布

自朱德熙最早将哲学范畴的指称、陈述概念引入汉语研究后[①]，陆俭明指出，语言表达基本上取两种形态：指称形态和陈述形态。[②] 指称就是所指，陈述就是所谓，指称和陈述可以相互转化。周国光、张林林在此基础上进一步提出，语言表达基本上取三种形态：指称形态、陈述形态和修饰形态。[③] 指称就是所指，陈述就是所谓，修饰就是所饰，指称、陈述、修饰三种形态可以

[①] 朱德熙：《语法答问》，商务印书馆1985年版，第124页。
[②] 陆俭明：《八十年代中国语法研究》，商务印书馆1993年版，第94页。
[③] 周国光、张林林：《现代汉语语法理论与方法》，广东高等教育出版社2003年版，第91页。

相互转化。我们的言语交际过程，就是交替、重复运用指称、陈述和修饰三种表达形态将思想感情外化并传递出去的过程。

指称、陈述和修饰理论为我们研究评价表达提供了有益的启示。我们将评价表达也分为指称形态、陈述形态和修饰形态。

所谓评价表达的指称形态，是指在主谓句的主语、宾语（或介词宾语）句法位置上通过体词性成分来实现的评价。例如：

（177）Fyb2333：主犯，帮凶，都要惩戒。（魏则西事件，2016-5-3，14：51）

（178）它山铁石：庸医误人，骗子害人。（魏则西事件，2016-5-2，07：05）

（179）可白的花花世界：百度算是个帮凶，但不是罪魁祸首。不要过于揪着百度而放过了医院和监管部门。（魏则西事件，2016-5-2，22：28）

（180）littlehawk：莆田系是主凶，百度是帮凶。（魏则西事件，2016-5-2，07：02）

（181）哈傈随笔：臭不要脸的，社会早晚毁在你们这帮蠢货手里。（文登事件，2015-7-24，18：31）

例（177）"主犯""帮凶"位于主语位置，是名词性成分，属于指称形态的评价。例（178）"庸医""骗子"位于分句主语位置，是名词性成分，属于指称形态的评价。例（179）"帮凶""罪魁祸首"，例（180）"主凶""帮凶"，都位于分句宾语的位置，是名词性成分，属于指称形态的评价。例（181）"臭不要脸的"是"的"字短语，与"蠢货"一样是名词性的成分，属于指称形态的评价。

所谓评价表达的陈述形态，是指在谓语、述语和补语的句法位置上实现的评价。例如：

(182) 蓝翔挖掘机班小组长：百度固然可恶，莆田系医院固然无良！但是，我们的监管在哪？如果整死一个百度，揪起一批莆田医院，却对于监管不闻不问，躲避责任，以后还会出现，千度万度，更多的莆田医院，最后坑的还是老百姓！（魏则西事件，2016-5-4，08:49）

(183) 白衣沧海：诈捐，虚报医疗数字，不要脸。（罗尔事件，2016-11-30，15:32）

(184) horn 慧：为了那一点贪欲！！！连基本的底线都没有了！！！太可怕！！太残忍！！太猖狂了！！！！（山东非法疫苗事件，2016-3-22，12:16）

(185) xmfish0592：[伤心]看得撕心裂肺！！！（天津滨海爆炸事件，2015-9-1，23:08）

例（182）"可恶""无良""不闻不问""躲避"，位于谓语或述语的位置，是陈述形态的评价；例（183）"诈捐""虚报""不要脸"位于分句谓语位置，是陈述形态的评价；例（184）"连基本的底线都没有了""可怕""残忍"和"猖狂"位于分句述语位置，是陈述形态的评价；例（185）"撕心裂肺"位于补语位置，是陈述形态的评价。

所谓评价表达的修饰形态，是指在定语、状语句法位置上实现的评价。例如：

(186) miki 的麻麻：[心]伟大的妈妈！了不起的妈妈！（聂树斌案，2016-12-3，12:14）

(187) 逍梦轩 xvan 轩：逍遥法外的医院呢？赚黑心钱的医生呢？查了百度，难道继续让那些医院治疗患者，你咋不直接让人民去死一了百了？[挖鼻][挖鼻][挖鼻]（魏则西事件，2016-5-3，09:40）

（188）西南日月时光：文登警方的作为，开了一个可怕的先例，在互联网时代，这种轻浮的作为引起潜在的后果太可怕了……（文登事件，2015-7-24，19：10）

（189）阴阳师z：低劣的人品，肮脏的灵魂，靠欺骗善良的人心，来谋取利益。（罗尔事件，2016-11-30，23：13）

（190）AlwaysOnThe味：别一味地揪着百度，罪魁祸首是医院，百度是帮凶，该死的部队医院才是刽子手！（魏则西事件，2016-5-2，22：40）

例（186）"伟大""了不起"位于定语的位置，是修饰形态的评价。例（187）"逍遥法外""赚黑心钱"位于定语的位置，是修饰形态的评价。例（188）"可怕""轻浮"位于定语的位置，是修饰形态的评价。例（189）"低劣""肮脏"处于定语的位置，是修饰形态的评价。例（190）"一味"处于状语的位置，是修饰形态的评价。

指称、陈述和修饰三种表达形态可以互相转换，比如用"臭不要脸"评价马蓉，可以用陈述形态的评价，可以用指称形态的评价，也可以用修饰形态的评价。例如：

（191）公民周炜东：臭不要脸的还要什么名誉？（王宝强离婚事件，2016-8-16，15：49）（**指称形态**）

（192）跳梁小贤：真TM的太臭不要脸了！（王宝强离婚事件，2016-8-16，13：29）（**陈述形态**）

（193）Aimee_young：臭不要脸，滚蛋！（王宝强离婚事件，2016-8-16，13：28）（**陈述形态**）

（194）CHENCHUJlN：看到马蓉复出还安慰别人，自己都做出臭不要脸的事。总之出门小心，遭报应过马路小心看车。（王宝强离婚事件，

2017-5-9,12:33)(修饰形态)

例(191)"臭不要脸的"位于主语位置,是指称形态的评价。例(192)"臭不要脸"位于谓语位置,是陈述形态的评价。例(193)"臭不要脸"位于分句位置,是陈述形态的评价。例(194)"臭不要脸"位于定语位置,属于修饰形态的评价。

"臭不要脸"具有[+述人]语义特征,无论处于指称、陈述还是修饰形态,褒与贬都指向"马蓉",都是对马蓉的负面评价。

因此,在句法上的指称、陈述和修饰,在语义上都是一致的,本质上都是语义陈述。评价跨越了指称、陈述和修饰三个范畴,评价语汇无论处于何种句法位置,都是表达评价,其功能是一致的。

正因为如此,Martin等人的评价理论是一个词汇语法框架,将评价研究带到了语法的边缘,引向了广阔的、自由灵活的词汇界面。各种态度资源在语篇中呈韵律式分布,它弥漫于整个小句乃至语篇,像波浪一样延拓,具有累积性特征,决定着语篇的整体褒贬倾向。

2. 态度资源的评价对象

每一种态度资源,不管分布在指称位置,还是陈述或修饰位置,都有明确的评价对象(即褒贬对象),结合语境都可以识别出来。例如:

(195)进击的熊野爹-微博:事实证明,就是两伙地痞流氓打架,文登警方处理得相当及时与公正,没有让那些别有用心的人有任何插足之地,好样的。[good][good][good](文登事件,2015-7-24,18:36)

(196)担担郎:百度是无下限的帮凶,医院更是吃人不吐骨头的恶魔!狼狈为奸!(魏则西事件,2016-5-2,07:08)

例（195）"地痞流氓"是指称形态的评价，评价"约架双方"，"及时""公正"处于补语位置，是陈述形态的评价，评价"文登警方"。"好样的"，处于分句位置，是陈述形态的评价，评价"文登警方"。

例（196）"无下限"是修饰形态的评价，"帮凶"是指称形态的评价，都是评价"百度"。"吃人不吐骨头"是修饰形态的评价，"恶魔"是指称形态的评价，都是评价"医院"。"狼狈为奸"是陈述形态的评价，评价"百度"和"医院"。

微博舆论场中有着丰富的态度资源，呈韵律式分布于语篇。进行话语分析，必须置身于语境之中，重点考虑语义韵（prosody）。要使分析更进一步，我们不仅要分析态度资源的类型，而且要识别态度资源所评价的对象。显性的态度意义比较好处理，隐性的态度意义处理起来则比较麻烦，需要结合语境才能推导出来，必须进行文本的细读分析。

三 微博舆论场中的介入资源

（一）介入系统阐述

所谓介入，就是作者或说话人"如何利用投射、情态、极性、让步及各种评价性副词来表明自己与话语中所表达的观点之间的关系以及与该观点可能引发的不同反应之间的关系"[1]。介入系统作为Martin评价系统的三个子系统之一，受到苏联著名文艺学家巴赫金的对话性和杂语性思想的影响，把一切语言使用看成是一种"对话"，是一种人与人之间相互影响的互动行为。介入系统揭示了人类交际的协商性，从注重交换互动向立场互动发展，介入系统如图4-2所示。

---

[1] J. R. Martin and P. R. White, *The Language of Evaluation: Appraisal in English*, Basingstoke: Palgrave Macmillan, 2005, p. 36.

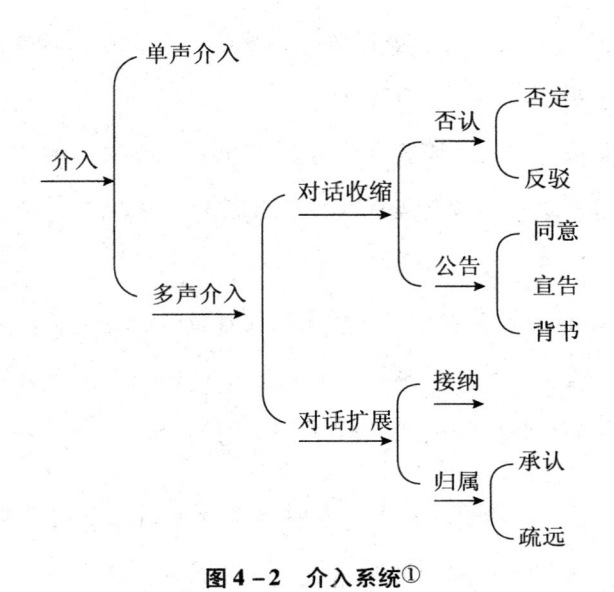

图 4-2 介入系统①

可以看出，介入系统包括自言和借言两个子系统，研究的是态度源，是调节话语责任的语言资源。自言（monogloss），也叫单声介入，指作者或说话人直陈某一命题，对该命题负责并拒绝引入其他观点，因而关闭了与其他声音磋商或对话的空间。单声介入是一种单纯性断言，不考虑异议或其他可能性，作者或说话人对言辞承担全部责任。借言（heterogloss），也叫多声介入，指作者或说话人将该命题的几种不同观点引入语篇或用明确表示可能存在另一种意见的言语，创造多种声音共存的话语空间。多声介入明确表示可能存在不同的声音，关注到话语的对话性，从而推卸或减少对言辞所承担的责任，使话语带有客观的意味。例如：

（1）树叶中得风：如此嚣张！视人命如草芥，视法律如无形，太可憎了！（李双江之子打人事件，2011-9-8，08：51）

---

① J. R. Martin and P. R. White, *The Language of Evaluation: Appraisal in English*, Basingstoke: Palgrave Macmillan, 2005, p. 134.

(2) gd 甘道夫：这是警匪勾结，草菅人命。杜狗，早点去死。（辱母杀人案，2017-3-31，07:55）

(3) k 俊先生：微博里真的是舆论导向一边倒，戾气太重。估计判决书都没看，单单看某些媒体的单方面言论，就肆意评价。（辱母杀人案，2017-3-30，10:51）

(4) summer 小吹：个人认为，无期过重但仍然有罪。一条人命的逝去总得有什么去填补吧。没有人可以随意夺取他人的生命。要为自己的行为负责。（辱母杀人案，2017-3-30，17:20）

例（1）、例（2）是单声介入，表明作者或说话人不愿意与不同立场的多声进行协商，认为这一命题理所当然、不容置疑。这在一定程度上排除了对话性，作者或说话人愿意对话语承担全部责任。例（3）是多声介入，用了介入资源"真的"传递确定性，用了介入资源"估计"传递可能性。例（4）是多声介入，用了介入资源"个人认为"。这些多声介入资源表达了话语是作者主观的、个人的看法，其真实性和正确性有待判定。作者或说话人承认了其他不同声音的存在，开启了协商对话的空间。

严格地说，单声介入和多声介入都具有对话性，没有一句言语是一个孤岛，只不过单声介入采取的是忽略、降低或不直接、不公开承认多声性的修辞策略。单声介入和多声介入的主要区别在于作者或说话人是否愿意承认命题的争议性，是否为不同观点或声音预留对话的空间，或者说是否对观点的差异表示尊重。

较之多声介入，单声介入研究目前还比较薄弱。王振华、路洋也指出，"如何科学地界定自言以及如何更加合理地、科学地建构自言系统网络，仍有待进一步地探索和研究"①。王振华、路洋的所谓自言即单声介入。刘丹按对

---

① 王振华、路洋：《"介入系统"嬗变》，《外语学刊》2010 年第 3 期。

话性由强到弱，将单声介入排序为：理据性断言＞无前提断言＞叙事。其中理据性断言给读者以质疑"理据"的机会，对话性最强。① 例如：

（5）开耳闻世界：本来就几个人知道的事，被闹成这样，别有用心。（毕福剑视频事件，2015－5－12，16：37）

（6）东邪不吸毒717：非常公正，合法合理。（文登事件，2015－7－24，18：40）

（7）红星会会长：上门揍人，揍揍的被拘留了。（文登事件，2015－7－24，18：16）

例（5）有前提铺垫，属于理据性断言，例（6）属于无前提断言，例（7）属于叙事，这些作者没有为不同声音预留空间，因此都是单声介入。

多声介入是明确表示可能存在另一种意见的言语，又进一步分为对话收缩（contraction）和对话扩展（expansion）。对话收缩是指作者或说话人在表达自己的观点、立场和态度时直接或间接地否定、反对或拒绝对话人的不同观点、立场和态度，缩小和剥夺对话人的话语空间。对话收缩的主要实现方式为否认（disclaim）和公告（proclaim）。

否认是说明自己不同意，拒绝另一种意见。否认包括否定（deny）和反驳（counter）。否定是把肯定意见引入对话的一种方法，它不是逻辑关系中对肯定的简单的否定。例如：

（8）xk19441：力挺！！作为一个男人，于欢做得没有错，法律应当酌情处理！（辱母杀人案，2017－3－31，10：28）

例（8）作者用"没有"否定了"于欢有错"这一命题。

---

① 刘丹：《英汉论辩体裁介入系统跨文化对比研究》，《外语学刊》2013 年第 3 期。

反驳是另一种否定方式，这种否定用一个命题来取代或反对另一个有可能在此地出现的命题。例如：

（9）青青儿啦：虽然很喜欢老毕，但是作为一个公众人物应该对自己的言行负责，毛主席毕竟是一代伟人，解放中国，他的功过岂是我们能妄论的？（毕福剑视频事件，2015-8-9，18：17）

例（9）用反驳资源"虽然……但是……"将"喜欢老毕"和"作为一个公众人物应该对自己的言行负责"两种声音表述为相容的，反对了"挺毕派"中一部分人认为公民言论自由、毕福剑不该受到处理的观点。

公告是通过改动、强调、干预对一种意见进行质疑、批驳、颠覆或排斥。公告包括同意（concur）、宣告（pronounce）和背书（endorse）。其中同意用于作者或说话人公开表明对某个对话伙伴的意见，例如：

（10）有蒋氏者回复@雷逐风：当然违法，小侯可以自诉。（文登事件，2015-7-25，22：40）

例（10）作者使用同意介入资源"当然"，明确提出了自己的立场，排斥了其他立场。

宣告是作者或说话人强调、明显地干预或改动某种意见。宣告是对不同意见的挑战，是要驳斥不同意见，不是接纳不同意见。例如：

（11）快乐文灿：对这种坏蛋要严惩不贷！这是必须的！（李双江之子打人事件，2011-9-8，22：12）

例（11）作者使用宣告介入资源"要""必须"，对"给李双江之子机会"这一观点进行了干预和改动。作者承认有不同意见，但作者排斥了不同意见，减少了这种不同意见的对话空间。

背书是作者或说话人把某种外部意见说成正确的、有效的、不可否认的或完全正当的。例如：

> （12）佑玟：到今天上午 11 点前仍有人转发天津爆炸事件为加油站或什么乙醇爆炸，现已证实爆炸是由于天津滨海新区港务集团瑞海国际物流公司危化品堆垛发生火灾，接而发生爆炸，爆炸喷发的火球又引发周边多家企业二次爆炸。爆炸后的气体应当是有毒的，但有关部门却说检测空气为正常……希望周边民众还是关好门窗做点防范。（天津滨海爆炸事件，2015 - 8 - 13，11：24）

例（12）使用背书资源"证实"，压缩了对话的空间。

对话扩展指作者或说话人表达观点、立场时能容纳或接受，甚至鼓励对话人表达与自己不同的观点、立场，即承认其他观点存在的可能性。对话扩展的实现方式有接纳（entertain）和归属（attribute）。其中接纳表达的是内在的声音，表明有关立场是一种可能的立场，从而扩展了对话的空间。例如：

> （13）碧云流水：我觉得没啥委屈的，毕姥爷是党员，既然是，那就别说自家的坏话，尤其在那么多人都在的场合。毕竟他不是平头百姓，自食苦果没错。（毕福剑视频事件，2015 - 8 - 10，12：54）

例（13）用了接纳介入资源"我觉得"，表明是作者阐述个人观点，这为其他可能性观点开启了对话空间，属于对话扩展。

归属是将文本中的命题归于语篇之外的某个声音或立场。归属分为承认（acknowledge）和疏远（distance）两种。承认是一种中性的归属，仅仅转述外部声音的话语和观点，并没有公开表明说话人对有关命题的看法。发话人表面上保持中立，该消息来源对话语内容承担责任。而疏远则清楚地表明作者或说话人对引用的命题或观点保持距离，他把自己跟命题的关系区分清楚了，因而容许最大程度的话语扩展。例如：

（14）头条新闻：#热点#【广电总局认定毕福剑严重违纪 责成央视严处】中纪委机关报今日头版发文《确保党员干部做政治上的"明白人"》。文中指出，毕福剑用调侃的方式损害老一辈党和国家领导人形象的视频流出后，广电总局认定其严重违反政治纪律，责成央视严处。（毕福剑视频事件，2015-8-9，16：38）

例（14）中"广电总局认定"，以间接引语的形式将声音归属于"广电总局"。这属于承认资源，微博作者没有公开表明对有关立场和观点的看法，是中性的转述。

（15）头条新闻：【王书金哥哥：宁愿他死后被狗吃 也不将其埋祖坟】很多村民都想不明白，为什么王书金还没死。在法院改判#聂树斌无罪#后，一直声称是该案"真凶"的王书金的死刑复核或很快出结果。但王书金的哥哥多年来在村里还是"抬不起头"，"他死后就算被狗吃了，也不会让他埋在祖坟里。"（聂树斌案，2016-12-7，13：32）

例（15）中"声称"则属于疏远资源，动词"声称"暗示转述者对转述的命题内容保持一定距离，隐含一种批评的对话立场。

可以看出，对话收缩是通过否认或公告缩小或剥夺了对话人的话语空间。对话扩展是通过接纳（entertain）和归属（attribute），允许不同立场、观点的存在，为对话人预留对话空间。从对话收缩到对话扩展，呈现出介入意义的连续性，一端是最大程度收缩的否定，另一端是最大程度扩展的疏远。

下面我们将借鉴介入系统理论，全面系统地研究微博舆论场的介入资源，考察微博文本中态度介入的对话性和互动性，揭示各类介入资源与读者建构的关系。

（二）微博舆论场中的单声介入资源及其读者建构

网络热点事件微博文本对话性和互文性明显，介入资源非常丰富，包括单声介入和多声介入。单声介入曾经被认为是中立的、客观的、真实的。从对话性考虑，单声介入没有公开承认其他立场的存在，似乎只提供一种立场。在言语表现上，单声介入是对命题直截了当地陈述，不提及信息来源和其他可能观点。例如：

（16）阴阳师 z：低劣的人品，肮脏的灵魂，靠欺骗善良的人心，来谋取利益。（罗尔事件，2016－11－30，23：13）

（17）小人物在努力：谷歌和百度的区别在于：一个是挑战人类的上限，一个是挑战人类的下限！（魏则西事件，2016－5－2，11：17）

（18）A 建利：医院有责任，这个社会太冷漠了，永远是利益当先。（魏则西事件，2016－8－9，12：51）

（19）XSin001：最主要的是监管部门的不作为，其次是医院的无良，再者就是百度。（魏则西事件，2016－5－2，11：08）

（20）宋柴伙：武警医院是首犯，百度是主犯，央视是从犯。（魏则西事件，2016－5－2，10：45）

（21）ZheYeBuXing：贪官犯的错，蠢驴来买单！（聂树斌案，2017－3－30，22：03）

（22）头条新闻：#天津滨海爆炸#【遇难人数上升至135人，失联38人】截至今日下午3点，天津港危险品仓库爆炸事故遇难人数升至135人，全部确认身份。失联38人。（天津滨海爆炸事件，2015－8－25，15：35）

上述例子中微博作者运用单声介入形式，直接陈述命题，向读者传递信息，发挥微博的信息传播功能。单声介入为读者评价提供辅助和支持，是读者进行评价的基础。实际上，微博作者不仅传递信息，也或隐或显地传递了态度或立场，单声介入往往起着引导读者评价的作用。

(三) 微博舆论场的多声介入资源及其读者建构

多声介入模式的语言资源分为对话收缩型（dialogic contraction）和对话扩展型（dialogic expansion）。

1. 收缩型多声介入资源与读者建构

收缩型多声介入包括否认（disclaim）和公告（proclaim）。作者通过否认或公告某种立场的正确性和不可推翻性，从而压缩对话的空间。否认包括否定和反驳两个子类；公告包括同意、宣告和背书三种方式。

（1）否认

否定是把肯定意见引入对话的一种方法，不是逻辑关系中对肯定意见的简单的否定。Martin 和 White 将否定分为两种情况，一种是作者或说话人使用否定提供相反观点并让受众接受这些相反观点，另一种是否定起到纠正受众的某些误解或错误观念的作用。[①] 在受众不抵触的情况下，否定资源同样可以提高作者或说话人与受众之间的态度的一致性，可以说服潜在的受众接受作者或说话人的观点。

微博文本中的否定介入资源十分丰富，可以用否定词语实现。如"没""没有""不""不能""不是""绝不是"等。例如：

(23) 寂寞沙洲冷是谁唱的呢：没必要道歉！（毕福剑视频事件，2015-5-12，11∶32）

(24) 怀念家驹的光辉岁月：现在的医生一点医德都没有，都是医院赚钱的工具。（魏则西事件，2016-5-2，11∶15）

[①] J. R. Martin and P. R. White, *The Language of Evaluation: Appraisal in English*, Basingstoke: Palgrave Macmillan, 2005, p. 120.

(25) 权倾：动物园没有错，这个女人讨厌透了，一看这则新闻想到她就反感。（八达岭动物园老虎咬人事件，2016-11-20，12：46）

(26) 记忆力严重退化的猩猩：中消协没有做到管理和监管的责任！所以这件事中消协负主要责任！（八达岭动物园老虎咬人事件，2016-10-23，19：03）

(27) 董宪鸿律师：新华网报道李双江的儿子15岁因寻衅滋事被刑事拘留，这不符合刑法17条的规定，希望记者报道客观真实，不要误导公众。（李双江之子打人事件，2011-9-8，20：45）

(28) 老牛7788：这种恶少坚决不能轻饶。假以时日，非成一方恶霸不可！（李双江之子打人事件，2011-9-8，05：48）

(29) 苏晨林：无力吐槽，千万不要拿人性来消遣。孩子有病了就治病，但是不能包装得那么冠冕堂皇，这个世界上还有好多人要救治，不要讲狼来了的故事！（罗尔事件，2016-11-30，14：20）

(30) 狮山程宇光：山东威海文登警方的这一判例说明：不是随便套个"爱国"马甲就可以为所欲为，不是自诩"爱国"就能冒充"正能量"。看行为依法处理，这次我为文登警方点赞！［赞］（文登事件，2015-7-25，18：18）

(31) 王小霏Yvonne：言论自由绝不是骂人自由，绝不是造谣自由！（毕福剑视频事件，2015-8-10，16：33）

反驳是用一个命题来取代或反对另一个有可能在此处出现的命题。在网络热点事件的微博文本中，反驳主要由反预期词语或话语标记来实现。常见的反预期资源有副词"竟然""居然"等，例如：

(32) 胡萝卜很累：不要脸！竟然跟自己老公的经纪人混到一起！！！呸！！！宝强真可怜！！［泪］［怒］［怒］（王宝强离婚事件，2016-8-

15,13:15)

(33) 今年勇vv啊：竟然是后悔没有提前发声，后悔的竟然不是下车！！！（八达岭动物园老虎咬人事件，2016-10-14，00:36）

(34) 夏至光年默然：上面评论里竟然还有支持赵女士的，说我们这些骂赵女士的网友不是喷子就是水军，这些圣母婊也是醉了。（八达岭动物园老虎咬人事件，2016-10-15，02:15）

(35) 随心听海：法律居然是黑社会人员生命安全的保护伞，谁敢动黑社会人员，法律就制裁谁？这真是……以后谁还信法律？［摊手］［摊手］［摊手］［摊手］［摊手］（辱母杀人案，2017-3-27，12:09）

(36) 义乌市甲昇电子商务商行：这些人居然给于家捐钱？真不知脑袋里装的什么，人家里那么大的企业，他爸开豪车包二奶的时候你们看不到，于欢开跑车泡妞花天酒地你们看不到，人家是先富起来的一批人，你们居然给他们捐钱？真搞笑。（辱母杀人案，2017-3-30，23:11）

疑问代词"怎么"也具有反预期功能，例如：

(37) 奈奈2602：［晕］晕车！怎么非得这时晕！［doge］（八达岭动物园老虎咬人事件，2016-10-14，20:41）

(38) 思思思儿：我怎么没看到还有挺人派？（宁波动物园老虎咬人事件，2017-2-8，08:41）

刘焱、黄丹丹指出，"在自然口语尤其是对话中，'怎么'已具有话语标记的功能，其语用功能有两种：一是表达说话人的惊异或意外，二是表达说话人因惊异或意外而不满的批评或嗔怪"[①]。例（37）、例（38）"怎么"表示反预期，限制了其他声音的出现。

---

① 刘焱、黄丹丹：《反预期话语标记"怎么"》，《语言科学》2015年第2期。

转折连词也具有反预期功能，如"但是""然而""不过""可是""却""反""反而""实际上"等，例如：

(39) Lacey_back：虽然死者为大，但这女的也太不厚道了，完全没觉着自己有错，心疼老虎。（八达岭动物园老虎咬人事件，2016-11-23，01∶14）

(40) addoil123：话糙理不糙，毕姥爷话虽有点不雅，但却是事实，只要经历过那个时代的人都知道他说的事实，天朝难道连一丁点面对历史事实的勇气都没有吗，自己不敢面对历史，却指责日本不敢面对历史，是不是有点好笑啊？（毕福剑视频事件，2015-8-10，03∶34）

(41) 第八城全球购：虽然小编我一贯赞同少杀慎杀，但涉及千家万户，似乎判轻了。（山东非法疫苗案，2017-1-24，14∶15）

(42) 呵呵哒-哒-哒-哒：消协，我认为你说的的确没错。不过你可不可以先去把卖假货的先一网打尽了？毕竟全国被假货坑害的消费者大大比在老虎园被咬死的多得多啊……（八达岭动物园老虎咬人事件，2016-10-24，08∶16）

(43) 碎了一地的繁华xx：百度是不对，可是主要原因不是医院吗，医院骗钱，宣传假信息，怎么大家都在指责百度［疑问］［喵喵］［喵喵］［喵喵］（魏则西事件，2016-5-1，21∶34）

(44) 榴莲流奶牛角包：小女孩是真病，却是场带血的营销，又一次消费了公众的善意。（罗尔事件，2016-11-30，12∶01）

(45) violet底儿：自己怕坏规则，反倒到处咬人，连累家人，连累社会，真是林子大了什么鸟都有。（八达岭动物园老虎咬人事件，2016-11-23，20∶24）

(46) 小胖姐姐littlefat：国家该保护消费者时反而不站在消费者这边了……这就相当于，大货车或者水泥罐车违规肇事逃逸，警察不去追究，反而是，车在过绿灯正常行驶时，由于行人不遵守交通规则而造成交通事故，司机却还要负一部分责任。我想知道这帮人都是干嘛吃的。(八达岭动物园老虎咬人事件，2016－10－23，19：49)

(47) 老区枪和玫瑰回复@清华孙立平：你这番言论看起来公正，实际上阴险，是为虎作伥。(文登事件，2015－7－26，18：34)

反预期的话语标记"没想到""想不到""岂料""谁知""殊不知"等，有时还可与反预期的副词"竟然"连用。例如：

(48) 土木马逵：说实话，看到毕福剑道歉微博里面的评论，感觉心寒，没想到没脑子的人还是有那么多。(毕福剑视频事件，2015－4－9，21：30)

(49) Thandbay：#关于毕福剑辱毛事件# 毕姥爷是在开玩笑，如果央视当真，那谁又有办法？这是在调侃，并不是侮辱。想不到央视这份容纳的心都没有。(毕福剑视频事件，2015－4－8，21：46)

(50) 执竞君：#宁波动物园老虎咬人# 某些国人就是视规则为无物，拼命钻空子宁死不吃亏，孰不知贪小便宜最后是要吃大亏的……(宁波动物园老虎咬人事件，2017－1－30，00：39)

(51) 姜旖凝：百度竞价排名，医院举着军旗草菅人命，可是纵容甚至推动这一切产生的根源，在于谁？每一个旁观者都以为这只是别人的灾难，孰不知自己早已在漩涡边缘。(魏则西事件，2016－5－2，12：31)

(52) 好抚琴听雨：#宁波动物园老虎咬人#园方没想到自己三米的外墙，三米的虎园墙架设七十厘米铁丝网，十米宽的河道阻隔和两米的围栏，竟然还是有人能够强行翻进去。算到了老虎出不去，没算到人行动力这么猛。[doge][doge][doge](宁波动物园老虎咬人事件，2017－1－30，10：55)

反预期的语法格式有"连……都……"例如：

（53）闲看花开花落 stella：坚决支持央视严惩毕福剑，他连普通的公民素质都没有，满嘴喷粪，你可以辩理，但不能满嘴都是大便。何况你是对那么伟大的人！（毕福剑视频事件，2015-4-9，15：30）

马伟林指出，连词和附接语通过否定潜在读者的期望值、让步、重新阐述、勉强承认假定的立场，能使作者实现对于语篇主观性的操控，实现肯定或否定的评价。[1] 上述反预期的资源既有语篇衔接功能，也有人际功能，表达了作者的主观评价，是反驳介入的主要实现方式。微博作者通过反预期激发了受众的期待，与持有这一期待的读者对话，这种反预期限制了其他声音出现。因此属于对话收缩介入。

可供读者选择的对话空间是极其狭小的，作者通过反预期资源介入不同声音来否定读者的原有期望，反而加深了读者的印象，联合了持相反观点的受众。因此，反驳资源有利于引起读者注意，将读者无形地拉到自己的一边。其修辞策略是，作者将预期投射到读者身上，作者和读者有着共同的信念、期待，从而建立起一种一致关系，即结为盟友。一方面，作者首先拉近与读者的人际距离，弱化读者的潜在对立立场，与读者初步结盟，为作者新观点的介入奠定基础。另一方面，反驳介入通过对某一个声音的让步来压制该声音而凸显另一个声音和观点，使自己的评价显得公允客观。

（2）公告

同意指微博作者明确提出自己的观点，排除其他选择和立场，属于对话收缩。网络热点事件文本中，同意资源可以用表确定性的副词和短语实现。如"明明""显然""当然""明显""很明显""确实""肯定""公认""不

---

[1] 马伟林：《语篇衔接手段的评价意义》，《当代修辞学》2011 年第 4 期。

可否认""无疑""毋庸置疑""理所当然"等,例如:

(54)老太太抹口红:明明是约架,被打了还装,就是这路货色的本质。(文登事件,2015-7-23,01:17)

(55)小飞侠被晒伤了 x 小呆:明明是医院和政府的恶,硬是让百度一家背锅[鄙视](魏则西事件,2016-5-2,01:11)

(56)稣米工作室:明明是你自己作死,本来死的应该是你,是你害死你自己的妈妈,要不是动物园的施救,你也活不了,还要反咬一口!(八达岭动物园老虎咬人事件,2016-11-23,08:12)

(57)oy1615770:显然在此事件上,文登警方和长期仇视和敌对共产党和中国政府的那些人结成了统一战线。(文登事件,2015-8-3,22:25)

(58)透透的拉:动物园当然有责任,在处理突发事件时没有丝毫保护游客的应对措施,现在动物园方也是占着舆论在他们一边而推卸责任,大家客观看问题。(八达岭动物园老虎咬人事件,2016-10-23,23:01)

(59)会飞的C希:明显夫妻吵架,女的脾气太差,硬要换人开车。男的不愿意下车。(八达岭动物园老虎咬人事件,2016-10-19,06:23)

(60)cckkhhhh:很明显是她自己的错,明知山有虎偏向虎山行。被老虎咬了还赖别人。(八达岭动物园老虎咬人事件,2016-10-14,19:44)

(61)Darren_张:这事,老虎确实冤枉,但肯定得开枪。(宁波动物园老虎咬人事件,2017-2-8,07:57)

(62)大多数艺术家:触犯法律就一定会受到制裁,这是毋庸置疑的。(天津滨海爆炸事件,2015-8-27,14:48)

(63)东楼己:这是毋庸置疑的事,还调查个屁。(姚贝娜事件,

2015-1-17，21：36）

上述同意介入方式，将命题表述为无可厚非、不可推翻的陈述。既表达了作者的意识，又对读者或潜在的读者进行操纵，对分歧立场的势头施以重压。

微博文本中，同意介入也可以直接用动词"赞""点赞""同意""支持""赞同""认同"等来实现，例如：

（64）含章利贞：没有被所谓的"爱国"绑架，赞！（文登事件，2015-7-26，10：38）

（65）泥石流灾害：支持警方依法办案，反对法律问题政治意识形态化。（文登事件，2015-7-26，11：55）

（66）明堂辟幽：支持依法治国，给文登警方点赞！（文登事件，2015-7-26，13：15）

（67）杭州-经济学农夫：完全同意消协的观点，这才是一个文明国家的体现，相比那些对当事人恶毒的谩骂的垃圾网民，让人感觉欣慰！（八达岭动物园老虎咬人事件，2016-10-23，23：14）

（68）吃货小刺猬回复@添乐宝贝：赞同。（姚贝娜事件，2015-1-17，23：16）

（69）小雨看中国：认同！（文登事件，2015-8-3，21：16）

让步性同意资源，如"就算""固然""即使""尽管"等，常与反驳资源一起使用。例如：

（70）就胖了咋滴啦：就算他妈妈非法集资，放高利贷，孩子有什么错呢？（辱母杀人案，2017-3-27，13：40）

（71）腐小媛：就算晕车下车勉强OK，但下车径直去开驾驶座的

门……是什么道理呢？（八达岭动物园老虎咬人事件，2016 - 10 - 13，23：56）

（72）Tony 天窗：老毕固然不对，但媒体问题更大，不说自由至少大家有表达意见的权利。（毕福剑视频事件，2015 - 8 - 9 19：32）

（73）可不咋的：即使不增加"严禁下车"警示牌，我也不敢下车。（八达岭动物园老虎咬人事件，2016 - 11 - 20，13：23）

（74）伊伊侑：毕竟菇凉母亲都死了，即使她自己不对，有些人嘴下也还是留点情吧。（八达岭动物园老虎咬人事件，2016 - 10 - 14，17：19）

（75）长春东子：尽管游客不该跳围栏，但虎园反应慢处理突发事件能力差。没有专业救援驱虎的队伍和工具。游客失去最佳救援机会，假设再有意外，悲剧难道还要重演！（宁波动物园老虎咬人事件，2017 - 2 - 8，08：06）

总之，使用同意资源，作者确定了外部声音的绝对正确性，植入了自己的观点和立场。作者立场坚定，从而压制了其他潜在的声音，收缩了协商对话的空间，引导读者接受自己的立场。

宣告用强调的方式表明作者的态度，也排除了其他可能性。在网络热点事件微博文本中，常见的宣告介入，是用"高盖然"（根据事物发展的高度概率建立的一种认识判断）的情态词语来实现的。Martin 等人的评价理论中，将这些高盖然的情态归入接纳范畴之中。我们认为，这是不能一概而论的。低中值的情态表达接纳，属于对话扩展范畴，而高值的情态表达宣告，则属于对话收缩范畴。如"我坚信""我们深信""要""务必""必须""应该"等，例如：

（76）丹虹福新35669 回复@雷希颖：我坚信邪不压正！只要正义的浪涛掀起之时，就是邪恶势力毁灭之日！（文登事件，2015 - 7 - 26，09：20）

(77) 海狼的秘密：我们要时刻牢记，在这场没有硝烟的较量中，什么才是决定胜负的根本力量？是民心！！！［心］［耶］（文登事件，2015-8-8，19：57）

(78) 潜龙在江1529：绝不能让我们的爱国学生这样被围攻，诱杀！绝不能让我们的热血青年的灵魂被他爱着守着的国家的公安机关拘留！文登警方务必认真学习改造，摆正是非观，惩恶扬善，否则不配公安之前的人民二字！（文登事件，2015-7-25，23：36）

(79) 黑桃J大王：不应该把焦点过度集中在房子上，应该问问他怎么想的，这是人的问题，是社会的问题。（罗尔事件，2016-11-30，14：22）

(80) 苏州小P：必须严惩百度，严惩医院，严惩医生！（魏则西事件，2016-5-2，08：40）

(81) 做有思想的腹肌：百度必须承担责任！无底线者必死！（魏则西事件，2016-5-1，23：01）

宣告是对不同意见的挑战，是要驳斥不同意见，不是接纳不同意见。无条件的条件复句，也属于宣告范畴，例如：

(82) 我说我评：聂树斌案的王书金，为何未被认定"真凶"？在王书金未被认定"真凶"情况下，聂树斌案最终平反。但不管王书金是否"真凶"，他在客观上推动了聂树斌案的再审，从这个角度讲具有积极的意义。（聂树斌案，2017-1-7，09：47）

作者通过宣告压缩或剥夺了与读者协商对话的空间，增加了读者反对或质疑的人际成本。

背书是通过别的来源来证明自己观点的正确性。通常借用外部的声音来说明命题的真实性，从而压制其他声音。背书常见的表现方式是用"证明"

"证实""验证""显示""预示""意味着""说明""表明""由此可见"等。例如：

（83）远哪远哪：事实证明，虽然消费者有违规现象，但园方也并不是完全没有责任。某些人就算你没学过法律，好歹也仔细看看文章啊，尽瞎嚷嚷，要是一死一伤发生在你自己和家人身上，看你还能故作豁达的姿态不。（八达岭动物园老虎咬人事件，2016 - 10 - 23，15：28）

（84）骑着小毛驴上班卍：脸不疼么？警方已查明，双方为约架，且当事双方已承认。爱国，是流氓最后的庇护所，此言终成现实。（文登事件，2015 - 7 - 23，05：06）

（85）财新网：【司法大数据显示聂树斌案最受网民关注】（记者 单玉晓）12月14日，最高法院联合百度百科发布了《2016司法大数据网民司法搜索专题报告》。数据显示，"聂树斌案"是网民2016年最关注的热点案件，居百度百科热搜榜首。该案国家赔偿、证据标准、判决结果是民众关心的焦点问题。（聂树斌案，2016 - 12 - 15，17：07）

（86）复旦大学冯玮：山东威海文登警方的这一判例说明：不是随便套个"爱国"马甲就可以为所欲为，不是自诩"爱国"就能冒充"正能量"。我极少在微博为他人点赞，但这次，我必须为文登警方点赞！［赞］（文登事件，2015 - 7 - 24，23：06）

（87）大漠之舟独行客：聂树斌案的改判，并不仅仅标志着一件冤案的昭雪，更表明国家要对法律系统开刀了，那些借所谓"铁案"升官的人，都有着不为人知的另一面，画皮何时揭下，拭目以待。（聂树斌案，2016 - 12 - 3，21：31）

（88）卓通：如果没有王书金强奸案的出现，如果没有伸张正义的人民警察郑成月，聂树斌案永远是冤案。由此可见中国的政法系统是多么的腐败，2016.12.2是正义蒙羞之日。（聂树斌案，2016 - 12 - 8，

19：09）

（89）菜鸟军虫微博：由此可见，人民群众的力量是巨大的。问题是，对于这种案件，群众的眼睛是雪亮的，很多人一眼就看出这个案件很有问题，但警方以及当地的政府的问题却更大。不但量刑太重而且到现在才抓到涉黑头目及同案犯，这清楚说明当地警方不作为和失职的问题更严重。我们要求案件重审，并严查当地警方和相关领导！（辱母杀人案，2017-3-26，21：37）

上述背书介入资源，压缩了对话性。压制他人声音凸显作者观点，避免过于主观而引起读者采取抵抗型阅读立场。收缩性的背书与扩展性的归属不同，扩展性归属明确把其中的命题跟说话人分离，说话人不承担责任。而背书介入，说话人承担起了为命题负责的责任，至少分担了部分责任。

总之，对话收缩是挑战、反对或限制其他声音出现。

2. 扩展型多声介入资源与读者建构

对话扩展是指说话人在表达自己的观点、立场和态度时能容忍和接受，甚至鼓励对话人表述不同观点、立场和态度；而作者或说话人向读者或听话人表明自己的价值立场，跟读者或听话人互动，争取与之结盟。扩展性多声介入，包括接纳和归属两种方式。

（1）接纳

接纳指文本的声音暗示其定位只是多种可能性的定位之一，从而在不同程度上为这些可能性开启了对话空间。在网络热点事件微博文本中，接纳介入可以由情态词语表达，如"可能""也许""或许""或者""估计""似乎""貌似""恐怕""疑""说不定""不一定"等。例如：

（90）雪中藏梦回复@天行者伯格：震惊！！！！可能早被韩日势力渗透了！！！！！！！！！！（文登事件，2015-7-26，09：38）

(91) 钢丝行动在洛阳：没想到你会这样侮辱我们的开国领袖，也许他真的有错误，但是如果没有他，你也许也没有今天的地位。（毕福剑视频事件，2015-5-14，23：08）

(92) blueheirei："文登事件"或许会是一场暴风骤雨来临前的前奏！（文登事件，2015-7-26，22：14）

(93) 爱你小南瓜520：她坐飞机的话估计会叫客服开窗透气，或者半道停一下。［哈哈］［哈哈］［哈哈］（八达岭动物园老虎咬人事件，2016-10-14，21：05）

(94) 博州发布：【我们要继续做什么？——关于文登事件的思考】文登事件似乎已经过去了，但也仅仅是"似乎"。我们要时刻牢记，在这场没有硝烟的较量中，什么才是决定胜负的根本力量？是民心。（文登事件，2015-8-7，21：10）

(95) 诩合：之前传她老公是海军还是空军，看来是真的。不过我觉得她说的似乎也有道理。（八达岭动物园老虎咬人事件，2016-10-14，21：18）

(96) 竹lizhihong：貌似这女的能量真大……有谁知道吗？（八达岭动物园老虎咬人事件，2016-11-22，10：37）

(97) 单蛋_3252：恐怕还不止"网上黑恶势力"这么简单，有没有国外敌对势力在背后支持呢？（文登事件，2015-8-3，21：10）

(98) 头条新闻：#万象#【山东青年疑因爱国言论被多人打伤】昨天下午，山东文登青年侯聚森被多名不明身份人士打伤。至于为何被打，侯聚森说，自己经常在微博上发表一些爱国言论，可能引起一部分人反感，"就在前几天这些人还在网上说要来文登打我。"目前，警方已经立案，正全力调查、侦破。（文登事件，2015-7-23，01：12）

(99) 肖春鹏：说不定最后的大boss是姚贝娜的经纪公司在炒作，我

们需要做的其实是缅怀姚贝娜，其他的随他吧！（姚贝娜事件，2015-1-17，23：06）

（100）51rrkans：有的道歉，并不一定是道歉者错了。（毕福剑视频事件，2015-8-30，21：28）

李基安认为，"情态是很有包容性的。情态表示作者或说者的观点只是多个可能出现的观点之一，从而在一定程度上为不同的可能性留下了一定的空间"①。我们认为，情态词语在肯定和否定两极间打开了一个可容不同声音协商的空间，接纳介入就是由低中值的情态词语实现的，体现了作者对不同意见的包容度，扩展了对话空间。而高值的情态词语对不同意见具有较低的包容度，所以实现的是对话收缩，我们将之归入宣称范畴。

接纳介入也可以由表示个人意见的词汇语法标记表达，如"我觉得""我个人觉得""觉得""我认为""我以为""个人感觉""感觉""我个人认为""个人认为""我个人观点是""我感觉""个人感觉""在我看来""希望""但愿""期待"等，这些资源开启了与分歧立场的对话空间。例如：

（101）随心不随性 klp：我觉得因为出轨而产生的婚姻破裂，不应该平分财产，太不公平了！（王宝强离婚事件，2016-8-15，12：03）

（102）安定医院伍号床：我觉得最不可思议的是这个公立三甲的武警医院怎么会被人承包！！（魏则西事件，2016-5-2，11：22）

（103）健身大小哥：我个人觉得医院是主要责任方，百度其次。（魏则西事件，2016-5-2，10：52）

（104）土豆它妈：总觉得百度有点冤，他只是提供了个平台而已又没有行业督察能力和责任。（魏则西事件，2016-5-2，11：16）

---

① 李基安：《情态与介入》，《外国语》2008年第7期。

（105）田花开：我认为园方应该负有一定的责任，但不是全责。对于像老虎这样的猛兽，如果是游客自驾必须要有安全隔离带，在猛兽自由活动的区域，游客进入必须乘坐由园方提供的观光车，自驾太危险了。（宁波动物园老虎咬人事件，2016-11-28，01：45）

（106）蛛蛛GJ：不清楚始末，只看报道个人感觉和相信巫医没区别，只是获取信息途径的区别。再说这病……"有病乱投医。""死马当活马医。"再说就算感冒也没大夫保证治愈。（魏则西事件，2016-5-2，11：13）

（107）东北有只虎：感觉像是在讲"狼来啦"的故事，赤裸裸透支公众的信任！等有一天真的有人需要帮助的时候可能大家都不会相信了。（罗尔事件，2016-11-30，14：25）

（108）滔滔江水流：我个人认为，套牌应该重判重罚，因为这是可怕的行为，撞死人找不到肇事者，随便违规，还嫁祸别人。（李双江之子打人事件，2011-9-8，09：03）

（109）Raining Love：看过所有的舆论，个人认为这并没有错，就如民间最朴实的酒桌调侃。只不过社会舆论过于强烈而把事情的某个点放大，只不过酒桌的某个朋友过于阴险。（毕福剑视频事件，2015-5-13，14：31）

（110）演员文斌：我认为应该给毕老师一次机会，毕竟是在酒桌上说的，名人就不是人了吗？我想劝毕老师一句，跟不熟悉的朋友尽量不要吃饭喝酒，我鄙视那个发视频的人，人家毕老师并不是缺你一顿饭，是因为毕老师人实诚，才说的那些话，是因为毕老师把你们大家当朋友才在一个酒桌吃饭，你这样真的好吗？@毕福剑（毕福剑视频事件，2015-5-21，16：44）

（111）呆哥的马甲：这种垃圾对社会诚信的影响非常恶劣，会导致

好多真正困难的人得不到帮助，建议将其就地击毙！（罗尔事件，2016 - 11 - 30，14：20）

（112）跺拉：希望不是自导自演。希望不要让那么多的生命变成贪官污吏泯灭的人性的陪葬品。（天津滨海爆炸事件，2015 - 8 - 21，14：36）

（113）跑0051：希望严惩肇事者，他们的气焰太嚣张，仗势欺人，令人愤慨。（李双江之子打人事件，2011 - 9 - 8，08：50）

（114）小辣刺猬：但愿查出事故的真实原因后，吸取血的教训，以后不要再发生类似的事故了，太痛心了。（天津滨海爆炸事件，2015 - 8 - 28，09：33）

（115）慕丝妮 - 张浩：期待公平，公正的结果，给人民一个交代。（天津滨海爆炸事件，2015 - 8 - 28，00：36）

接纳也可以用疑问句、假设句等形式实现，例如：

（116）携风而舞：难道最后悔的不是因为自己错误的行为害死了母亲吗?！（八达岭动物园老虎咬人事件，2016 - 10 - 15，21：37）

（117）冲开一切1983：如果这个女的索赔成功，是向全国人民宣告，可以不守规矩。这是中国司法界最大的耻辱，是对社会道德的再次严重伤害。（八达岭动物园老虎咬人事件，2016 - 11 - 22，13：04）

总之，在网络热点事件的微博文本中，接纳资源十分丰富。作者由于对某事物或观点的不确信，或故意避免绝对表达而使用接纳资源产生对话空间。接纳介入体现了作者对读者充分的尊重，赢得了读者对文本的信赖，又使说话留有余地。因为接纳承认可能有不同意见，作者跟持不同意见的读者之间就可能建立一种一致关系，至少把他们作为潜在的参与者引进来。接纳避免了将观点强加于人，为对话协商提供了一个宽松的环境。可以说，接纳表面上是认可潜在声音，实际上是邀请读者加入发声者的话语联盟。

（2）归属

归属是通过把某个命题归于某个外部的声音，从而在文本中把它作为系列可能命题中的一个，从而引发对话。归属在话语中的实现方式是直接引语和间接引语的使用。微博作者往往选择与自己观点一致的直接引语，选择与自己声音融为一体的间接引语。归属声音与文本内部作者的声音是分开的。归属介入包括承认和疏远。

承认是一种中性的归属，它没有公开表明说话人对有关命题的看法。在网络热点事件微博文本中，归属介入的实现方式主要有"××说""据说""××声明""××称""据调查""据统计""据监测""据××称""据××消息""据××报道""按照××的说法""这是××的原话""××表示""××确认""××指出""××承认""××发文""××报道""××回应"等。例如：

（118）1342ctt：培根说过："一次不公正的审判，其恶果甚至超过十次犯罪。因为犯罪虽是无视法律，好比污染了水流，而不公正的审判则毁坏法律，好比污染了水源。"希望法院不要伤害民心！（辱母杀人案，2017-3-27，12：34）

（119）我今天失眠：据说是逃票进去的，不作死就不会死啊！老虎不发威，你当它是哈喽kitty？（宁波动物园老虎咬人事件，2017-1-29，17：15）

（120）叔叔服你："当社会把你逼到走投无路时，不要忘记你身后还有一条路，那就是犯罪，记住这并不可耻。"——苏联诗人马雅可夫斯基（辱母杀人案，2017-3-27，20：13）

（121）头条新闻：#天津滨海爆炸#【天津环保局：爆炸周边区域臭味不影响健康】天津环境保护局今日通报：爆炸事故现场周边部分区域出现的"臭味"源于甲硫醇，在目前浓度下，不会影响核心区从事应急工作的人员健康,事故核心区仍处于大规模清理阶段,气体还会不时产生,公众对此不必过于紧张。(天津滨海爆炸事件,2015-8-28,14:48)

(122)头条新闻:#天津滨海爆炸#【清理修缮工作开始 部分业主遭窃】天津爆炸事故发生已有半月,周边小区清理修缮工作逐步开展。日前,有多位小区业主称,自己留在家中的财物在清理过程中被盗,他们表示,多名业主家门被撬开,而施工队在开工之前并没有征得他们的同意,他们甚至不知道施工队入屋。(天津滨海爆炸事件,2015-8-27,16:42)

(123)头条新闻:#天津滨海爆炸#【影响最严重的12栋楼基本可正常使用】天津房屋安全鉴定检测中心总工程师介绍,爆炸事故影响最严重的海港城清水蓝湾2、3、4、5、6、8、10号楼,启航嘉园1、2、3号楼,金域蓝湾5号楼等都被判定为A级,即房屋结构安全。海港城清水蓝湾1号楼为B级,基本满足正常使用。(天津滨海爆炸事件,2015-8-27,08:23)

(124)头条新闻:#天津滨海爆炸#【"今后那里没有工厂,将绿草如茵"】@滨海发布:泰达控股董事长介绍,那些受损房子现在千疮百孔,但将来一定非常美丽。原址将建纪念公园,周围辟出大块绿地,南边建两个大的公建项目、购物中心。天津港消防队等将原地复建。"今后那里没有工厂,将绿草如茵。"(天津滨海爆炸事件,2015-8-26,16:50)

(125)头条新闻:#天津滨海爆炸#【农业部称天津海河大量鱼死亡因缺氧】农业部公布天津海河鱼死亡原因,4份报告6项指标显示,鱼体及水域氰化物均未超标,硫化物监测合格,化学需氧量不合格、超标两到三倍,溶解氧指标不合格,说明水中缺氧,发生死鱼现象。综合可以

判定，死鱼原因是缺氧。（天津滨海爆炸事件，2015-8-21，10：59）

（126）头条新闻：#天津滨海爆炸#【"别在伤口上撒盐"，消防局长回应灭火指挥质疑】这个当口，不要在流血的伤口上撒盐了。殉职官兵的家属，还有躺在医院的官兵，当他们听到对冲向火海的质疑时，他们心里怎么想？天津公安局消防局长周天说，希望公共舆论空间的讨论一定要理性、专业。（天津滨海爆炸事件，2015-8-20，07：28）

承认实际上是一种中性引述，分为直接引语和间接引语。直接引语把别人说过的话原封不动地再说一遍，被投射的既是措辞又是意义。间接引语采用复述者的认知立场，具有弱权威性和不确定性。

按照信源指称明确度，我们将承认分为明确承认和模糊承认。明确承认的信源指称明确度高，采用定指形式。模糊承认的信源指称模糊化，采用不定指形式。例（118）"培根说过"是明确承认介入，用直接引语形式引用培根的话。例（119）"据说"是模糊承认介入，信源指称模糊。例（120）是明确承认介入，用直接引语形式引用苏联诗人马雅可夫斯基的话。例（121）"天津环境保护局今日通报"是明确承认介入，信源为天津环境保护局。例（122）"有多位小区业主称""他们表示"都是模糊承认介入，采用不定指形式，指称明确度低。例（123）"天津房屋安全鉴定检测中心总工程师介绍"、例（124）"泰达控股董事长介绍"是明确承认介入，信源分别为"天津房屋安全鉴定检测中心总工程师""泰达控股董事长"。例（125）"农业部称""农业部公布"等是明确承认介入，信源是"农业部"。例（126）"消防局长回应"是明确承认介入，信源为"消防局长"。

承认是作者以中立立场引入观点，为读者预留了其他可能性声音，在揭示有不同观点的同时保留了语气的客观性，又尊重了读者可能的反对意见，不会引起读者的反感，有利于作者和读者在心理上结盟。

信源不同，观点的可信度也不同。引用权威人士的话语能使自己的观点更有权威性和说服力。作者引导读者接受权威人士的观点立场。承认的修辞策略是将作者观点与引用观点融入语篇，作者将自己的声音隐藏在大众的声音之下，以人之口发己之声，凸显评价意义的普遍性和权威性。① 作者采用隐匿信源或含而不露形式，原因可能是不清楚来源，或来源不重要，或因某种特殊需要而故意隐瞒。传闻将评价归属于身份不确定的人或媒体，有待求证，从而开启了互动对话的空间。

承认介入可以使微博作者"逃避"话语责任。虽是扩展性的对话，因权威性，挑战需要付出巨大的人际代价，所以一定程度上阻挡了不同或相反的观点，也压制了分歧。

另一种归属形式是疏远。作者使用疏远，暗示语篇对所述命题不承担任何责任，容许最大程度的对话扩展。② 疏远清楚地表明说话人与所引用的命题是有距离的，他把自己跟该命题的关系区分清楚了。网络热点事件文本中，疏远介入通常由"声称""扬言""假称""自诩""辩称""自称""谎称"等表负面评价的转述动词表现。例如：

（127）头条新闻：#热点#【北京遭虎咬女子：后悔没有立刻发声 将提起诉讼】今年7月，八达岭野生动物园发生虎袭人事件，一名女游客在园区下车被老虎咬伤，其母下车营救遭撕咬致死。该女子表示自己因晕车下车，并非之前网上所传"发生争吵"，声称自己肯定有责任，但不认同"不作死就不会死"的说法。（八达岭动物园老虎咬人事件，2016 - 10 - 13，23：47）

（128）娜风采：罗尔利用女儿生病写了一篇文章，博得捐款两百多万，新闻记者采访他的真实财产，罗尔含糊其辞，扬言深圳有一套房子

---

① 石琳：《历史学术语篇评价意义的批评解读》，《外语研究》2015年第6期。
② J. R. Martin and P. R. White, *The Language of Evaluation: Appraisal in English*, Basingstoke: Palgrave Macmillan, 2005, p. 114.

是住的，另外两套没有房产证，卖不出去。试问身为普罗大众的我们，我们自己的孩子生病哪个不是倾家荡产，砸锅卖铁为孩子治病？像罗尔这样的带血营销事件，无不令人扼腕叹息。不过也为身处困境的民众提供了一种思路。身处穷困之时除了轻松筹，是不是还会有另一种办法。但是请记住，欺骗的结果将是失去大家永远的信任！（罗尔事件，2016 - 12 - 1，11：07）

（129）万达影城李琳：2002年，郑成月将检举报道他违法犯罪事实的记者田兰非法拘禁一年多，2003年田兰继续举报郑成月虚开发票谋取暴利。2004年郑成月被上级调查。他立即指使王书金假称是聂树斌案真凶，以报复领导对他的调查。2005年1月郑成月押王书金第一次指认现场。2005年5月郑成月被提前退休。所谓真相和正义不过是狗咬狗。（聂树斌案，2016 - 12 - 3，11：42）

（130）你什么加啊你：更有甚者自诩"消费者"。地痞碰瓷味那叫一个浓浓。花几张破钱进来，占别人（虎）的地盘，不守别人家（虎家）规矩，最后砸了别人的场子再过来讹别人（虎）几百万。哎我说你要不先打个电话给消协，问问他们这事怎么处理？（八达岭动物园老虎咬人事件，2016 - 10 - 15，01：48）

（131）东篱黄花瘦卷帘女神：八达岭老虎咬人女主出来连线记者，声称自己被网络上的舆论搞得很受伤，辩称她不知道没出虎园，坚称自己晕车才下车，指责东北虎园工作人员不下车救她……怎么说呢，全程没有听到一句她错了，对不起她妈妈，全都在指责别人，这种人这次没死，下次也难了。（八达岭动物园老虎咬人事件，2016 - 10 - 14，17：05）

（132）齐河律师：聂树斌的案子要在放在古代，自称真凶的王书金不出面，可能永远破不了。放在今天，王书金出面供述真相后，也用了11年才还聂树斌清白。古今同理，除非遇上真心为民的好官……（聂树

斌案，2016-12-2，19：43）

（133）北京刑事律师张雨：【黑律师［怒］】聂树斌案辩护人张景和是司法局干部，却谎称是律师，收取聂家律师费两千元。而他居然认为聂就是凶手，聂案没有疑问。更为恶劣的是，他一直不提供聂案判决书给聂家，而聂家又无法从法院获得，致使聂家多少年无法申诉，直到最后是被害人家属将判决书复印件寄给了聂家。（聂树斌案，2015-1-14，22：38）

个别词语的引用，或个别句子的引用，也可以实现疏远归属介入。例如：

（134）大尸凶的漫画：客观公正，秉公执法。不为周围言论左右，为你们点赞。所谓的"爱国"不是法律的挡箭牌［good］（文登事件，2015-7-24，18：57）

（135）是梦溪不是猛欠：另外，对于有些人所谓"何必要用一个已经过世的人，来惩罚一个活着的人"我认为这是一种绑架，有些事不能这么比的。（毕福剑视频事件，2015-4-18，22：19）

例（134）"爱国"属于个别词语的引用，作者用"所谓"修饰实现了疏远归属，提醒了读者，作者并不认同"侯聚森爱国"这一观点。例（135）"何必要用一个已经过世的人，来惩罚一个活着的人"前用了"所谓"，暗示作者并不认同。

疏远介入明确表明作者不承担话语责任，对引用观点不认同，因而将对话空间最大化。作者运用疏远策略，对所引述的内容是鄙视或轻蔑的，一方面可增强语篇的批判性，另一方面可引导读者加入对外部声音的反对行列，最终进入作者的立场。

需要特别注意的是，在态度取向上，同是归属，但疏远与承认不同。承认是作者在表述上保持中立，疏远是作者在引述的同时拒绝外部声音，作者与外部声音立场不一致,引述是为观点介入铺平道路。

(四)介入资源的综合运用

1. 单声介入与多声介入的综合运用

单声介入与多声介入综合,为语篇中的不同声音建构了不同的对话空间。

(136) ebille:混混打架,被山东共青团一搅,打出了爱国主义高尚情怀。希望吸取教训,选网评员也得看下素质。(文登事件,2015-7-24,18:41)

(137) 腾寰宇TK:文登事件,充分反映了当前中国思想领域混乱甚至失控的状况,包括国家执法机关也是如此,是非不分,为虎作伥。在此次事件上,一些人摘掉面具,露出了狰狞的嘴脸,是人是鬼已十分清楚,就看有关部门如何治理!否则,意识形态会更加混乱,敌对势力会更加猖獗!(文登事件,2015-8-8,07:20)

(138) WO要玩转地球:#极速互联随我行#小小年纪无证驾驶,违法!套牌,违法!打人,违法!如果纵容,迟早是社会败类!不可宽恕!(李双江之子打人事件,2011-9-8,08:51)

(139) 雪中藏梦:下贱!!!!! 自辱!!!!!!!!! 腆着脸讨好反华纳杂,结果人家一回头就吐你满脸唾沫!!!! 贱!!!!!!! 还脏!!!!!!! 约架???? 简直笑话!!!!!!!!!!!!(文登事件,2015-7-24,22:28)

例(136)以"希望"为界,前半部分是作者直截了当陈述观点,不涉及其他信源或其他可能的观点,属于单声介入;后半部分属于对话扩展接纳介入。例(137)以"否则"为界,前半部分单声介入。"否则"后的部分是假言推理,属于接纳介入,实现的是对话扩展。例(138)以"如果"为界,前半部分也属于单声介入,后半部分是假设句,属于接纳介入,承认了观点的争议性,为对话预留了空间。例(139)"下贱""自辱"属于单声介入,"腆着脸讨好反华纳杂,结果人家一回头就吐你满脸唾沫"中用了反预期词语"结果",是反驳资源,实现了收缩性多声介入。"贱""还脏"属于单声介入,"约架???? 简直笑话"属于多声介入,运用设问句自问自答压缩了对话空间。

2. 多声介入资源的综合运用

有的网络热点事件微博文本中,综合运用多声介入资源,凸显语篇的对话性和互动性。例如:

(140) 胖汤沅 Tristan:的确[**对话收缩:同意**]是次要责任,动物园也认了。但是[**对话收缩:反驳**]那女的说[**对话扩展:承认**]动物园负主要责任,要[**对话收缩:宣告**]加大赔偿。这个是争议点。(八达岭动物园老虎咬人事件,2016-11-20,12:55)

(141) 拣单爱:看到评论一边倒的骂这女的,最伤心的就是她吧,一辈子都要处在后悔当中。之前看新闻,她说[**对话扩展:承认**]是以为[**对话扩展:接纳**]到了安全地方跟老公换着开车。无论[**对话收缩:宣告**]是哪种,她受的教训已经足够悔一生了。看了完整的视频,个人觉得[**对话扩展:接纳**]动物园确实[**对话收缩:同意**]应急预案不[**对话收缩:否定**]到位,估计[**对话扩展:接纳**]是没有[**对话收缩:否定**]发生过意外,所以有点疏忽。总之这是一个悲剧,个人观点[**对话扩展:接纳**],勿喷。(八达岭动物园老虎咬人事件,2016-11-22,21:36)

(142) 麦田花开:我认为[**对话扩展:接纳**]园方应该[**对话收缩:宣告**]负有一定的责任,但[**对话收缩:反驳**]不是[**对话收缩:否定**]全责。对于像老虎这样的猛兽,如果[**对话扩展:接纳**]是游客自驾必须[**对话收缩:宣告**]要有安全隔离带,在猛兽自由活动的区域,游客进入必须［**对话收缩：宣告**］乘坐由园方提供的观光车，自驾太危险了。(八达岭动物园老虎咬人事件，2016 - 11 - 28，01:45)

(143) 才宾：我以为［**对话扩展：接纳**］这个女的会忏悔，会觉得愧疚。结果［**对话收缩：反驳**］还要索赔，怎么［**对话收缩：反驳**］这么垃圾。那个视频很明显［**对话收缩：同意**］她在吵架，如果［**对话扩展：接纳**］他们真的［**对话收缩：同意**］互相换位置，应该［**对话收缩：宣告**］是同时进行，或者［**对话扩展：接纳**］她一过去男的就赶紧开门和她换位置，把大家都当白痴么？自己没有常识么？［**对话扩展：接纳**］(八达岭动物园老虎咬人事件，2016 - 10 - 14，00:01)

(144) 倔强的今生有约：杜志浩生前一定［**对话收缩：同意**］不是［**对话收缩：否定**］好鸟，希望［**对话扩展：接纳**］他的后人不再学杜志浩，他的死太不［**对话收缩：否定**］让人同情。(辱母杀人案，2017 - 3 - 31，11:52)

(145) 夏天的紫云英：这一边倒的评论也是匪夷所思，我觉得［**对话扩展：接纳**］消协说的有一定道理，当然［**对话收缩：同意**］也有争议性，但［**对话收缩：反驳**］没想到［**对话收缩：反驳**］评论居然［**对话收缩：反驳**］一边倒。(八达岭动物园老虎咬人事件，2016 - 10 - 23，16:15)

(146) triangel - lv：确实［**对话收缩：同意**］，消费者违规≠经营者无责，但［**对话收缩：反驳**］不［**对话收缩：否定**］等于消费者可以甩责任和狮子开大口，正如某网友说的［**对话扩展：承认**］：和买瓶洗发水喝半瓶，去找厂家讨说法一样的道理！(八达岭动物园老虎咬人事件，2016 - 10 - 23，19:20)

(147) 侯皓中：只是针对这个事件，肯定［**对话收缩：同意**］是这女的全责，毫无疑问［**对话收缩：同意**］。但是［**对话收缩：反驳**］抛开这个事件之外，我觉得[**对话扩展：接纳**]动物园的救援，还是有缺陷的，至少应该[**对话紧缩：宣告**]有一两套处理突发事件的预案，以前是没有[**对话收缩：否定**]遇到类似的事情，现在遇到了，也只能眼睁睁看着悲剧发生，而没有[**对话收缩：否定**]任何措施去制止，就算[**对话收缩：同意**]那个女的作死，但[**对话收缩：反驳**]她妈妈是无辜的吧。（八达岭动物园老虎咬人事件，2016-10-15，09：15）

（148）馋嘴果子：推测[**对话扩展：接纳**]是她老公刚会开车开得不[**对话收缩：否定**]好，她确实[**对话收缩：同意**]被搞得晕车，于是想自己开，这期间肯定[**对话收缩：同意**]也争吵埋怨了，忘记了是猛兽区。结论还是自己作死。一场悲剧。（八达岭动物园老虎咬人事件，2016-10-15，04：07）

（149）大婧呐：其实[**对话收缩：反驳**]，我觉得[**对话扩展：接纳**]，百度确实[**对话收缩：同意**]有错，但是[**对话收缩：反驳**]它现在承受的远高于错误本身了。百度作为一个推荐，到了医院，能不能谈成这次合作、还要看患者和医生的沟通以及交流。到这一步，和百度就没有[**对话收缩：否定**]什么关系了啊？理智一点看问题总是好的。（魏则西事件，2016-5-2，11：10）

（150）思长江恋黄河：我说句公道话[**对话扩展：承认**]吧，百度医院莆田系或许[**对话扩展：接纳**]都有责任，但[**对话收缩：反驳**]这家人也够愚昧的，在这孩子上百度搜索前，他已被北京天津上海广州各大肿瘤医院告之没[**对话收缩：否定**]希望了，一家医院这样说他或许[**对话扩展：接纳**]有理由质疑，但是[**对话收缩：反驳**]好几家的诊断都这样，如果[**对话扩展：接纳**]他不折腾或许[**对话扩展：接纳**]还能多活几年，很多癌症患者都这样，保持乐观向上的精神很多人活了不少年。（魏则西事件，2016-5-2，10：48）

（151）YimanForever：不论［**对话收缩：宣告**］是否关乎营销手段，不论［**对话收缩：宣告**］人品质，一个转发，就有可能［**对话扩展：接纳**］给孩子带去一丝温暖。哪怕［**对话收缩：同意**］这整个事件都有可能［**对话扩展：接纳**］是假的，哪怕［**对话收缩：同意**］你的善良可能［**对话扩展：接纳**］被人利用，哪怕［**对话收缩：同意**］这个世界苍凉到要拿一个孩子的生命开涮营销，那又怎样！！至少你还有你的善良，不是吗［**对话扩展：接纳**］。（罗尔事件，2016-11-30，12：02）

上述例子综合运用多种介入资源，或是单声介入与多声介入综合运用，或是收缩性多声与扩展性多声及其子类的综合运用，我们在文中进行了标注。微博作者运用这些丰富多彩的介入资源，策略性地实现或者关闭与读者协商对话的空间，或者开启与读者协商对话的空间，或者积极承担话语责任，或者有意规避话语责任。

总之，微博文本有着丰富的介入资源，各种介入资源能实现优势互补。各种介入资源，在事故信息类、信息辟谣类、安全提示类、网络正能量类、问责问因类等类型的微博文本中的分布比例也是不同的。语言使用者巧妙利用各种介入方式调节其对所写内容所承担的责任和义务。不同的介入资源代表作者不同的观点立场。作者主观介入事态，直接表明立场，承担表达态度意义的责任。客观性介入事态，可以推卸或减少责任，也使言辞更加理性。

网络热点事件文本的对话性和互文性非常明显，介入资源不仅对评价具有着色效果，而且是一种立场建构的修辞策略。① 分析介入资源，将介入资源与态度资源结合在一起进行研究，能清楚地看到介入资源对文本对话性和互文性建构的影响。作者通过运用各种评价资源及其组合，来操纵读者对文本

---

① 姚双云：《适用语言学领域的创新之作——〈基于网络热点事件的汉语评价研究〉评介》，《内江师范学院学报》2017年第1期。

的解读，从而引导读者进入自己的立场体系，争取与作者的立场趋同。

从介入视角探讨评价，有助于揭示文本中隐含的各种声音、观点和态度以及它们之间的互动。正确地理解和使用介入资源，或关闭协商对话空间或开启协商对话空间，引导微博话语从无序的众声喧哗向有序的多声合奏演变，这对于舆情研判和舆情管控具有十分重要的意义。

四　微博舆论场中的级差资源

（一）级差系统阐述

级差是态度的增衰，就好像调节音量。Martin首次明确指出，"相关资源均涉及分级，即所涉及的意义都可通过度进行调节以反映评价的力度"[1]。态度和介入都具有等级性，因此级差系统在评价理论中占据重要地位。Martin等人将英语的评价理论不断修改和完善，描绘出较为成熟的英语评价的级差系统网络示意图，如图4-3所示。

```
                              ┌─ 数量(number)
                   ┌─ 量化 ───┼─ 形态(mass)       ┌─ 逼近(proximity)
                   │(quantification) └─ 跨度(extent)──┤
         ┌─ 语势 ──┤                                   └─ 分布(distribution)
         │ (force) │               ┌─ 质量(quality)
         │         └─ 强化 ────────┤
级差系统 ─┤           (intensification) └─ 过程(process)
         │         ┌─ 孤立型(isolation)
         │         └─ 注入型(infusion)
         ├─ 聚焦(focus)
         │         ┌─ 提升(up-scale)
         └─────────┤
                   └─ 降低(down-scale)
```

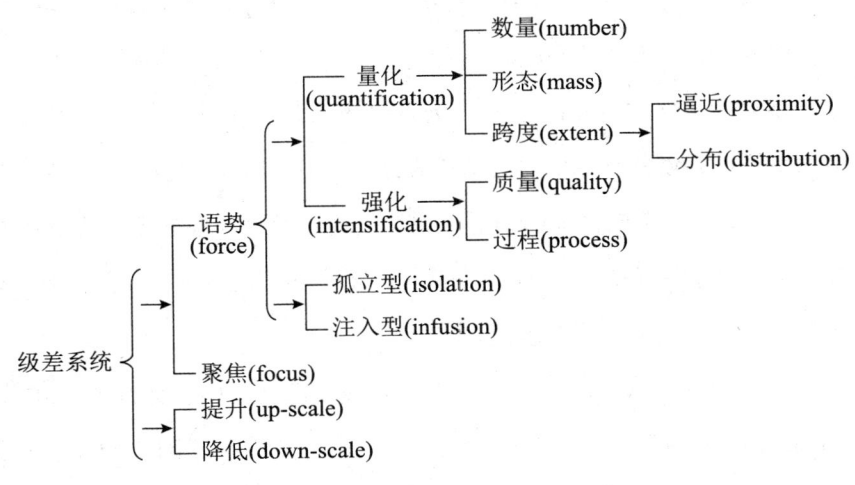

图4-3　级差系统：语势和聚焦[2]

---

[1] J. R. Martin, "Beyond Exchange: Appraisal Systems in English", In S. Hunston & G. Thompson (eds.), *Evaluation in English*, Oxford: Oxford UP, 2000, p.145.

[2] J. R. Martin and P. R. White, *The Language of Evaluation: Appraisal in English*, Basingstoke: Palgrave Macmillan, 2005, p.154.

从图 4-3 可见，级差系统可分为语势和聚焦。语势（force）可以分为"强化"（intensification）和"量化"（quantification）两个子类。强化主要是对强度的评价，量化主要是对数量程度的评价。强化又细分为质量（quality）和过程（process）两个子类，量化则细分为数量（number）、形态（mass）和跨度（extent）。跨度包括时空的逼近（proximity）和时空的分布（distribution）。① 聚焦（focus）是指从经验的角度看不可分级的词语，也可以按典型性分级。根据级差运行的方向，语势和聚焦都有两个方向的选择：提升（up-scale）和降低（down-scale）。

从表达方式来看，语势可以分为两种类型：孤立型（isolation）和注入型（infusion）。孤立型指强化或量化主要是通过增加个别词语完成的。比如，为了提升形容词"喜欢"的评价意义，作者或说话人可以增加副词"非常"，组合成"非常喜欢"。为了降低形容词"喜欢"的评价意义，作者或说话人可以增加副词"有点儿"，组合成"有点儿喜欢"。我们认为，Martin 的所谓孤立型实际上是一种组合关系的语势表达。

注入型是指强化或量化通过某个词本身来实现。这涉及从一系列意义相连，但表示不同强度的词语的聚合类中去选择。比如，有"喜欢""爱""热爱""酷爱"等表示不同强度的词语，说话人或作者可以根据表达需要从中进行选择，从而表达评价力度的提升或降低。我们认为，Martin 的所谓注入型实际上是一种聚合关系的语势表达。

事实上，除孤立型和注入型外，Martin 和 White 还特别提到了重复型（repetition）。② 也许是作者的疏忽，在图 4-3 的级差系统网络中没有反映。重复型是通过重复使用一个词，或同时使用意义密切相关的几个词来实现

---

① 参见何中清《评价理论中的"级差"范畴：发展与理论来源》，《北京第二外国语学院学报》2011 年第 3 期。
② J. R. Martin and P. R. White, *The Language of Evaluation: Appraisal in English*, Basingstoke: Palgrave Macmillan, 2005, p. 144.

的。例如：

（1）lllhhhjjj96744：看评论真是醉了。毕是违纪，违纪，违纪。重要的说三遍。（毕福剑视频事件，2015-8-10，13∶56）

（2）回忆里掺点水：罗尔你枉为人父，枉为人父，枉为人父！为你的女儿感到悲哀！（罗尔事件，2016-12-5，08∶38）

（3）从一日三餐出发：昏官，庸官，贪官。（天津滨海爆炸事件，2015-8-19，13∶27）

（4）平常的牛风：猖狂、无知、愚昧。（李双江之子打人事件，2011-9-8，08∶57）

（5）花神知鱼：#天津滨海爆炸#【国务院"8.12"事故调查组：事故调查不含糊、不拖拉、不打折】（天津滨海爆炸事件，2015-8-24，16∶22）

例（1）用了三个"违纪"，属于重复型，增强了评价的强度。例（2）用了三个"枉为人父"，属于重复型，增强了评价强度。例（3）用了"昏官""庸官""贪官"三个消极色彩的名词，也属于重复型，增强了评价强度。例（4）用了"猖狂""无知""愚昧"三个贬义词，也属于重复型，增强了评价强度。例（5）用了"不含糊""不拖拉""不打折"三个短语，也属于重复型，增强了评价强度。我们认为，这种意义密切相关的用法，称为累积型更为合适。重复型的语法单位可以是句子。例如：

（6）梦 thu：卧槽，还要脸不？卧槽，还要脸不？卧槽，还要脸不？卧槽，还要脸不？卧槽，还要脸不？卧槽，还要脸不？卧槽，还要脸不？卧槽，还要脸不？卧槽，还要脸不？卧槽，还要脸不？卧槽，还要脸不？卧槽，还要脸不？卧槽，还要脸不？（王宝强离婚事件，2016-8-16，09∶47）

级差系统有两个轴：强度或数量、典型性或确切性。前者称作"语势"，按程度分级。后者称作"聚焦"，按典型性分级。

聚焦这种以典型性为依据的级差所适用的范畴从经验的角度看是不可分级的，它们是一些界限清楚、黑白分明的范畴。

（7）夜空中最亮的星-ing：这纯粹是拿着惯例当新闻，这种奇怪的捐款方式早就存在，从零八年汶川地震就开始了，那时候我们学校要求我们高中生都必须捐款，更不用说老师跟公务员了。（天津滨海爆炸事件，2015-8-19，09：31）

（8）黑色月夜的微笑：典型的图财害命！！！（魏则西事件，2016-5-3，10：54）

（9）网络舆情观察员：这种事情应该寻求警察帮助！典型的敲诈勒索案，中消协没有法制办？（青岛大虾事件，2015-10-8，16：56）

例（7）"纯粹"，提升了典型性。例（8）、例（9）"典型"，提升了典型性。

Martin & White 还从互动语言学的视角论述了语势对作者和读者关系的影响。"语势的提升往往表明说话人或作者最大限度地认同所提及的价值立场，试图最大限度地把读者拉入该价值立场。""语势的降低则表明说话人或作者只是部分地，甚至很少地认同所提及的价值立场。"①

综上所述，英语评价的级差系统吸收了多学科的分级思想、强化思想和模糊思想，已经走向了成熟阶段。

（二）微博舆论场级差资源的表达手段

Martin 的级差系统给了我们有益的启示，但不够简明，术语多而晦涩。

---

① J. R. Martin and P. R. White, *The Language of Evaluation: Appraisal in English*, Basingstoke: Palgrave Macmillan, 2005, pp. 152-153.

我们认为，无论是所谓的语势还是聚焦，或者是语势中的量化和强化，无非就是评价强度的增强或减弱，我们可以统一称为强化或弱化。增强评价强度称之为强化，减弱评价强度称之为弱化。汉语的褒贬评价和元语言评价都可以在量的维度上进行调节，或强化，或弱化。汉语级差表达手段是丰富多样的，除词汇外，还有语法手段、修辞手段和符号手段等。

1. 词汇手段

评价的词汇资源非常丰富，具有相同作用的词自然聚合成群，形成一种纵向的聚合关系。处在聚合关系中的一组词语，具有不同的评价强度，呈现出级差序列，供说话人或作者根据表达需要进行选择。

名词，例如：

(10) 评论员＜评论家
　　　作者＜作家

动词，例如：

(11) 喜欢＜喜爱＜热爱
　　　相信＜信任＜坚信
　　　生气＜气愤＜愤怒

形容词，例如：

(12) 难受＜伤心＜悲伤＜悲痛
　　　难听＜刺耳
　　　骄傲＜狂妄
　　　高尚＜崇高
　　　绿＜碧绿＜绿油油

旧＜陈旧

秘密＜机密＜绝密

可以看出，评价力度的强化和弱化，涉及的是词语的选择。朝级差序列的左边运行，是弱化，越往左评价的力度越低；朝级差序列的右边运行，是强化，越往右评价的力度越高。词汇手段表达评价力度是依赖词语本身实现的，是一种可以替换的联想关系。

Givón 指出，数量相似性指的是：意义越多，越不易预测；越重要，形式就越多。① 因此，含有相同语素的一系列词语，词语形式越复杂的，评价力度也越强。这可以从状态形容词和成语上得到验证。例如：

(13) 臭＜臭烘烘

恨＜憎恨＜恨之入骨

吃惊＜惊愕＜大惊失色

例（13）中三音节的状态形容词"臭烘烘"，要比单音节形容词"臭"的评价力度强。四音节成语"恨之入骨"，要比双音节词"憎恨"评价力度强，而双音节动词"憎恨"要比单音节动词"恨"评价力度强。四音节成语"大惊失色"要比双音节词"惊愕"和"吃惊"的评价力度强。

形容词的重叠式的评价力度要高于原式，所以说重叠式也是一种强化方式。例如：

(14) 高兴＜高高兴兴

平安＜平平安安

---

① Talmy Givón, "Isomorphism in the grammatical code – cognitive and biological considerations", In Raffaele Simone (eds.), *Iconicity in Language*, Amsterdam: John Benjamins Publishing Company, 1994, p. 49.

安稳＜安安稳稳

清楚＜清清楚楚

糊涂＜糊里糊涂

Martin 的评价理论的所谓量化，也可以通过词汇手段来表达。例如：

(15) 头条新闻：#天津滨海爆炸#【遇难人数上升至 135 人，失联 38 人】截至今日下午 3 点，天津港危险品仓库爆炸事故遇难人数升至 135 人，全部确认身份。失联 38 人。(天津滨海爆炸事件，2015－8－25，15：35）

(16) 南南变青蛙：//@初学者_58176：对毛主席不敬的只是少数人，他们迟早要受到教训。(毕福剑视频事件，2015－5－30，08：38)

例 (15) 用数词客观描述数量，但隐含了作者的主观态度，属于隐性评价。通过遇难人数的上升，强化了评价的力度，凸显了天津滨海爆炸事件伤亡之大。例 (16) 名词"少数"，属于数量的弱化，弱化了评价的力度。

网络热点事件文本，普遍采用强化的策略将事件放大，以吸引网民围观和关注，因此绝大多数词汇资源是强化的。这种通过词汇手段强化的类型，相当于 Martin 评价理论的注入型强化。

2. 语法手段

语法手段是指通过词与词的组合形成一种横向的组合关系，来强化或弱化原有语词或语句的评价力度。汉语在定语、状语和补语位置都能实现评价力度的强化或弱化，汉语的一些格式或句式也能调节评价力度。下面我们分别来论述。

(1) 定中短语

这是定语对中心语评价力度的强化或弱化，例如：

（17）二三事：百度就是莆系医院最大的医托。所有能跳出网页窗口的医院，都是以 sales 为主。（魏则西事件，2016-5-2，12：40）

（18）爱吃西湖醋鱼的猫咪：太难过，无法抑制的悲伤，太愤怒，愤怒无从发泄。（魏则西事件，2016-5-2，12：30）

（19）初学者_58176：毕犯了无可挽回的错误！（毕福剑视频事件，2015-5-13，10：32）

（20）壹叶悠悠：被调查官员人数如此之多，职务覆盖面如此之广。这哪还是短了块板的木桶，简直是个筛子……（天津滨海爆炸事件，2015-8-27，23：38）

（21）树上花莫开：毕姥爷，我妈妈是您的忠实粉丝，我也很喜欢您呢。（毕福剑视频事件，2015-5-25，13：20）

（22）初学者_58176：毕福剑向外国人献媚，当面一套背后另一套，是个十足的小人。（毕福剑视频事件，2015-5-29，12：12）

（23）微观园：典型的和稀泥！对@文登警方在线 表示失望！（文登事件，2015-7-24，18：25）

（24）初学者58176：毕福剑台上一套台下另一套，人前一套人后另一套，是个典型的小人，没有人格可言，捧毕福剑的更是如此。（毕福剑视频事件，2015-8-25，11：28）

（25）伊戈尔061：典型的寻衅滋事罪硬匆忙地整成治安案件。（文登事件，2015-7-29，00：49）

例（17）定中短语"最大的医托"，用"最大"强化了原有评价语"医托"，提升了评价强度。例（18）定中短语"无法抑制的悲伤"，用"无法抑制"强化了原有评价语"悲伤"的评价意义，提升了评价强度。例（19）定中短语"无可挽回的错误"，"无可挽回"强化了原有评价词语"错误"的评价意义，提升了评价强度。例（20）定中短语"如此之多"属于数量的量化,"如此之广"属于体积量化,都是强化,评价强度为高值。例(21)定中短语"忠实粉丝",是一种聚焦的强化,强化了"粉丝"的典型性,提升了评价强度。例(22)定中短语"十足的小人",是一种聚焦的强化,强化了"小人"的典型性,提升了评价强度。例(23)定中短语"典型的和稀泥",是一种聚焦的强化,强化了"和稀泥"的典型性,提升了评价强度。例(24)定中短语"典型的小人",是一种聚焦的强化,强化了"小人"的典型性,提升了评价强度。例(25)定中短语"典型的寻衅滋事罪",是一种聚焦的强化,强化了"寻衅滋事罪"的典型性,提升了评价强度。

(2)状中短语

这是状语对中心语评价力度的强化或弱化,例如:

(26)人民律师邹俭飞:毕福剑的节目超好看。(毕福剑视频事件,2015-4-12,21:03)

(27)高调2低调:太过分了。(姚贝娜事件,2015-1-17,12:09)

(28)Jenheung:太黑暗了,没有医德的医生太可怕,以欺骗病人为牟利手段的医院谁还敢去,果然不能太相信公立医院。(魏则西事件,2016-5-2,12:25)

(29)80诺儿:素质太差了[弱](李双江之子打人事件,2011-9-8,09:03)

(30)12345678老来狂:毕姥爷太让人失望了。(毕福剑视频事件,2015-5-29,19:29)

(31)小数点qq:十分厌恶小题大做,没新闻可播了么?(姚贝娜事件,2015-1-22,09:58)

(32)heuyond何宇炀:置顶#天津滨海爆炸#【目前为止最可怕的现场视频】现场还有小孩哭声和建筑物的倒塌声,不知道视频作者怎么样了?

(天津滨海爆炸事件，2015-8-13，22：26)

(33) 有盈即好：有点小题大做了，人无完人。(毕福剑视频事件，2015-5-12，21：44)

(34) 运运-：失联等于死亡，人数远远不止这个。(天津滨海爆炸事件，2015-8-25，16：34)

(35) 卜童凡：百度只是个搜索引擎！搜索到的内容不是全部正确的，因为谁都可以在网上作回答，搜索引擎不会判断真伪，如果过分相信，就是你的悲剧！(魏则西事件，2016-5-2，12：31)

(36) 南山_北念：青岛名声彻底毁了。(青岛大虾事件，2015-10-9，10：40)

(37) 甜汤不热：纯属扯淡。(姚贝娜事件，2015-1-22，09：32)

(38) 阿兰的春天005 回复@山东望健康：纯粹在夸大事实增加他的罪名，偷拍者应该是奸细，脑瘫。(毕福剑视频事件，2015-5-13，10：30)

(39) 神工马里奥：最可恶的是军队医院科室外包，这纯粹败坏军队声誉。三年内军队停止对外有偿服务是不是最先应该清理掉这些？(魏则西事件，2016-5-2，07：11)

例（26）用副词"超"修饰"好看"，是正面评价的强化，评价强度为高值。例（27）用副词"太"修饰"过分"，是负面评价的强化，评价强度为高值。例（28）分别用"太"修饰"黑暗""可怕"，是负面评价的强化，评价强度为高值。例（29）用副词"太"修饰"差"，是负面评价的强化，评价强度为高值。例（30）用副词"太"修饰"让人失望"，是负面评价的强化，评价强度为高值。例（31）用副词"十分"修饰"厌恶小题大做"，是负面评价的强化，评价强度为高值。例（32）用副词"最"修饰"可怕"，是负面评价的强化，评价强度为高值。例（33）用"有点"修饰"小题大做"，是负面评价的弱化，评价强度为低值。例（34）用形容词"远"修饰

"不止这个",是重叠式强化,提升了隐性评价的强度,评价强度为高值。这些都是褒贬评价的强化和弱化。例(35)副词"只"修饰"是个搜索引擎",是负面评价的弱化,评价强度为低值。例(36)用形容词"彻底"修饰"毁",是负面评价的强化,评价强度为高值。例(37)用"纯"修饰"属扯淡",是聚焦的强化,增强了典型性,评价强度为高值。例(38)、例(39)"纯粹"分别修饰"在夸大事实增加他的罪名"和"败坏军队荣誉",是聚焦的强化,增加了确切性,评价强度为高值。

(3)述补结构

述语结构被认为是汉语的特色,汉语中可以通过补语来实现评价力度的强化。例如:

(40)M竹石:无耻透顶!(文登事件,2015-7-26,08:58)

(41)Dog_Rain:草菅人命,可恶至极!!望逝者在天堂安好。(魏则西事件,2016-5-2,12:29)

(42)孩童的小丫儿艳艳:如果一个国家在这么大事故面前都不能给人们一个交代的话,我觉得已经到了无耻至极的程度了。(天津滨海爆炸事件,2015-8-25,17:25)

例(40)"透顶"补充说明"无耻",是负面评价的强化,评价强度提升为高值。例(41)用"至极"补充说明"可恶",是负面评价的强化,评价强度提升为高值。例(42)用"至极"补充说明"无耻",是负面评价的强化,评价强度提升为高值。

定中结构、状中结构和述补结构表达的强化或弱化,相当于Martin评价理论的所谓的孤立型。

(4)并列结构

通过几个评价语词,并列组合而调节评价力度。例如:

(43) huangshuobo：放屁！和医生无关，谁信？难道医生进病房对重症患者救治，身边的助手都可以是不熟悉的陌生人吗！荒诞、无耻！（姚贝娜事件，2015-1-18，01：44）

(44) 清水灵子_薇：毕老爷，你是一个多才多艺、幽默风趣、不可多得的主持人，不管你去哪里，永远支持你！（毕福剑视频事件，2015-5-12，16：49）

(45) 飞狼在现：犯这么低级的错误，可悲，可怜，可气，可恨。（毕福剑视频事件，2015-5-14，19：54）

(46) 夔州孔乙己：公正，公平，公开，赞一个！［good］（文登事件，2015-7-24，18：58）

例（43）"荒诞"和"无耻"是负面评价词语的并列，提升了负面评价的力度。例（44）"多才多艺""幽默风趣""不可多得"是正面评价语词的并列，例（45）"可悲""可怜""可气""可恨"等负面评价词语并列，提升了负面评价的力度。例（46）"公正""公平""公开"是正面评价词语的并列，提升了正面评价的力度。

诸如例（43）、例（44）、例（45）、例（46）这样通过并列结构而调节评价力度的方式，我们称之为累积型。

（5）助词结构

现代汉语的某些助词，也能调节评价的力度。例如：

(47) 鸿心小薇：现在的孩子，家里有点钱，有点背景就了不起似的。（李双江之子打人事件，2011-9-8，,08：50）

(48) Arthur-LBJ：一个戏子而已，死都死了，纠结这些干嘛！关注点儿正事儿好不好！（姚贝娜事件，2015-1-22，09：30）

(49) 南纬八度五十分一十八秒：你只是敢于说真话而已。（毕福剑

视频事件，2015-5-14，15：23）

（50）林碧珊：你只是习惯性幽默而已，你还是你，我们还是爱你的节目。（毕福剑视频事件，2015-5-13，07：11）

例（47）助词"似的"，降低了原有评价语词的力度，是一种弱化手段。例（48）、例（49）、例（50）的助词"而已"，降低了原有评价语词的力度，是一种弱化手段。这种通过助词调节评价力度的方式，也可以归入 Martin 评价理论所谓的孤立型。

（6）格式或句式

现代汉语中有许多语法格式或句式，也能调节评价的力度。

用语法格式调节评价力度，例如：

（51）染过黎明红：背后阴人的是小人中之极品，落井下石的是人渣中之人渣。看来这世道这类生物还是有点多啊！（毕福剑视频事件，2015-5-28，22：55）

（52）心沉则宁：记者能混进去，医院也挺奇葩的。当然记者是奇葩中的奇葩。（姚贝娜事件，2015-1-18，10：50）

（53）孤独的快手：老毕是个连二流子都不如的家伙。（毕福剑视频事件，2015-5-14，06：57）

（54）gdgzdxcz星期天：臭名远播了，连教主都怕家乡的38元大虾，不敢在青岛摆酒了。（青岛大虾事件，2015-10-9，22：29）

（55）yueyuema7：破文工团的戏子，连子弹往哪儿飞都不知道，连战壕怎么挖出来的都不知道，也能当将军，真是充满了特色。（李双江之子打人事件，2011-9-8，08：57）

（56）随心随缘2650205105：除了心酸还是心酸，有些错误可以挽回，但唯独有一样是不能的，那就是生命！（聂树斌案，2014-12-

13，11：16）

例（51）"小人中之极品"和"人渣中之人渣"，例（52）"奇葩中的奇葩"，都运用格式"N中之N"，属于聚焦式强化。例（53）运用差比句式"连×都不如"，属于差比式强化。例（54）"连教主都怕家乡的38元大虾"，例（55）"连子弹往哪儿飞都不知道""连战壕怎么挖出来的都不知道"，这些运用了"连A都B"格式，属于极端列举式强化。例（56）"除了心酸还是心酸"，运用了"除了A还是A"格式，属于格式强化赋级。

用汉语的某些句式，特别是复句句式调节评价力度，其中表递进关系的复句如：

（57）junjun1156：不仅是价格欺诈，而且是吃个饭有可能生命安全受到威胁。（青岛大虾事件，2015-10-11，07：24）

（58）此账号停用转用scorpiofrank8118：处理这种事情，不但要给孩子教育，还要给家长处罚。15岁的小孩驾车打人，父母应负全责。（李双江之子打人事件，2011-9-8，09：07）

（59）木杉世纪1981：这不只是违反新闻伦理，简直是突破国人道德底线了！（姚贝娜事件，2015-1-17，18：2）

（60）真是一头小活驴：已经不只是违背新闻伦理了，这完全就是无视人类伦理！只有四个字：丧心病狂，再来四个字：恬不知耻，最后四个字：禽兽不如。（姚贝娜事件，2015-1-17，18：19）

（61）悟彻我身原是梦：何止是黑恶势力，那是敌对势力！！！！！！（文登事件，2015-8-5，05：55）

（62）fengjsha：何止"严重违反政治纪律"，就是"政治思想反动透顶"。党员干部不只要做政治上的"明白人"，而是要做政治方向坚定的

人。(毕福剑视频事件, 2015-10-11, 09:02)

(63) 惊蜕X: 现在不止记者的道德沦陷,是整个社会的文明崩坏。(姚贝娜事件, 2015-1-17, 21:34)

(64) 逍遥自在人间道: 不但要做好善后处理,更要严查此类事故、源头,杜绝惨剧再发生!(天津滨海爆炸事件, 2015-8-26, 15:19)

(65) 秋田三叶: 不仅仅是违背新闻伦理了!!! 这已经违背了做人的伦理!!(姚贝娜事件, 2015-1-17, 12:12)

(66) penny要百般坚强: 不光违背新闻伦理,且丧失人性。(姚贝娜事件, 2015-1-17, 12:12)

上述例子,用关联词语显示了递进关系,强化了负面评价的力度。还有一种反逼性递进句,例如:

(67) 自由的秋叶原: 给他一个机会,人非圣贤,何况是私密场所。(毕福剑视频事件, 2015-5-18, 07:34)

例(67)用"何况"反逼递进。"何况是私密场所"意即"私密场所"就更加"不值一提"了。这种反逼式递进,淡化毕福剑所犯错误的严重性,可以说是负面评价力度的弱化。

此外,用让步句式,能强化评价力度。例如:

(68) 光着脖子围了个博: 我宁愿不看星光大道也不会原谅你!(毕福剑视频事件, 2015-5-12, 21:33)

(69) 华夏-雕弓贪狼回复@冰丽子: 就算骂的是普通人,他毕福剑身为一个公众人物,可以用"老逼养的"这个词吗?(毕福剑视频事件, 2015-5-13, 16:12)

例(68)用让步关联标记"宁愿……也……"表达了毕福剑错误的不可

饶恕性，强化了评价力度。例（69）用关系标记"就算"让步，强化了对毕福剑负面评价的力度。

用无条件的条件句式，也能强化评价力度。例如：

（70）坏人 i5607346576：毕姥爷，没有事，无论怎样我都喜欢你，支持你。（毕福剑视频事件，2015-5-12，20：41）

（71）关注每一个人需要帮助的人：毕老爷，不管怎么样都支持你！你是老鳖湾的骄傲！（毕福剑视频事件，2015-5-12，13：29）

例（70）、例（71）用条件紧缩复句，强化了正面评价的评价强度。用假设关系的句式，也能强化评价强度，例如：

（72）我心飞扬886：不严惩这群污吏，不足以平民愤，它们的所作所为人神共愤！（天津滨海爆炸事件，2015-8-27，21：23）

（73）美国大饼净多：毕福剑这个狗贼。不处理不开除不足以平民愤。（毕福剑视频事件，2015-8-9，23：32）

例（72）是假设复句，例（73）是假设紧缩复句，都强化了负面评价的强度。

用双重否定句式，能提升评价强度。例如：

（74）努力奋斗的小光棍：不得不承认这帮人还是挺牛的。（魏则西事件，2016-5-12，08：21）

例（74）双重否定"不得不"，等于肯定，强化了语势。

（7）语用否定

语用否定不是真值的否定，是一种以退为进的话语策略。邵敬敏、王宜广将语用否定称为假性否定，将假性否定式"不是A，而是B"分为六种类型:递进型、提升型、本质型、关系型、比喻型和象征型。① 其实,从评价强度来看,都是一种强化或凸显。语用否定是汉语中强化评价强度的语法手段。例如:

(75) 黎明破晓浴火重生回复@蹲在街角看沧桑:这不是错,是罪!(毕福剑视频事件,2015-5-31,00:16)

(76) 有来有去de世界:这不是违反伦理,这是违法,说得多轻描淡写。(姚贝娜事件,2015-1-18,01:13)

(77) 咳咳举个栗子:这不是伦理道德的问题,这是变不变态的问题。(姚贝娜事件,2015-1-17,20:19)

(78) 超级泡泡糖1号回复@林克司老刀:说实话,心真凉!不是药丸,是乙烷!(文登事件,2015-7-24,18:34)

(79) 用户3829365606:恶心,不是失望,是恶心![吐](文登事件,2015-7-24,19:54)

(80) Hermestylee:这个姚不是医生,是畜生。2006年已有人在网上举报其累累恶行。别人捐眼膜,他却把人家整个眼球都摘了……不只是一个人举报,累累恶行,迟早大白。沽名钓誉,欺世盗名之辈!(姚贝娜事件,2015-1-18,12:10)

例(75)前分句"这不是错"是假性否定,后分句"是罪"更进一层,强化了对毕福剑错误的评价力度。例子(76)前分句"这不是违反伦理"是假性否定,后分句"这是违法"更进一层,强化了对媒体的负面评价力度。例(77)前分句"这不是伦理道德的问题"是假性否定,后分句"这是变不变态的问题"更进一层,强化了对媒体记者的负面评价力度。例(78)前分

---

① 邵敬敏、王宜广:《"不是A,而是B"句式假性否定的功能价值》,《世界汉语教学》2010年第3期。

句"不是药丸"是假性否定,后分句"是乙烷"更进一层,谐音双关修辞强化了对文登警方处理的失望和不满。例(79)前分句"不是失望"是假性否定,后分句"是恶心"更进一层,属于高值情感评价。例(80)"这个姚不是医生"是假性否定,后分句"是畜生"更进一层,强化了对姚医生的负面评价力度。温锁林指出这种隐喻式否定是一种语用否定,"是在推翻语句自然意义的同时强行注入说话人的主观识解,以实现认识由客观到主观的跨越"①。

(8)最小量级否定

石毓智指出,"在给定的范围内,对其中最小一个量级的否定等于对整个范围的否定"②。我们认为,对最小量级的否定也是一种强化评价力度的语法手段。例如:

(81)柠檬只记得这首笑忘歌:[挖鼻屎]见过不要脸的没见过这么不要脸的……深圳晚报你们对一名死者及死者的家属最基本的尊重都做不到。一点职业道德也没有,还做什么记者呢?(姚贝娜事件,2015-1-22,09:32)

(82)我不叫朱小花:中国一点言论自由也没有!说个醉话又怎样。(毕福剑视频事件,2015-5-13,09:25)

(83)Angelia_Cassie:现在那个主持人主持得一点也不好看。(毕福剑视频事件,2015-5-12,23:34)

(84)蔷薇泡沫176:太无耻了,一点人性都没有。(姚贝娜事件,2015-1-17,18:53)

(85)树男A:警察泄密的事儿,只字不提啊!(文登事件,2015-7-24,18:40)

---

① 温锁林:《一种特殊的语用否定:隐喻式否定》,《当代修辞学》2010年第3期。
② 石毓智:《肯定和否定的对称与不对称》,北京语言文化大学出版社2001年版,第41页。

例（81）"一点职业道德也没有"是最小量级否定，等于说"完全没有职业道德"，强化了负面评价的力度。例（82）"中国一点言论自由也没有"，等于说"中国完全没有言论自由"，强化了负面评价的力度。例（83）"一点也不好看"，等于说"完全不好看"，强化了负面评价的力度。例（84）"一点人性都没有"，等于说"完全没有人性"。强化了负面评价的力度。例（85）"只字不提"，等于说"完全不提"。强化了负面评价的力度。

3. 修辞手段

运用修辞格，调节评价的量级，这是评价力度的修辞格表达手段。姜颖婷指出，语势的强化可以通过重复、修辞问句、层进、对照或反语、委婉语、明喻、隐喻等修辞手段来实现。① 汉语修辞格种类很多，许多与调节评价力度有关。其中有隐喻式强化，即运用隐喻辞格表达的强化。例如：

（86）参天大树6699：我是老毕的钢筋棍，永远挺你。是谁缺德把老毕封杀了不得好死，你老祖宗都不会饶恕你的。等着吧。（毕福剑视频事件，2015 - 5 - 20，08：46）

（87）春之梦00：军人、警察永远都是国家和民族的钢铁长城，英雄！（天津滨海爆炸事件，2015 - 8 - 26，15：30）

（88）AH 蒋勇：犹如没驯服恶狗，就这么放出来咬人，应该拿监护人问罪，我看他还敢袒护！（李双江之子打人事件，2011 - 9 - 8，09：01）

（89）仁者无股：这只是一个蟑螂而已，何必浪费笔墨？每到过节时，多少行业的主管单位，有多少只老鼠在偷食哦？（李双江之子打人事件，2011 - 9 - 8，09：02）

隐喻是两个概念域之间的映射。例（86）本体是"我"，喻体是"钢筋

---

① 姜颖婷：《外交话语中的评价语势与主权建构——以中国外交部发言人有关东海防空识别区的话语为例》，《浙江外国语学院学报》2014年第3期。

棍",是对"粉丝"的强化,评价力度为高值,其级差序列为"钢筋棍 > 铁杆粉丝 > 粉丝"。例(87)本体是"军人、警察",喻体是"国家和民族的钢铁长城",评价力度为高值。例(88)本体是"李天一",喻体是"没驯服恶狗",隐喻强化了负面评价的力度。例(89)本体是"李天一",喻体是"蟑螂",淡化了评价意义,是对负面评价力度的弱化。

排比式强化,即运用排比辞格强化评价力度。例如:

(90)华夏-军团:严惩泄露公民信息的警察!严惩公知流氓!严惩施暴者!(文登事件,2015-7-22,18:42)

(91)物理博士看天下:文登警方的处理践踏了法律,践踏了正义,践踏了社会主义价值观。(文登事件,2015-7-25,18:16)

(92)西楼雨望月:一个个名字背后是一个个鲜活的灵魂。谨记牺牲的英雄,谨记无辜的平民,谨记惨痛的教训,万勿再发生人为之祸!(天津滨海爆炸事件,2015-8-25,21:09)

(93)Sun 傑_ Likefreedom:三聚氰胺我们忍了,毒胶囊我们忍了,苏丹红我们忍了,塑化剂我们忍了,地沟油我们忍了,瘦肉精我们忍了,皮革奶我们忍了,毒生姜我们忍了,镉大米我们忍了,过期肉我们忍了。你是不是看大人弄不死,然后就对小孩下手了!我们还能忍吗?????(山东非法疫苗案,2016-3-27,13:50)

(94)农家子民:让犯错的媒体自责吧,让悲伤的家人清静吧,让尊敬的逝者安息吧!!!!!!(姚贝娜事件,2015-1-18,07:18)

反复式强化,即有意运用反复辞格强化评价力度。例如:

(95)一笑没倾城:@深圳晚报 虚伪!请把关于贝娜的新闻都删掉!你们不配!你们不配!你们不配!你们不配!你们不配!你们不配!你们不配!你们不配!你们不配!(姚贝娜事件,2015-1-17,10:23)

(96) Alan Ai：不去。不去。死都不去。（青岛大虾事件，2015 - 10 - 9，10：22）

(97) 晨曦湘江：不开除警察公职，不揪出保护伞，不查清警察与黑店关系，不去青岛，不去山东，不买山东产品。（青岛大虾事件，2015 - 10 - 9，10：15）

(98) 清正严明的百姓：听说被咬的人是有背景的，怪不得中消协出来说话了。［伤心］（八达岭动物园老虎咬人事件，2016 - 10 - 23，14：13）

(99) 慢几拍：这傻婆娘就是作死！这傻婆娘就是作死！这傻婆娘就是作死！（八达岭动物园老虎咬人事件，2016 - 10 - 14，23：58）

层递式强化，即运用层递修辞格强化评价强度。例如：

(100) 头条新闻：#天津滨海爆炸#【李克强：彻查追责 给遇难者家属和历史交代】李克强总理今天在天津部署天津港爆炸救援处置工作。他说，这起事故涉及的失职渎职和违法行为，一定要彻查追责，公布所有调查结果，给死难者家属一个交代，给天津市民一个交代，给全国人民一个交代，给历史一个交代。（天津滨海爆炸事件，2015 - 8 - 16，21：55）

(101) 宇宙超级无敌小怪物 yo：心酸、心塞、心衰、心碎啊！（聂树斌案，2014 - 12 - 16，09：52）

(102) 听起来眼熟啊：世界上最荒唐的事情是：我们明明知道真相，但是他们在撒谎！世界上最最荒唐的事情是：我们明明知道真相，他们也知道我们知道真相，但他们还在撒谎！世界上最最最荒唐的事情是：我们明明知道真相，他们也知道我们知道真相，他们也知道我

们知道他们在撒谎，但他们还在撒谎！（天津滨海爆炸事件，2015 - 8 - 21，22：57）

例（100）在语义上，从"死难者家属""天津市民"递升到"全国人民""历史"，构成层递辞格。形式上，四个分句又构成排比，属于层递和排比修辞格的综合运用。例（101）从"心酸"到"心塞"，再到"心衰"和"心碎"，逐层递升。例（102）形式上的逐渐增多，语义逐渐增强，逐层递升。这些都强化了评价强度。

反问式强化，即运用反问修辞格强化评价强度。例如：

（103）Jenny8020：不就是说错了一句话吗，我觉得没有那么严重，人非圣贤孰能无过！（毕福剑视频事件，2015 - 11 - 19，23：26）

（104）点首朱衣或是君回复@流浪的上帝in2062：网上约架并直接演变成现实，难道不该处理？（文登事件，2015 - 7 - 24，19：33）

4. 符号手段

符号手段，即运用夸张随意的标点符号、丰富多彩的表情符号和延音符号等，表达评价力度的手段。标点符号的重复能强化评价强度。例如：

（105）muralla_ 170：为什么不给自己的父母挣点脸？？？？？这种人就是人渣。（李双江之子打人事件，2011 - 9 - 8，08：51）

（106）Signals - Systems：你的行为造成了严重后果，极大损害了党和国家声誉，在国内外产生了非常恶劣的影响，给党和人民的事业造成了重大损失！！！！！！！！！！！！！！！！（毕福剑视频事件，2015 - 11 - 18，23：05）

（107）林狗派来的二欣_ lingo：［怒］［怒］痛！心！愤！！怒！！（山东非法疫苗案，2016 - 3 - 22，15：43）

例（105）属于问号的重复使用，例（106）属于感叹号的重复使用，可以看成一种重复式强化。例（107）"痛心愤怒"每个字后有感叹号，提升了评价强度。

表情符号的重复使用，例如：

（108）111wwwvnm：秉公执法，不受莫名的政治势力干扰，必须要赞［good］（文登事件，2015-7-24，18∶32）

（109）来瓶82年的陈酿矿泉水：贵局不为团媒的威逼所动，依法行事，乃国人楷模，民族脊梁。钦佩！［good］［good］［good］［good］［good］［good］（文登事件，2015-7-24，18∶38）

（110）唐伯虎点蚊香socool：支持警方公平公正。［赞］［good］（文登事件，2015-7-24，18∶33）

（111）义勇军军迷：［失望］［失望］［伤心］［伤心］［伤心］［弱］［弱］（文登事件，2015-7-24，19∶25）

例（108）［good］是微博表情符号对应的英文意义，在文字评价的基础上增加表情符号这种辅助手段，一定程度上强化了评价强度。例（109）重复使用了6个［good］，强化了评价强度。例（110）用了［赞］和［good］两个表情符号，强化了评价强度。例（111）用了表达［失望］、［伤心］、［弱］的表情符号，极大地强化了评价强度。

延音符号也是一种强化符号，通过声音延长增加评价强度，例如：

（112）梦翔之音广播台：之前是李刚，现在是李江，唉~~（李双江之子打人事件，2011-9-8，08∶56）

例（112）叹词"唉"后用延音符号~，强化了负面评价的力度。

系统功能语言学认为，实现概念意义的语言结构为粒子型（particulate），实现人际意义的语言结构为韵律型（prosodic），实现语篇意义的语言结构为格律型（periodic）。Martin 的评价理论是在系统功能语言学关于人际意义的基础上发展起来的，人际意义犹如音乐中的韵律，具有累积性和整体性。Martin & Rose 从小句层拓展到语篇层，认为小句形成小波浪，段落形成大波浪，语篇形成浪潮。①

Martin 评价资源在语篇中呈韵律型分布，需要从整体上考察量的强化或弱化。例如：

（113）雨嘉马兰：一直支持你，带给我们欢乐。（毕福剑视频事件，2015-5-12，22：37）

（114）cxl022527：你是什么玩意，吃里爬外的卖国贼，表面一套背后一套，骨子里坏了。（毕福剑视频事件，2015-5-12，16：58）

（115）阿俊 inter：政府监管不力，失职渎职，就这样敷衍老百姓。（天津滨海爆炸事件，2015-9-21，19：48）

（116）骑兵连123：呸//@永远是龙的传人2012：呸！//@秦师名粤：呸！//@张东方微博：呸！//@小朋友家族族长：呸！//@地瓜熊老六：呸！//@老左识途：呸！//@威海警方在线：【7·22案：得到依法处理】事实清楚，定性准确，处罚得当……7·22案，是一起普普通通的治安案件，已经处理完了。@文登警方在线（文登事件，2015-7-26，11：47）

例（113）微博文本含两个分句，每个分句都是正面评价，这是累积式增量或强化，文本呈现出积极语义。例（114）微博文本含四个分句，例（115）微博文本含三个分句，每个分句都是负面评价，这是累积式增量或强

---

① J. Martin and D. Rose, *Working with Discourse: Meaning beyond the Clause*, London& New York: Continuum, 2003.

化，文本呈现出消极语义。例（116）是一个具有很强互文性的文本，用//@表示集体围观，众说纷纭。文本中有正面评价，也有负面评价，整个文本呈现出错综语义，多种声音互相碰撞形成了整体上量的衰减或弱化。

因此，微博文本中各种评价意义是积聚性的，密度与强度呈正比例关系。微博粉丝越多，转发数、评论数越多，评价语词密度越大，评价的力度也就越大，舆情热度就越高，就越容易酿成网络热点事件。

（三）评价强度调节与读者建构

我们关注话语本身，它是如何被组织的，它要做什么。Martin & White 指出："我们可以说态度和介入都属于级差范畴，只不过分级的意义有本质的不同。"① 岳颖指出，"级差在语篇中主要发挥自然化功能，即将作者的态度立场自然化，同时自然化读者的阅读立场，旨在建构读者"②。我们认为，调节态度资源和介入资源的力度，或提升，或降低，是说话人或作者话语策略的体现。评价强度对文本意识形态的建构具有重要的作用。

1. 增强评价强度的语用策略

（1）增强评价强度，往往表明作者最大限度地认同所提及的价值立场，企图最大限度地拉拢读者进入该立场，形成强大的话语联盟，从而引爆网络舆情，实现评价的施为功能。例如：

（117）孙锡良 2013：没什么新信号。死人如此之多，场面如此之惨烈，国内和国际影响如此之巨大，再不问责，那还对得起群众？不要说法律，就是凭良心，也该下点狠心，力度还远远不够。（天津滨海爆炸事件，2015 - 8 - 28，08：39）

---

① J. R. Martin and P. R. White，*The Language of Evaluation：Appraisal in English*，Basingstoke：Palgrave Macmillan，2005，p. 136.
② 岳颖：《评价理论中"级差"的语篇功能研究概述》，《外语学刊》2012 年第 1 期。

（118）公安部刑侦局：【清除网上黑恶势力事关国家安全】类似于"纳吧"的网上黑恶势力的实质是教唆青少年成为西方反华势力颜色革命的马前卒。意识形态领域的网络颠覆活动绝非一般性治安事件，社会各界要高度警惕，以必胜的信心与其进行长期性斗争，将依法治国落实到深层次和方方面面。（文登事件，2015-1-22，10：03）

（119）风中清扬的树：青岛市政府该好好反思了！监管到位了吗？国庆假期除了110就没有其他部门能处理？非得等到上班？是否有公务人员充当保护伞，坐地分赃？（青岛大虾事件，2015-10-9，09：43）

例（117）运用高值评价，凸显和强化了天津爆炸事件的危害性。提升评价强度能强化受众的注意，从而提出网络问责的要求。例（118）运用高值评价，凸显和强化了文登事件绝非一般性治安事件，从而提出清除网上黑恶势力的要求。例（119）运用高值情态词"该"介入，又用几个疑问句质疑来提升评价强度，从而对青岛市政府提出要求。

(2) 挑起读者争论，实现对话的多声性，拓展语篇

微博作者使用高值评价，把话说得过于绝对，易于挑起读者的争论，实现对话的多声性。例如：

（120）陈apple陈：没有您的星光大道从此将暗淡无光［悲伤］（毕福剑视频事件，2015-5-12，21：53）

光着脖子围了个博回复@陈apple陈：星光大道没有谁都一样的火！（2015-5-12，22：15）

（121）光着脖子围了个博：坚决拥护毛主席解放军！穷苦老百姓的救星！（毕福剑视频事件，2015-5-12，22：19）

苍白小丑-沙回复@光着脖子围了个博：注意你很久了。可悲的傻×，被洗脑了吧，有病。（2015-5-13，01：15）

光着脖子围了个博回复@苍白小丑-沙：你连一点爱国热情都没有，滚出中国去！烂货！（2015-5-13，11：41）

例（120）"陈 apple 陈"对毕福剑的评价强度为高值，引来了"光着脖子围了个博"的争论。例（121）"光着脖子围了个博"对毛主席的评价力度为高值，引来了"苍白小丑-沙"的谩骂，"光着脖子围了个博"又与之互动，评价强度为高值。这样形成了针锋相对的双方，实现了评价话语的多声性。

（3）表明其确定性和断言性，态度鲜明，立场坚定

当评价者频繁地选择使用语势强化策略时，是把对所评论的人、事、物的态度上扬，以表明最大程度地忠于自己的评价立场，并试图邀请读者/听者给予支持的回应，与自己建立立场上的同盟。[①] 微博作者使用高值评价，表达自己对所述信息的确定信念，能减少或打消对方的怀疑，凸显自己立场站位。例如：

（122）甲壬辛庚：坚决拥护公安部。（文登事件，2015-8-3，19：29）

（123）半夜瞳孔在滴血：非常支持！！！（文登事件，2015-8-4，00：24）

（124）月球车玉兔号：坚决支持［赞］（文登事件，2015-8-3，23：53）

（125）浅斟低酌低吟浅唱：强烈支持！！！（文登事件，2015-8-4，22：28）

[①] 刘婷婷、徐加新：《英汉政治社论语篇级差资源对比研究》，《外语艺术教育研究》2011年第3期。

(126) 烈焰ones 回复@mm若奇：我很赞同你的观点。（姚贝娜事件，2015-1-17，23：24）

(127) 巴中公安交警：坚决支持打掉互联网上为西方反华势力充当马前卒的黑恶势力！！！［给力］［给力］［给力］（文登事件，2015-8-4，14：24）

(128) 沙沙大人：姥爷。我们坚信你没错。希望你还好［鲜花］［鲜花］（毕福剑视频事件，2015-5-12，14：23）

(129) CafeStay：明明做错了，不反省还为自己辩解，不要脸到家了。@深圳晚报（姚贝娜事件，2015-1-22，10：03）

(130) 一米万花筒：明显没家教，子不教父之过！（李双江之子打人事件，2011-9-8，08：49）

当归属的源头被量化时，还能间接地表明该命题是完全正确的。例如：

(131) 兰十一：今天同事聚餐，说到央视毕福剑之事，不管是崇拜毛的还是对毛不感冒的，都一致认为拍视频并上传的人是卑鄙无耻之徒，央视不应该对毕处罚。告密者的得逞只会让大家都感到不安全。（毕福剑视频事件，2015-4-9，20：16）

2. 弱化评价强度的语用策略

（1）淡化事件，为当事人开脱责任或罪责

弱化评价力度，通过降低评价强度，对行为的破坏性做最小化描述。有时意在为当事人开脱责任或罪责，使其受罚更轻或免除处罚。例如：

(132) why-sooooo-serious 回复@towch：我觉得也是，没打到皮下两毫米就连轻伤都不算，而且小孩不懂事犯个错可以理解。（李双江之子打人事件，2011-9-9，08：31）

第四章　微博舆论场中的评价资源

（133）sandra1225：十五岁的孩子正处于叛逆期，给一个警示性的教育就好了。（李双江之子打人事件，2011－9－8，08：55）

（134）heizi9：我觉得就吃个饭，并没有什么大不了，毕姥爷一贯口碑不错，支持毕姥爷。（毕福剑视频事件，2015－5－14，20：55）

（135）笔榻梦沱翁回复@初学者_58176：严重？我不觉得严重，认个错就够了。（毕福剑视频事件，2015－8－25，22：24）

（136）Miss解解解丹：也许是酒后失言，原谅毕姥爷吧！一直喜欢你支持你！（毕福剑视频事件，2015－5－15，11：21）

（137）尹闪闪5597530159：再说了，就因为喝醉酒的几句话，对社会能带来什么不好的反应，我就不信人能有一辈子不犯一点错的。（毕福剑视频事件，2015－5－13，17：07）

（2）拓展对话的磋商空间，使与受话人有商量和回旋的余地

弱化表明作者只是部分地，甚至很少地认同所提及的价值立场。能够避免把话说得过死，跟听话人或读者有商量和回旋的余地，能够减少来自对立方的批评或潜在的威胁，又使受话人认为观点理性、客观，便于接受。例如：

（138）Raining Love：看过所有的舆论，个人认为这并没有错，就如民间最朴实的酒桌调侃。只不过社会舆论过于强烈而把事情的某个点放大，只不过酒桌上的某个朋友过于阴险。（毕福剑视频事件，2015－5－13，14：31）

（139）Crazy天鹅绒：个人猜测，短时间内这天价虾事件，给青岛旅游业造成或多或少的影响。（青岛大虾事件，2015－10－13，16：08）

（140）Forever会飞的翔：青岛黑店的确不多，就是被渲染了而已。如果真有人因为这个就不去青岛，也是幼稚。（青岛大虾事件，2015－10－13，16：10）

181

例（138）"个人认为""只不过""只不过"等，弱化了评价的力度，拓展了对话磋商的空间。例（139）"个人猜测"，表达了不确切性，弱化了评价的力度。例（140）"不多"进行量化，用"而已"弱化，降低了评价的力度。这些弱化能够减少交际双方的争论，最大限度地拉近听话人或作者的关系。

（3）符合面子理论和礼貌原则，容易使受话人接受劝说

在负面事件中弱化评价力度，符合会话的礼貌原则，容易使受话人接受劝说。鞠玉梅指出，"人们在毫无察觉的情况下，就被导向词语使用者所期望的地方去了"①。例如：

（141）陆Q哒：其实只是个别而已，个别老板黑心不能代表青岛名片……没去过，有空去逛逛。（青岛大虾事件，2015-10-9，09：46）

（142）清晨VS鸿鸿：现在的孩子啊……（李双江之子打人事件，2011-9-8，09：02）

（143）多米拉噶噶：家教……（李双江之子打人事件，2011-9-8，08：49）

（144）地瓜就素地瓜：天哪！李双江……（李双江之子打人事件，2011-9-8，11：33）

Leech指出，人们以间接的、含蓄的方式指责他人，是出于礼貌，因为其指责的含义必须经过推导才能由接受者完全解读。② 例（141）用省略式弱化，维护了青岛城市的面子。例（142）、例（143）、例（144）用简省式省隐负面评价内容，表达委婉含蓄，符合面子理论和礼貌原则。

一般而言，在某一角色关系中，地位高者趋向于运用高量值情态（如

---

① 鞠玉梅：《通过"辞屏"概念透视伯克的语言哲学观》，《现代外语》2010年第1期。
② G. N. Leech, *Principles of Pragmatics*, London, Longman, 1983, pp. 135-136.

must，certainly，surely），以示其果断性、决定性和断言性；而地位低者趋向于运用低量值情态和中量值情态（如 perhaps，possible，may 等），以示其试探性，敬重对方，给对方更多的发表意见和作出决断的余地。①

评价力度的强化与弱化，是作者的一种语用策略，对文本意识形态的建构具有重要作用。强化评价力度，一方面能引起社会的普遍关注，引爆网络舆情，从而提出要求。另一方面能挑起与读者或听话人之间的争论，实现对话的多声性。此外，强化评价力度还能表明其确定性和断言性，立场态度鲜明，打消读者或听者的疑虑。弱化评价力度，对行为的破坏性做最低限度描述，是为使当事人开脱责任或罪责，使其处罚得更轻或免除处罚。弱化也能增加磋商性，使与读者或受话人有商量和回旋的余地。还能照顾面子，更有利于建构读者。

我们认为，说话人或读者综合运用各种评价资源，调节评价强度，旨在更好地为实现评价功能服务。网络热点事件文本中评价具有信息传播功能、情感宣泄功能、立场建构功能、施为导向功能和语篇建构等功能。作者可以运用高值评价凸显事件的某一方面，可以运用低值评价淡化事件的其他方面。微博作者巧妙地调节评价强度，进行议程设置，转移注意力，转换话题，将读者引向作者所期望的地方。

五 小结

微博舆论场的评价资源非常丰富，表达手段也灵活多样。本章全面系统地描述了微博舆论场的态度资源、介入资源、级差资源以及与读者建构的关系。

结合舆论来分析，语言单位的意见倾向是其组成成分意见倾向的加权和。

---

① J. R. Martin，*English Text：System and Structure*，Amsterdam/Philadelpaia：John Benjam in Publishing Company，1992，p. 2.

考察微博用户的意见倾向值，应从赋值词语（态度资源）、程度副词（级差资源）、关联词语（介入资源）、否定词语（介入资源）等方面综合考察。例如：

（145）海豚998：个人认为［**对话扩展：接纳**］主要责任是这女游客自己，但［**对话收缩：反驳**］动物园方让私家车这样不带任何安全装置进入猛兽区，是存在安全隐患［**赋值词语：贬义**］的，监管部门应该［**对话收缩：宣告**］立即禁止这种行为。因为即使［**对话收缩：同意**］以前很少发生类似事故，老虎等猛兽是有可能［**对话扩展：接纳**］对私家车发起攻击的，而私家车安全性上是无法［**对话收缩：否定**］做到抵御相关袭击的。（八达岭动物园老虎咬人事件，2016-7-25，22：55）

例（145）在信息编排上，将前分句："个人认为主要责任是这女游客自己"作为背景化的信息，将关联词"但"后的分句作为前景化的肯定的信息。汉语遵循"旧信息—新信息"的排列原则，后面的信息是表达的重点所在，所以整体意见倾向应综合考量，不可偏废。

第五章　微博舆论场中的标签词语

一　标签词语及其类型

（一）标签词语

《现代汉语词典》（第6版）解释"标签"一词："贴在或系在物品上，标明品名、用途、价格等的纸片。"这里取其隐喻意义，指为了增强社会识别度，对人或事物等的标签式的命名。如国家标签词语"无赖国家"、人物标签词语"屌丝""高富帅""国民老公""凤凰男""富二代""官二代"等。

BBS、QQ群聊、新浪微博、微信等大型社交平台，是标签词语产生和传播的重要场域。在微博舆论场中，"贴标签"是一种身份范畴化的手段，范畴化的结果是形成抽象的心理构建（mental construct）。人们心理动机、价值观念、意识形态等不同，范畴的实体化也就不同，选用的标签词语也就有区别。

微博舆论场中的身份范畴是网民在互动中动态建构的，不同网民在线建立的范畴有时一致，有时不一致，具有多元化的特点。这样，同一当事人，就有多个身份范畴，被网民贴上不同的标签词语。如在2017年的"辱母杀人案"中，当事人"于欢"被网民贴上了多个标签词语。例如：

（1）小甲鱼是我：于欢不就是老赖吗……拒不还债……妈妈被侮辱

了然后他捅了讨债的人……［费解］然后全民叫好???这世界怎么了……（辱母杀人案，2017-7-19，12：38）

（2）年轻的美天：欠债还钱，一命抵一命，自古明理，杀人犯老赖于欢不值得同情，不存在正当防卫。//@光远看经济：这个人……//@徐昕：我认为构成正当防卫。（辱母杀人案，2017-5-31，12：23）

（3）Ficusconcinna小叶榕：一边是放高利贷的黑社会，一边是爹公务员妈五百万注资公司的富二代官二代，你个屌丝准备同情谁？又准备为谁说话？（辱母杀人案，2017-3-30，08：44）

（4）小虾米大九节：于欢这个富二代还需要捐款？这群圣母婊瞎操的什么心，瘦死的骆驼比马大［摊手］（辱母杀人案，2017-3-30，08：26）

（5）大嘴发言人：不管什么年代，哪怕是今天的法制社会，儿子杀死当着自己面长时间凌辱母亲的坏蛋，都是孝子，老百姓都不该贬低评价这当儿子的。当然，罪刑该怎么承担就怎么承担，只是这一刀，如果是孝子，必须扎出去。［怒］［怒］［怒］［怒］（辱母杀人案，2017-3-25，23：45）

（6）小小股长：于欢在面对母亲被辱的当口挥刀刺向歹徒，实属英雄壮举，是孝子的典范、楷模，是年轻人的榜样。如果不用刀而是用一支冲锋枪效果会更好，比警察出警效果好吧。（辱母杀人案，2017-5-28，06：31）

（7）高寒狂想曲：于欢英雄，于欢无罪！一个人对极端侮辱母亲没有愤怒，还能指望他在祖国受欺侮时奋起保卫吗?！（辱母杀人案，2017-3-29，05：44）

以上七例，对"于欢"的标签词语有"老赖""杀人犯""富二代""官二代""孝子""英雄"等。

（二）标签词语的类型

1. 正面标签词语、负面标签词语和中性标签词语

（1）正面标签词语

正面标签词语，即具有褒扬性的标签词语。如"英雄""爱国青年"等。例如：

（8）goldcoast 的阳光：小伙子生在古代就是英雄！人民的眼睛是雪亮的！（辱母杀人案，2017－3－26，15：21）

（9）Ann－薛小羊：敢于和黑暗势力拼命的，都是英雄！！（辱母杀人案，2017－3－28，06：46）

（10）归海的镜子：于欢是保护母亲的英雄，司法却要判一个英雄无期，正义何存？公道何在？（辱母杀人案，2017－3－27，09：51）

（11）平民王小石：【简评侯聚森被围殴事件】今日下午，获知爱国青年侯聚森被6个纳吧流氓围殴头破血流，极度震惊！这是非常重大的标志性事件，显示推墙公知在造谣舆论战遭遇失败后，开始有组织地暴力袭击恫吓爱国网友。他们前期通过人肉团队获取多人隐私信息。@平安山东@公安部刑侦局@公安部打四黑除四害（文登事件，2015－7－22，16：43）

（2）负面标签词语

负面标签词语，即贬抑性的标签词语。在姚贝娜事件中，出现了如"妓者（记者）""霉体（媒体）"等负面标签词语。例如：

（12）李旺舒：妓者煞笔。（姚贝娜事件，2015－1－17，12：08）

（13）小杨哥JKY：现在的霉体啊呵呵。该永远剔除出记者队伍！（姚贝娜事件，2015－1－17，12：10）

例（12）、例（13）运用谐音修辞，分别用负面标签词语"妓者"指称"记者"，"霉体"指称"媒体"。

（3）中性标签词语

中性标签词语，即态度客观、中立的标签词语。官方报道、官方文件，一般采用中性词语，体现了语言文明和法治的进步。新浪官方微博采用媒体视角，用"刺死辱母者"这一中性词语指称于欢。例如：

（14）头条新闻：【#刺死辱母者#判决书细节 催债者露下体辱人】正有5099万网友参与全民话题"刺死辱母者判决引超九成网友不满"。判决书细节揭露，被告人于欢陈述："杜志浩进来吓唬我妈跟我，然后脱掉裤子露着下体……并且辱骂我妈和我，还把我的鞋脱下来，扇了我一巴掌。"（辱母杀人案，2017-3-25，23：40）

在网络舆论场中，一些褒义词变为标签符号后被赋予了贬义色彩。如精英阶层成为被标签化的群体，不断蒙羞，被贴上"砖家"（专家）、"叫兽"（教授）、"公务猿"（公务员）、"精蝇"（精英）等。原本中性的代际称谓，如"官二代""富二代"等标签，也具有了特定的人格贬损意涵。

2. 人物标签词语、行为标签词语和地域标签词语

（1）人物标签词语

人物标签词语，标示的对象是人物。在2016年的"王宝强离婚事件"中，对马蓉污名化的标签词语有"马婊""马贱人""心机婊""小婊砸""潘金莲"等。例如：

（15）爱美爱护肤的找我哟：马婊，好意思说呢还要人家连续道歉三十天，还没要你连续三辈子给人家宝宝跪下来磕头认罪，好意思的呢？（王宝强离婚事件，2016-8-16，12：17）

（16）米兰卡卡帅气：马婊家在陕西省渭南市临渭区吝店镇马家村，她父亲是村书记。宋喆身份证号：110107198304251215，户籍登记地址：北京市朝阳区西大望路 19 号院 12 号楼 3 单元 501 号。离得近的人肉他们。复制粘贴，马贱婊，你慢慢删。（王宝强离婚事件，2016 - 8 - 16，11：58）

（17）吾月慰风尘：马贱人，网友骂你怎么啦？出来卖还不许别人说！（王宝强离婚事件，2016 - 8 - 16，13：28）

（18）努力 1920：马婊子，贱货一个，你还有脸？（王宝强离婚事件，2016 - 8 - 16，11：36）

（19）苟矿：一个心机婊而已，有什么资格分财产，试问她赚过多少钱？作为一名专职小姐还有脸分财产，要是我我都没脸过下去了，还跑来分财产！见过不要脸的，没见过这么不要脸的。（王宝强离婚事件，2016 - 8 - 16，10：45）

（20）小生 v 伊人：她先把自己洗干净了再说话，心机婊，怎么那么狠心！欺负宝宝，欺负老实人！！［怒骂］［怒骂］可恶！！（王宝强离婚事件，2016 - 8 - 16，18：45）

（21）Mocha - 熊：马蓉，史上第二个最毒的潘金莲。［doge］（王宝强离婚事件，2016 - 8 - 17，09：30）

（2）行为标签词语

行为标签词语标示的对象是行为。对天津滨海爆炸后发生的"捐款"事件，微博舆论场有"强捐""逼捐""骗捐""诈捐""裸捐"等行为标签。例如：

（22）我是青竹家有暖男：逢灾必须捐……又一轮强捐开始了……（天津滨海爆炸事件，2015 - 8 - 20，08：04）

(23) 导弹的老刺猬：逼捐也是中国特色！直接工资里扣！[鄙视]（天津滨海爆炸事件，2015－8－19，10：45）

(24) 珍爱生命远离二次元：从小到大一直被逼捐，不管你家庭条件如何，管你是穷是富，每个同学都要捐，不捐老师带头看不起你，同学接着也鄙视你，呵呵哒。（天津滨海爆炸事件，2015－8－19，10：32）

(25) 头条新闻：#热点#【天津港爆炸诈捐女子不服一审判决 请求改判无罪】天津港爆炸诈捐案被告人杨彩兰不服一审判决，请求改判无罪。杨彩兰认为自己已认识到错误并十分后悔，她承认有过错，但不构成诈骗罪，不应判处3年有期徒刑。广西防城港市中院已受理其上诉请求，将择期开庭。（天津滨海爆炸事件，2016－3－10，21：20）

(26) 头条新闻：#拍案#【利用天津爆炸网上骗捐近10万，90后女生获刑3年】今天上午，广西防城港防城区法院就90后女生杨彩兰在天津爆炸事故网上骗捐一案作出一审判决。法院认定杨彩兰犯诈骗罪，判其有期徒刑3年。天津爆炸事故后，杨彩兰发微博称其爸爸在爆炸中丧生，通过微博"打赏"骗取网友捐款9万多元。（天津滨海爆炸事件，2016－1－28，14：44）

比如，对"杀人"行为，微博舆论场赋予其的行为标签有"正当防卫""防卫过当""故意杀人""激情杀人"等。例如：

(27) 风若明月光：于欢的行为是正当防卫，是当今武松，为民除害，让人拍手称快。（辱母杀人案，2017－3－26，13：48）

(28) 已清来时路：司法应该顺应民意！于欢应该是正当防卫！（辱母杀人案，2017－4－1，22：04）

(29) 短腿儿妹呀：正当防卫！！！更是见义勇为！！！！！！（辱母杀人案，2017－3－29，12：30）

（30）蜡北小新na：想说，幸亏有把水果刀，不然他们娘俩该怎么办啊！支持正当防卫！（辱母杀人案，2017-3-27，16：14）

（31）十九号先森的苏脚踝：既然说于欢是被椅子杵着，于欢才反抗的，那我就觉得是正当防卫，最多也就是防卫过当。（辱母杀人案，2017-3-27，11：17）

再比如，对"拆迁"行为，微博舆论场赋予的行为标签有"强拆""血拆""劝拆""暴力强拆""非法强拆"等。

（3）地域标签词语

地域标签词语，标示的对象是地域。例如：

（32）Provenc_e：好坑山东欢迎您。[挖鼻]（青岛大虾事件，2015-10-9，19：50）

（33）贾爱军2012：花巨资打造的"好客山东"，一夜之间让一盘大虾毁了，变成了"好坑山东"！（青岛大虾事件，2015-10-9，12：26）

（34）共你万人拥吻：好坑山东欢迎您！（青岛大虾事件，2015-10-9，15：59）

（35）weidforever：吃大虾，来青岛！宰客山东欢迎你！（青岛大虾事件，2015-10-9，21：57）

（36）煎饼夹哈哈果：黑客山东欢迎你！黑岛市欢迎你！！（青岛大虾事件，2015-10-9，12：28）

在2015年的"青岛大虾事件"中，网民通过恶搞和戏仿，给青岛贴上"宰客"的标签，使青岛城市形象受损，达到抹黑青岛的目的。这是地域污名的一个典型。

微博舆论场整体上是负面舆论场，标签词语多含有自嘲、戏谑、讽刺、歧视、侮辱的意味，有的是偏见或刻板印象。有的是网民自我标榜，即自我污名化。例如"懒癌""直男癌""尴尬癌"等网络流行语，反映了网民自我调侃或自嘲的一种戏谑心态。

二 微博舆论场中标签词语的污名化

（一）污名及污名化

污名（stigma）一词源自古希腊，最初是指用灼热的烙铁在侍奉神的人身上留下记号，具有宗教含义。后来指用刺或烙的方式在奴隶或罪犯的躯体上留下记号，以标示其社会等级、身份地位的低下，需要回避和远离。[①] 因此，stigma 在西方语境中是人格、身份的符号和象征。Stigma 的中文译法不统一，在医疗及公共卫生领域多译为"羞辱""耻辱""羞辱感"等。在心理学、社会学、人类学领域偏好用"污名"译法。

1963 年美国学者戈夫曼（Erving Goffman）阐释了污名这一概念，认为"'污名'是一种社会特征，该特征使其拥有者在日常交往和社会互动中身份、社会信誉或社会价值受损"[②]。

林克（B. G. Link）和费伦（J. C. Phelan）将污名定义为一种标签、刻板印象、认知区隔、地位丧失和歧视等元素共存的权利状态，这种状态存在于各种污名元素的叠加效应之中。[③] 在林克和费伦看来，污名是权力差异的产物，表现为权力的优势阶层与弱势人群之间的关系。

美国社会学家萨姆纳根据群体成员对待群体的立场和态度，将群体分为内群体与外群体。内群体是指社会成员在心理自觉认同并归属于其中的群体，他们团结、亲密、相互爱护；而外群体是指内群体之外的其他任何别人的结合。[④]

[①] 郭金华：《污名研究：概念、理论和模型的演进》，《学海》2015 年第 2 期。
[②] 参见［美］戈夫曼《污名：受损身份管理札记》，朱立宏译，商务印书馆 2009 年版，第 12 页。
[③] B. G. Link and J. C. Phelan, "Conceptualizing Stigma", *Annual Review of Sociology*, No. 27, 2001, pp. 363 – 385.
[④] 郑杭生：《社会学概论新修》，中国人民大学出版社 2003 年版，第 150 页。

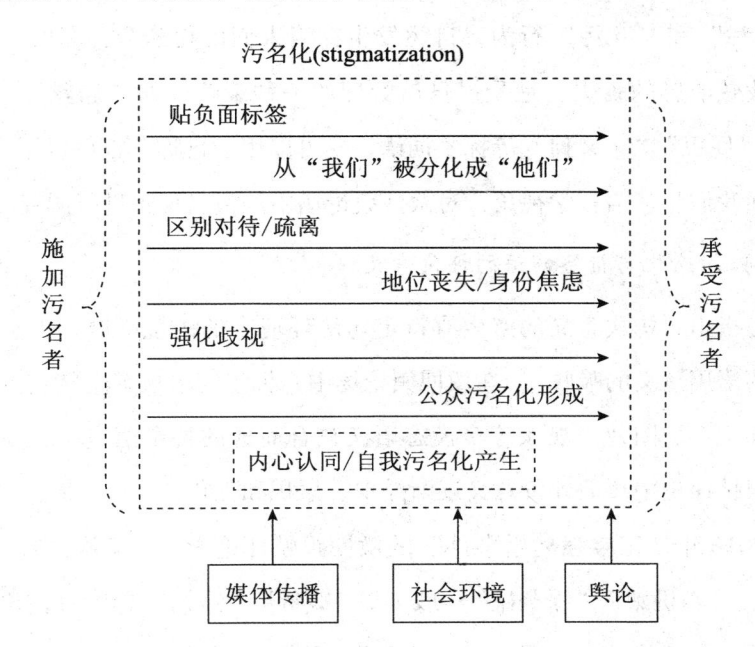

管健阐释了污名化的产生机制，如图5-1所示。

图 5-1 污名化的产生机制①

污名化(stigmatization)
- 贴负面标签
- 从"我们"被分化成"他们"
- 区别对待/疏离
- 地位丧失/身份焦虑
- 强化歧视
- 公众污名化形成
- 内心认同/自我污名化产生

施加污名者 → 承受污名者

影响因素：媒体传播、社会环境、舆论

污名与身份范畴密切相关，污名实现了群内和群外身份的建构。任重远指出，污名是"指社会对于其特定社会成员的消极性身份界定，以此表明其在社会当中的不名誉地位"②。

综上所述，我们认为污名是社会对某些个体或群体贬低性的、侮辱性的负面标签，蕴含着负面评价，是一种威胁面子的言语行为。污名化的本质就是互动过程中贬低、丑化、羞辱，令对方丢脸，身份受损。污名化的过程是身份范畴化的过程，同时也是标签词语负面评价意义浮现、累积和强化的过程。

中国正处在"互联网+社会转型"时期，疾病污名、性别污名、身份污

---

① 管健：《污名的概念发展与多维度模型建构》，《南开学报》2007年第5期。
② 任重远：《污名的道德解析》，《伦理学研究》2016年第4期。

名、行业污名、地域污名等污名现象层出不穷。网络语言中普遍存在着"自污""他污"和"互污"行为，自污发生在当人们内化公众污名时产生的自尊和自我效能感的丧失，是受损身份管理的一种策略。如"屌丝""房奴""蚁族""屁民""××狗"等标签词语，既可以用于自称，也可以用于他称。

下面我们将从语言学视角，对微博舆论场中的污名现象进行阐释。

（二）污名化与标签词语的评价意义

方梅指出，构式意义的产生有特定句法环境中的语境吸收，也有对其会话环境的语用意义的吸收。① 在微博舆论场中，标签词语被置于特定的社会价值体系和文字、图片、视频等多模态语义整合而成的特定语境中，在接力式的微博跟帖评论中负面评价意义逐渐浮现、累积和强化。

在 2016 年 "王宝强离婚事件" 的微博跟帖评论中，"马蓉" 有 "破鞋" "潘金莲" "心机婊" "绿茶婊" "贱人" "贱货" "淫妇" 等标签词语。这些标签词语，本身就是一种评价，是指称形态的评价。例如：

（37）独目书生：知足吧，马蓉。这事儿要是发生在三四十年前，挂破鞋游街是跑不掉的。（王宝强离婚事件，2016 - 8 - 17，00：53）

（38）Mocha 熊：马蓉，史上第二个最毒的潘金莲。［doge］（王宝强离婚事件，2016 - 8 - 17 09：30）

（39）贝加尔湖畔钓鱼的猫：我要是在马路上碰到这个绿茶婊，我不扇她耳光我就不是人！！！！！！不带这么欺负老实人的。（王宝强离婚事件，2016 - 8 - 16，10：48）

（40）克里斯的天空 - ：希望马蓉这个心机婊一分钱都分不到的赞我。［doge］（王宝强离婚事件，2016 - 8 - 16，17：22）

（41）八路 - L：见过不要脸的女婊砸，没见过这么不要脸的女婊砸！

---

① 方梅：《负面评价表达的规约化》，《中国语文》2017 年第 2 期。

卷钱偷汉还要名誉呢！马的爹妈怎么教出这么个贱人，用我们家乡土话说就是：骈面否要。（王宝强离婚事件，2016-8-16，12：18）

（42）深绮蕾：渣女逻辑就是，我出轨就出轨了，你凭什么给我公开了啊。谁让你说出去了？（王宝强离婚事件，2016-8-16，13：46）

（43）张小维 Vivi：现实版的雪姨。（王宝强离婚事件，2016-8-17，09：32）

（44）古凤眉：马蓉，恭喜你！载入21世纪中国的史册了，成了有史以来，中国唯一创吉尼斯世界纪录的"贱货"，远远超越了潘金莲，荣耀地登上"贱货榜"，遗臭万年！（王宝强离婚事件，2016-8-16，12：31）

（45）匪徒与太阳：恭喜马蓉，取代潘金莲蝉联中国数千年淫妇头衔，掌声响起来，啪啪啪啪啪啪。（王宝强离婚事件，2016-8-16，09：54）

除了标签词语，还有詈骂语、诅咒语等污名化语言。例如：

（46）秦叔银：有种死女人既要做鸡又要立牌坊，或者又要立牌坊又要做鸡。（王宝强离婚事件，2016-8-17，09：21）

（47）黄命苦又不乱来：药店碧莲好嘛［微笑］（王宝强离婚事件，2016-8-16，09：46）

（48）柳一秋：火葬场打来电话，问马蓉宋喆烧成几分熟？（王宝强离婚事件，2016-5-18，22：41）

（49）新泻秋山树：祝马蓉原地爆炸。（王宝强离婚事件，2016-8-16，20：20）

甚至还有人肉搜索等语言暴力，例如：

(50) wo很怕黑却习惯晚睡：马婊家在陕西省渭南市临渭区吝店镇马家村，她父亲是村书记。宋喆身份证号：110107198304251215，户籍登记地址：北京市朝阳区西大望路19号院12号楼3单元501号。离得近的人肉他们。复制粘贴，马贱婊，你慢慢删。（王宝强离婚事件，2016 - 8 - 16，10：32）

也有网络段子恶搞形式，例如：

(51) 旗舰黑店：娱乐圈内无娇娘，残花败柳排成行；一支玉臂千人枕，两颗馒头万人尝；偶有鸳鸯成双对，也是鸡女配流氓。（王宝强离婚事件，2016 - 5 - 19，08：35）

(52) 女汉纸阿欢：做人不能太霍顿，娶妻不能叫马蓉，用人不能用宋喆［打脸］［打脸］［打脸］骂了一上午居然没有人同意我！［衰］（王宝强离婚事件，2016 - 8 - 16，10：00）

此外，还有各种图片和视频，与文字相互补充、协同作用。公共舆论充斥着话语狂欢，集体羞辱、谩骂、嘲讽和恶搞"马蓉"。各种言语攻击、形象恶搞和隐私披露使舆论呈一边倒之势。经过网络舆论的强化，"马蓉"被牢牢地打上了各种负面标签。"马蓉"也被符号化为"恶毒淫妇"的代名词。

结合 Martin 的评价理论分析，施加污名者是评价者，承受污名者是评价对象。污名是施加污名者对承受污名者的一种道德评判，属于负面评价。这样，施加污名者故意疏远或歧视承受污名者，两者形成一种负同盟关系。

(三) 语言暴力与污名效应

网络暴力主要以言语攻击、形象恶搞、隐私披露等舆论形式呈现，[1] 是致

---

[1] 姜方炳：《污名化："网络暴力"的风险效应及其现实隐喻——以"李刚门"事件为分析个案》，《中共浙江省委党校学报》2012 年第 5 期。

使当事人的名誉权、隐私权等人格权益受损的一系列网络失范行为。网络暴力是社会暴力在网络上的延伸，面对违背人类公共道德和传统价值观念以及触及人类道德底线的事件，施污名者站在道德或舆论的制高点，垄断着话语权，受污名者处于弱势地位。网络暴力的污名效应是使受污者"丢脸""蒙羞"。

当前群体极化现象导致的话语垄断和专制，表现为只能认同一种观点，即所谓"大多数"人的观点，不能容忍其他观点或声音的存在，网络舆论呈现一边倒之势。持异见者被贴上"键盘侠""圣母婊""直男癌""五毛"等标签词语。

网民掀起全民造语运动，群体式的"贴标签"，或反讽揶揄，或嬉笑怒骂，或插科打诨，或詈骂诅咒，在话语狂欢中完成对当事人的污名化。

污名化是一种语言暴力。通过以偏概全，扭曲真相，歪曲事实，激化了人群间的对立与冲突，加大不同群体间的隔阂，不利于健康网络舆论生态的形成。

三　微博舆论场中的标签词语与身份范畴建构

（一）身份范畴的建构

身份（identity）一词最初来源于拉丁词 identitas，字面意思是"同一性"。陆学艺认为"身份是人的社会归属，是人的社会地位、法律地位或受人尊重的地位"①。Bucholtz 和 Hall 将身份定义为自我以及他人的社会定位。②刘永涛认为"所谓身份，它是指你是谁？我是谁？别人认为你（或我）是谁？对这些问题给予回答就是在确定行为体（你或我）的身份"③。袁周敏、方宗祥认为"身份建构是正常社会人采取相关资源以表明并且维持一个个体所有的

---

① 陆学艺：《社会学》，知识出版社1996年版，第175页。
② Bucholtz M. and K. Hall, "Identity and Interaction: A soci-ocultural Linguistic Approach", *Discourse Studies*, No. 7, 2005, p. 586.
③ 刘永涛：《语言、身份建构和美国对外政策话语中的"邪恶论"》，《国际观察》2005年第5期。

关于他这种人是其所是的因为是直接引语，引用的是原话，所以不需修改"。①

身份建构植根于哲学，存在静止和动态两种观点，形成了本质主义和建构主义身份观的对立。本质主义视身份为固定不变、本质先于存在的。而建构主义则持相反观点，认为身份是动态的，是多元化的，是在社会语境下人际互动中构建的。② Halliday & Hasan 把语篇中的身份概念看作既是产品又是过程，注重到了身份构建的静态性与动态性特征。③ 身份的建构主义观认为身份通过价值共享的社会化过程在协商互动中建构。④ 刘银姣探讨了微博舆论场中当事人身份范畴的动态建构。⑤

人们常常把自己或他人放到某个类别之中，赋予一种标识确定称谓，这就是身份范畴化。标签词语是一种身份建构。污名是一种贬抑性身份建构；美名是一种褒扬性身份建构。网络热点事件微博舆论场是负面舆论场，以贬抑性身份建构居多。

（二）标签词语与身份范畴的多元化建构

微博舆论场是一个"众声喧哗"的巨大声场，包括政务微博、媒体微博、意见领袖微博和普通网民微博等舆论子场。在公共事件出现之后，各主流媒体法人微博、网络意见领袖和网民竞相发声，各种观点相互碰撞、相互交锋，多种声音相互关联、相互交织，支持、反对、批评、谴责、质疑、假设、回应、求证、修正、补充、声明、辟谣、辩解、挑战、

---

① 袁周敏、方宗祥：《言语交际中的身份建构及其理据研究》，《南京邮电大学学报》2008 年第 3 期。
② 姜峰：《〈学术身份：学术话语中的个性与共性〉介绍》，《当代语言学》2013 年第 4 期。
③ M. A. K. Halliday and R. Hasan, "Context of situation", In M. A. K. Halliday and R. Hasan (eds.), *Language, Context and Text: Aspects of Language in a Social Semiotic Perspective*, Victoria: Deakin Universtity Press, 1985, p. 11.
④ N. K. Knight, "Wrinkling complexity: Concepts of identify and affiliation in humour", In M. Bednarek & J. R. Martin (eds.), *New Discourse on Language: Functional Perspectives on Multimodality, Identity, and Affiliation*, London: Continuum, 2010, p. 35.
⑤ 刘银姣：《微博舆论场中当事人身份范畴的建构——基于新韩礼德学派评价理论的视角》，《当代传播》2014 年第 4 期。

道歉、理解、包容等声音一时俱来，叠加呈现，在复杂的微博互动中构建着当事人的身份范畴，赋予当事人多个标签词语。①

在2013年"重庆不雅视频"事件中，对于当事人赵红霞的身份标签，微博舆论场中争论不休，"从犯""受害者""反腐英雄"等对比鲜明的身份标签加诸同一个当事人身上（见表5-1）。

表5-1　　2013年"重庆不雅视频"事件中当事人的身份标签

发话人	身份标签	微博文本中的评价语言举例
媒体法人微博和政务微博	从犯、不雅视频女主角、嫌疑人	（1）不雅视频的女主角赵红霞等人涉嫌敲诈案，因涉及个人隐私，不公开审理。（人民网法人微博） （2）我们可以理解那种对贪腐受到应有惩治拍手称快的心情，然而由此就将赵红霞称作反腐英雄，委实有违法治精神。从目前披露的案情看，赵红霞事先没有反腐动机，事后没有举报行为，只为获得所谓"服装销售奖"，就参与对官员的色诱和敲诈，难逃违法嫌疑。（新华网腾讯微博） （3）昨天下午，重庆市渝北区人民法院对肖烨等6人敲诈勒索案一审公开宣判，主犯肖烨获刑十年，从犯赵红霞、谭琳玲等3人被判缓刑。（公正肇庆新浪微博）
部分网络意见领袖和网民	英雄、反腐先锋、反腐斗士	（4）一个女孩名叫红霞，她的故事耐人追寻，她不是党员，她却一个人在前线战斗，深入狼穴反腐，"一不留神"睡了11位重庆高官，成反腐先锋。成为2013"感动中国"第一人。她就是"中国脊梁"反腐先锋——赵红霞同志！（杜芝富新浪微博） （5）不管黑猫白猫，抓住老鼠就是好猫，不论你用什么手段，抓住共产党内部败类就是百姓心中的英雄，赵红霞你是百姓心里大英雄。（金子1963来了新浪微博）

---

① 刘银姣：《微博舆论场中当事人身份范畴的建构——基于新韩礼德学派评价理论的视角》，《当代传播》2014年第4期；陈景元、高佳：《网络热点事件微博文本中的立场建构——基于"立场三角"理论的分析》，《新闻爱好者》2016年第8期。

续 表

发话人	身份标签	微博文本中的评价语言举例
部分网民	受害者、帮凶、卖淫女、色情女公关	（6）她纯属被胁迫的工具和受害者。（西海渔樵新浪微博） （7）赵红霞不构成敲诈勒索，最多只能算是最外围的帮凶而已。（中基404肥鹰新浪微博） （8）赵红霞无非受商人胁迫，被用于色诱官员的诱饵，成功色诱一次只能得到很少的报酬，和此后商人与官员的交易所得并不成比例，充其量就是个卖淫女。（周蓬安新浪微博）
赵红霞及其辩护律师	受骗者、从犯	（9）"我太单纯了，太看重感情了。"（南方日报腾讯微博） （10）赵红霞是性贿赂的工具；同时也是参与以色相贿赂，积极参与共同敲诈不义之财的犯罪嫌疑人。她的犯罪地位应是敲诈勒索案的从犯，会获得从轻处理。（陈有西新浪微博）

四 微博舆论场中标签词语的选择性与动机

从文本生成的角度来看，一方面身份范畴通过评价语言去塑造并维护，另一方面身份范畴的确立，为微博传播者叙述和评价奠定了基调，身份范畴化本身也是评价。从文本理解的角度来看，洞察身份范畴背后的动机以及传播者的身份范畴化策略，有助于正确地解读文本中的立场和评价意义。

在舆论热点事件中，微博作者意识形态不同，心理动机、价值观念等不同，为了把当事人予以身份范畴化，往往择取某些特征而忽略其他特征，在评价过程中塑造和建构的当事人身份范畴也就不同。可以说，范畴以评价的方式被选择和塑造，从而能够使他们的特定的特征达成某种目的。Reisigl & Wodak 指出，指称或命名的选择往往凸显该群体或个体的某种形象，是理解身份建构的关键。① 我们认为，标签词语的选择，是评价者立场、态度和诉求的选择，是一种指称/命名的话语策略，背后隐藏着评价者深层次的原因。

1. 网络热点事件中，有的身份标签能引发舆论关注，助推舆情发展

在 2016 年的"雷洋事件"中，一篇《刚为人父的人民大学硕士，为何一小时内离奇死亡？》的网帖，为当事人雷洋强化"刚为人父""人民大学硕士""国资委下辖的中国循环经济协会某中心主任"等标签，引发了网民的持续关注。中产阶层对缺乏安全感的普遍恐慌使网民形成了强大的话语联盟，中国人民大学校友更是联名声援。这种贴标签以博眼球的做法，对舆情发展起了推波助澜的语用效果。

在 2017 年的"辱母杀人案"中，《南方周末》通过贴标签式的标题"刺死辱母者"和有选择性报道部分案情等方法，引发了网民的高度关注。网易新闻《母亲欠债遭 11 人凌辱，儿子目睹后刺死 1 人被判无期》跟帖评论超过 320 万条。迅速跃升为微博话题而引爆网络舆情。

2. 网络热点事件中，有的身份标签意在为当事人洗脱或减轻罪责

在重庆不雅视频事件中，"英雄""反贪巾帼英雄""反腐斗士""反腐女侠""反腐先锋奇女子""反腐红旗手""人民子弟兵""山城名媛""全国反腐先进个人""感动中国十大人物"等美名化标签词语充斥整个网络，赵红霞的"反腐英雄"身份逐渐凸显。仿拟体《史记·赵红霞列传》《打靶归来·赵红霞版》《东方红》和《赵红霞，你在哪里》等在微博上被疯狂转载与改编。

赵红霞将自己的身份范畴化为"受骗者"，是为了替自己辩护。部分网民将赵红霞范畴化为"受害者""从犯""弱者"等，是为了唤起社会对无辜弱

---

① M. Reisigl and R. Wodak, *Discourse and Discrimination: Rhetorics of Racism and Antisemitism*, London: Routledge, 2001, p. 45.

者的同情，为赵红霞洗脱罪名，或让她得到人们的理解，罪责更少。绝大多数网民将赵红霞范畴化为"反腐英雄"，是为了凸显雷政富等落马官员的"淫官""贪官"身份，有的还是为了使赵红霞免除法律制裁。

3. 网络热点事件中，有的身份标签意在加深当事人的罪责

网络围观产生污名泛化被大众和社会舆论侮辱和丑化，许多热点事件中当事人被贴上"官二代""富二代""碰瓷""讹人""裸贷""骗贷""非法营销""带血营销"等标签，政府被贴上"强拆""血拆""非法拆迁""暴力拆迁"等标签，会迅速挑起一种仇官仇富的对立情绪。这些身份标签，加深了当事人的罪责。

4. 网络热点事件中，官方微博站在记录者视角，采用中性标签词语，规避话语责任

官方微博对事件的报道是客观的、规范的、忠实的。官方微博采用记录者视角平实报道，比如对于赵红霞的身份范畴，用了"不雅视频女主角""色诱官员的女主角""性贿赂提供者"等标签词语。态度比较中性，评价词语一般是作为引述和转述介入的，如引用或转述法院或律师评价。记者和媒体尽量避免使用褒贬色彩强烈的词语，符合冷静、客观的事实记录者的角色，这也是媒体规避责任的一种方式。

五　标签词语的去污名化与网络舆论的引导

由于法律追责缺位，一些媒体和网络大V为了炒作，给事件乱贴标签，普通网民跟风，污名化标签词语漫天飞舞，给受污者造成了伤害，也给网络舆论环境造成了污染。因此，污名化现象需要治理。

去污名化即尊重事实本身，不扭曲事实，不歪曲真相，不以偏概全，摒弃固化思维和社会偏见，不以围观者的意志强加于当事人，不以观点抹杀复杂的现实。这需要全体网民克服偏激，理性发声。比如，在2016年"魏则西

事件"中,针对"莆田"的地域攻击发出的一些理性声音,消解了部分污名化。例如:

(53) 叫我 NanNan 咯:莆田系民营医院是莆田的东庄镇,建材木材是莆田忠门镇,一个声名狼藉,另一个脚踏实地,请不要一棒子打死所有莆田人,这个锅我们不背。[拜拜](魏则西事件,2016-5-12,08:47)

(54) chillheart:莆田人就是中国的犹太人,天生的生意人,只要合法经营就行,不要上升到地域攻击好哇。(魏则西事件,2016-5-12,08:47)

(55) 默爷的 jaeromone_:全中国都有黑商,没必要盲目敌视一个地方,请客观对待。难道日本全部都是鬼子吗?不见得。难道除了莆田其他地方就没有卖假?你敢说自己是绝对的好人?不见得。(魏则西事件,2016-5-12,09:13)

(56) W杨小小:黑心医疗确实该喷,但全面否认莆田的无非都带有攻击性,嫉妒心吧,还有一定的仇富心理。(魏则西事件,2016-5-12,09:30)

(57) 用户9565316074260:别仇富,莆田人也有勤勤恳恳赚良心钱的,别一竿子打翻一船人。[微笑](魏则西事件,2016-5-12,09:49)

(58) 孤独症患者L:额,并不是莆田系医院出了事就把所有莆田人的产业都拉黑啊,就事论事好吗?(魏则西事件,2016-5-12,09:50)

(59) 小啊小啊小萝卜:虽然个别莆田系企业坏了莆田一锅粥。可是不能全部否认整个莆田产业。宝宝们委屈。(魏则西事件,2016-5-12,09:47)

(60) 暖茶茶茶回复@鸡蛋炒芝麻:此次魏则西事件只涉及莆田市东庄镇,请不要把整个莆田人都拉进来。莆田人并不是都在做私营医院啊,

老实本分做小买卖的人才是占大多数的。（魏则西事件，2016 – 5 – 12，09：54）

去污名化，防止以偏概全地诉诸群体，对于克服群体极化现象，自觉维护舆论场的多声性，营造良好的网络舆论环境，构建和谐的人际关系，进而构建和谐社会具有十分重要的意义。

标签词语是"标题党"的一种惯用手段，其危害甚大。为了加强互联网新闻信息标题规范管理，重点解决当前突出存在的"标题党"乱象，2017 年1 月，国家网信办制定了《互联网新闻信息标题规范管理规定（暂行）》，明确要求"在报道各类新闻，尤其是涉及重大时政新闻和重大突发事件等重要信息时，要通过标题内容传达正确的立场、观点、态度，确保导向正确，恪守新闻伦理，严禁恶意篡改标题炒作或蓄意制造舆论'热点'"。

六 小结

按情感属性，标签词语可分为正面标签词语、负面标签词语和中性标签词语。按所标示的对象，又可分为人物标签词语、行为标签词语和地域标签词语。

微博舆论场中标签词语存在污名化现象，这是一种语言暴力，通过以偏概全、扭曲真相，激化人群之间的对立和冲突，不利于健康网络舆论生态的形成，所以必须去污名化。

微博舆论场中，应避免认知固化的污名化标签词语，防止以偏概全地诉诸群体或地域，用理性声音消解污名化带来的伤害。可以将一些含歧视性的标签词语比如"老赖""低端人口"等列入违禁词语名单。

第六章　微博舆论场的立场话语体系

一　立场概念的内涵及其基本特性

（一）立场概念的内涵

近年来，立场研究已成为语言学及其相关学科研究的重点课题之一。何谓立场？学界至今仍未有一致性的定义。

Biber & Finegan 最初将立场概念定义为"说话者或作者对信息的态度、感觉、判断或者承诺的显性表达"①。他们将立场概念修正为"对于信息命题内容的态度、感觉、判断或承诺的词汇或语法表达"②。内容涵盖了言据性和情感。Biber 等将立场定义为"个人的感觉、态度、价值判断或评价"③。

Berman 将语篇立场概括为"作者或说话人对信息明确表达的态度、情

---

① D. Biber and E. Finegan., "Adverbial Stance Types in English", *Discourse Processes*, Vol. 11, No. 1, 1988, pp. 1 – 31.
② D. Biber and E. Finegan, "Styles of Stance in English: Lexical and Grammatical Marking of Evidentiality and Affect", *Text*, Vol. 9, No. 1, 1989, pp. 93 – 124.
③ D. Biber, A. S. Johansson, G. Leech, S. Conrad and E. Finegan, *The Longman Grammar of Spoken and Written English*, London: longman, 1999, p. 966.

感、判断或承诺"①,指出话语立场有三个相互联系的维度:方向(发送者取向、文本取向和接受者取向)、态度(认识态度、道义态度和情感态度)和概括性(指称和量化)。

Hyland 指出,立场就是"语篇'声音'或社会团体公认的个性"②。Martin & White 关注立场的站位和结盟,具体体现在他们提出的态度资源和介入资源。③

Englebretson 提出了立场的五个原则:(1) 立场表达发生在身体行为、个人态度/信仰/评价和社会道德三个层面;(2) 立场是公开的,可以被他人察觉,并可以解释;(3) 立场本质性是互动的,由参与者合作而构成;(4) 立场是索引的,能唤起广阔的社会文化框架或物理背景;(5) 立场是有结果的,对参与的个人或团体会导致一定的结果。④

Du Bois 指出,"立场是社会行为者在对话过程中通过明确交际手段获得的一种公开行为,参照社会文化领域中任何凸显的维度,在同一事件内既评价事物,也定位主体(自己和其他人),同时也与其他主体结盟"⑤。他还提出了著名的"立场三角"(the stance triangle)理论。如图 6-1 所示。

---

① R. A. Berman, "Introduction: Developing Discourse Stance in Different Text Types and Languages", *Journal of Pragmatics*, Vol. 37, No. 2, 2005, pp. 5-124.

② K. Hyland, "Stance and Engagement: A Model of Interaction in Academic Discourse", *Discourse Studies*, Vol. 7, No. 2, 2005, p. 176.

③ J. R. Martin and P. R. White, *The Language of Evaluation: Appraisal in English*, Basingstoke: Palgrave Macmillan, 2005, pp. 161-207.

④ 参看姚双云《〈话语中的立场表达:主观性、评价与互动〉评介》,《外语教学与研究》2011 年第 1 期。

⑤ J. W. Du Bois, "The stance triangle", In R. Englebretson (eds.), *Stancetaking in Discourse: Subjectivity, Evaluation, Interaction*, Amsterdam/Philadelphia: John Benjamins Publishing Company, 2007, p. 163.

```
              Subject1
                /\
               /  \
         evaluates
         ▼positions
       ◄        \
    aligns       \
    ▼             \  Object
                  /
         evaluates▼
         ▲positions
               \  /
                \/
              Subject2
```

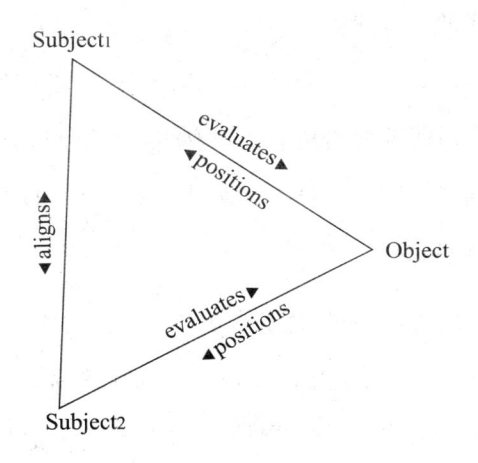

图 6-1 立场三角①

可以看出，立场表达涉及立场主体 1、立场主体 2 和立场客体三个元素。立场行为包括评价（evaluate）、定位（position）和离合（align）三个子行为。既评价了事物（立场客体），也定位了主体（自己和其他人），同时也与其他主体发生了离合（结盟或疏远）关系。"立场三角"理论为我们全面和正确地理解话语立场提供了一个理论分析工具。

我国学者姚双云、罗桂花、高彦梅、陈景元、高佳等对立场研究进行了引进、评述和应用研究。姚双云主要将立场理论应用于自然口语中关联标记的研究，② 罗桂花将立场研究归纳为三种基本类型：语义视角的立场概念和研究模式、功能视角的立场概念和研究模式、互动视角的立场概念和研究模式。③ 高彦梅考察了语篇中的立场框架。④ 陈景元、高佳主要考察了网络热点

---

① J. W. Du Bois, "The stance triangle", In R. Englebretson (eds.), *Stancetaking in Discourse*: *Subjectivity, Evaluation, Interaction*, Amsterdam/Philadelphia: John Benjamins Publishing Company, 2007, p. 163.
② 姚双云：《自然口语中的关联标记研究》，中国社会科学出版社 2012 年版。
③ 罗桂花：《立场概念及其研究模式的发展》，《当代修辞学》2014 年第 1 期。
④ 高彦梅：《语篇语义框架研究》，北京大学出版社 2015 年版。

事件微博文本中立场的动态建构。①

综上所述，我们将立场定义为："说话人或作者在互动中运用评价定位自己及联合或疏远他人时所选取的角度、采取的站位。"这一定义明确了立场是在主体间协商、共同建构的，是言语互动过程中在线生成的产物。

（二）立场的基本特性

Englebretson 认为，"stance"这个术语涉及三个方面：主观性（subjectivity）、评价性（evaluation）和交互性（interaction）。② 高彦梅指出，任何立场都具有四个主要特性：主体性、对话性、主体间性和社会性。③ 我们在此基础上，将立场的基本特性概括为五个：主观性、交互性、评价性、主体间性和社会性。

1. 主观性

立场表达至少涉及两个立场主体选取的角度和站位。在网络热点事件微博文本中，立场主体更为复杂。立场与主观性有密切的联系。"主观性"是"话语实施者（演说者、写作者或说话人）在说话时表达他（或她）自己；话语行为的主观性是语言使用中很简单的自我表达"④。在立场话语中，主观性主要体现在单数第一人称的使用。例如：

（1）Aeolides 咏史官回复@老头子3：嗯，我觉得这个是属于有预谋的恶意袭击，跟打架的性质已经是两样了。（文登事件，2015 – 7 – 25，12：26）

---

① 陈景元、高佳：《网络热点事件微博文本中的立场建构——基于"立场三角"理论的分析》，《新闻爱好者》2016 年第 8 期。

② Robert Englebretson, *Stancetaking in Discourse: Subjectivity, Evaluation, Interaction*, Amsterdam/Philadelphia: John Benjamins Publishing Company, 2007, pp. 139 – 182.

③ 高彦梅：《语篇语义框架研究》，北京大学出版社 2015 年版，第 161 页。

④ J. Lyons, "Subjecthood and subjectivity", in M. Yaguello（eds.）*Subjecthood and subjectivity: Proceeding of the Colloquium*, "The Status of the subject in Linguistic Theory", Paris: Ophrys, 1994, p. 13.

第六章　微博舆论场的立场话语体系

（2）黄金 sama：我觉得就是一帮小屁孩约架，哪来的那么多境外势力，中文多难学啊！（文登事件，2015－8－5，18：12）

（3）90 的分数年代：我认为这纯粹是上纲上线，毛虽是开国领袖，但他依旧是人而不是神，是人就会犯错，尤其身处高位影响也就越大，广电的行为让我第一反应就是感觉"个人崇拜"，我们不否认他功大于过，但天子犯法与庶民同罪，做错事要认，而不是掩饰，"文革"是历史，我们应该引以为戒，而不是为粉饰太平，轻描淡写地一笔带过。（毕福剑视频事件，2015－8－9，23：29）

（4）邱世涛 V：我感觉 5 年有期判轻了，从镜头可以看出，于欢杀人是否和媒体解读的辱母有直接关系很难说，民意感觉这次绑架了法律，赖账的不是善茬，当然，黑社会催款也应通过法律制裁。（辱母杀人案，2017－6－23，17：28）

例（1）、例（2）"我觉得"，例（3）"我认为"，例（4）"我感觉"等立场标记语突出了评价主体身份。

在微博评论中，评价主体是参与评论的微博用户，这也体现了评价的主观性。例如：

（5）RexYueng：没有言论自由真恐怖！（毕福剑视频事件，2015－8－10，16：23）

（6）fengjsha：何止"严重违反政治纪律"，就是"政治思想反动透顶"。党员干部不只要做政治上的"明白人"，而是要做政治方向坚定的人。（毕福剑视频事件，2015－8－11，09：02）

（7）应玖良：应该彻底清除共产党内部的叛徒、堕落、腐败、蜕变的分子！还共产党一个清白！还人民一片晴天！还社会主义一个公平世界！（毕福剑视频事件，2015－8－10，17：37）

例（5）的评价主体是微博用户"RexYueng"，例（6）的评价主体是微博用户"fengjsha"，例（7）的评价主体是微博用户"应玖良"。

因此，每一个立场都具有主观性特性，呈现了说话人或作者的立场和态度。

2. 交互性

苏联著名文艺学家巴赫金的对话性（dialogism）和多声性（heteroglossia）理论，把一切语言使用都看成一种"对话"，是一种人与人之间相互影响的互动行为。巴赫金认为，"语言只能存在于使用者之间的对话交际之中。对话交际才是语言的生命真正所在之处。语言的整个生命，不论是在哪一个运用领域里（日常生活、公事交往、科学、文艺等）无不渗透着对话关系"①。"每一个表述都以言语交际领域的共同点而与其他表述相联系，并充满他人话语的回声和余音"，"每一个表述首先应视为对该领域中此前表述的应答（我们在这里对'应答'一词作最广义的理解）：它或反驳此前的表述，或肯定它，或补充它，或依靠它，或以它为已知的前提，或以某种方式考虑它"②。

法国当代文艺理论家朱莉亚·克利斯蒂娃把多种声音的多声性概念理解为互文性（intertextuality），指出"任何文本都是引语的镶嵌品构成的，任何文本都是对另一文本的吸收和改编"③。这里的"另一文本"，就是可用来指涉历时层面上的前人或后人的文学作品，也可指共时层面上的社会历史文本。

巴赫金的对话理论或克利斯蒂娃的互文性，都可以理解为一种言语互动。Volonov认为，言语互动是语言的一个基本事实，对话可以从一个更广的意义上来理解，既包括面对面的实际言语交际，也包括任何类型交际中的言语表

---

① ［苏］巴赫金：《诗学与访谈》，白春仁等译，河北教育出版社1998年版，第242页。
② ［苏］巴赫金：《文本、对话与人文》，白春仁等译，河北教育出版社1998年版，第177页。
③ Kristeva, J., *The Kristeva Reader*. In T. Moi (ed.), Oxford: Blackwell, 1986, p. 37.

现,其中书面话语也可以被认为是在更高层面上关于思想意识的商谈①。

立场表述就是一种选择性"对话互动"②。对话性、互文性或互动性,我们统一称为交互性。立场具有交互性特性,在微博文本中更为强烈。例如:

(8)大嘴发言人:对她个人来讲,代价确实惨痛,自己被咬伤,老娘被咬死。但是,你们仍然跟动物园较劲,就有点儿说不过去了,毕竟责任在你私自下车呀!不过,既然你们已经提交司法起诉了,就等着法院的判决结果吧![摊手][摊手][摊手](八达岭动物园老虎咬人事件,2017-1-7,09:07)

放儿爸回复@大嘴发言人:动物园的责任也很大的,你可以参考一下管理完善的野生动物园研究一下。(2017-1-7,09:32)

(9)火星人没来过:我真的很质疑她的三观,到底是什么扭曲了她的三观?[摊手][摊手][摊手](八达岭动物园老虎咬人事件,2017-1-7,09:09)

夜晚恐惧症患者:钱。(2017-1-7,11:48)

解毒CHINESE:利欲熏心。(2017-1-7,09:23)

例(8)微博用户"放儿爸"与"大嘴发言人"互动,例(9)微博用户"夜晚恐惧症患者""解毒CHINESE"与"火星人没来过"互动,可以看出,微博交互性很强,表现为微博用户之间无差别的互动。

3. 评价性

评价是"说话人或作者对正在讨论的实体或命题所表达的态度、立场、

---

① Volonov, V. N., *Marxism and the Philosophy of Language*(trans. L. Matjka and I. R. Titunik), London: Routledge, 1995, p.139.

② J. W. Du Bois, "The stance triangle", In R. Englebretson (eds.), *Stancetaking in Discourse: Subjectivity, Evaluation, Interaction*, Amsterdam/Philadelphia: John Benjamins Publishing Company, 2007.

观点或感觉的概括性术语，这种态度可能涉及确定性、义务、优点或任何其他价值"①。Martin & Rose 将评价定义为："语篇中所协商的各种态度、所涉及的情感的强度以及表明价值观和联盟读者的各种方式。"② 立场具有评价性特性，例如：

（10）喃喃呀：如此厚颜无耻不要脸的女人也是第一次见！（王宝强离婚事件，2016 - 8 - 16，11：26）

（11）心旷神怡的围脖：太无耻了！贱货！（王宝强离婚事件，2016 - 8 - 16，13：10）

（12）韩隆龙：法治的胜利！尽管是迟来的。明天，中国将更美好！（聂树斌案，2017 - 3 - 30，17：50）

例（10）"厚颜无耻""不要脸"是对马蓉的负面评价，属于判断态度资源，微博用户对马蓉持负面话语立场。例（11）"无耻""贱货"是对马蓉的负面评价，属于判断态度资源，微博用户对马蓉持负面话语立场。例（12）"胜利"是对法治的正面评价，"美好"是对明天中国的正面评价，属于鉴赏态度资源，微博用户对"法治"和"明天中国"持正面话语立场。

4. 主体间性

Schiffrin 认为立场中的主体间性就建立在交际者对话轮和主体选择等的协商之中。③ Du Bois 认为主体间性是"一个行为者与另一个行为者之间的主体

---

① S. Hunston and G. Thompson, "Evaluation：An introduction", In S. Hunston & G. Thompson (eds), *Evaluation in Text：Authorial Stance and the Construction of Discourse*, Oxford：Oxford University Press, 2000, p. 5.

② J. Martin and D. Rose, *Working with Discourse：Meaning beyond the Clause*, London & New York：Continuum, 2003, p. 23.

③ D. Schiffrin, The Management of a cooperative Self in Argument：the Role of Opinions and Stories, In A. Grimshaw (ed.), *Conflict Talk*, Cambridge：Cambridge University Press, 1990, pp. 241 - 259.

关系"①。Brinck 认为主体间性是"两个或多个主体之间共同分享经验"②。在微博文本中,表现为一个微博用户对另一个微博用户立场的回应。例如:

(13) 骑迹 Leo:居然没有人引咎辞职,出来负责,必须追责。(聂树斌案,2016 - 12 - 3,12:23)

郁垒 001:他们脸比墙厚,不会辞职的。(2016 - 12 - 4,18:06)

(14) 骑迹 Leo:居然没有人引咎辞职,出来负责,必须追责。(聂树斌案,2016 - 12 - 3,12:23)

楚地苕丫:您看到过我国官员有引咎辞职的了?(2016 - 12 - 3,13:20)

骑迹 Leo 回复@楚地苕丫:没有啊,所以必须追责,这比一些小贪小贿还可恶啊。(2016 - 12 - 3,13:24)

上述例子立场主体之间相互磋商,分享经验意识。既反映了立场的对话性,也反映了立场的主体间性。

5. 社会性

Du Bois 认为,立场选择是由语言行为来实现的,语言行为同时也是社会行为,表现为说话人或作者依据所处社团的价值体系来对人物或事物等进行评价。③ 因此,立场具有社会性特性。选择立场,不论是断言或推论,必然会唤起某一层次上的社会评价。例如:

---

① J. W. Du Bois, "The stance triangle", In R. Englebretson (eds.), *Stancetaking in Discourse: Subjectivity, Evaluation, Interaction*, Amsterdam/Philadelphia: John Benjamins Publishing Company, 2007, pp. 137 - 163.

② I. Brinck, "The Role of Intersubjectivity in Intentional Communication", In T. Racine, J. Zlatev, C. Sinha and E. Itkonen (eds.), *The Shared Mind: Perspectives on Intersubjectivity*, Amsterdam: John Benjamins Publishing Company, 2008, pp. 115 - 140.

③ J. W. Du Bois, "The stance triangle", In R. Englebretson (eds.), *Stancetaking in Discourse: Subjectivity, Evaluation, Interaction*, Amsterdam/Philadelphia: John Benjamins Publishing Company, 2007, pp. 137 - 163.

(15) 济南小警：聂树斌案改判无罪，是司法建设的一个进步，但是我们更应该反思的是这其中涉及的司法体制、执法监督、非法干预办案和流程拖沓的问题，难道这期间就没有一个主要办案人员察觉出问题？察觉出来为什么不重新补充侦查？这是一种极不负责任的态度。（聂树斌案，2016－12－3，12：19）

(16) 小熊07xg241：终于洗雪沉冤了，我现在要关心的是那些渎职以及不顾一切阻拦翻案的所谓的执法人员会有怎样的下场！（聂树斌案，2016－12－3，13：28）

二　微博文本中立场的基本类型

Biber 等根据立场所表达的意义不同，将立场分为认识（epistemic）、态度（attitudinal）和风格（style）。[①] 我们将微博舆论场中的立场分为认识立场、义务立场、态度立场和风格立场。

（一）认识立场

认识立场包括说话人对某一命题的确定性、可能性、真实性或局限性的了解及评价，[②] 用于表明知识的来源或命题为真的视角。认识立场表达作者对命题内容及来源的评价，可分为确定型和不确定型。

1. 确定型认识立场

确定型认识立场用高确信的语汇或立场标记表达对事物的肯定性、可靠性、真实性、准确性等的确定。微博跟帖评论中常用"明明""明显""摆明""明摆""肯定""确实""绝对""毫无疑问"等词语表达。例如：

[①] D. Biber, S. Johansson, G. Leech, S. Conrad and E. Finegan, *The Longman Grammar of Spoken and Written English*, London：longman，1999.

[②] 王立非、马会军：《基于语料库的中国学生英语演讲话语立场构块研究》，《外语教学与研究》2009 年第 5 期。

（17）老太太抹口红：明明是约架，被打了还装×，就是这路货色的本质。（文登事件，2015-7-23，01：17）

（18）指缝阳光-遗世流年：为什么明明是医院的事，最后推到百度身上了！！！（魏则西事件，2016-5-3，16：15）

（19）Colin060501042：禽兽不如！希望立案调查！明显是骗捐！而且数额巨大！（罗尔事件，2016-12-5，17：57）

（20）赤色帝国：明显是政府监管不严才造成的混乱经营，助纣为虐！（青岛大虾事件，2015-10-9，16：59）

（21）LCP的微笑：这摆明是白包黑，黑才这么猖狂的，继续追查下去会有更多的黑幕浮出水面的。（辱母杀人案，2017-3-27，09：53）

（22）曦曦爱阳光：这就是明摆的黑社会犯罪、放高利贷、警察渎职、法官枉法！（辱母杀人案，2017-3-27，09：24）

（23）这里只不过是一个很长的昵称而已：肯定在当地有保护伞有人罩，希望连根端！（辱母杀人案，2017-3-27，08：37）

（24）Vivian_小新：百度在这件事情中也确实有错，对网上监管信息的力度不够大。另外百度已经是一个中国很大的搜索网站，为什么不为老百姓提供可靠有价值的信息，为了获利不加强信息的监管，这样你也不配被人赞赏。（魏则西事件，2016-5-4，10：05）

（25）听课记录：确实如此！//@丁国钧：莆田系挖大坑，武警二院扯金字招牌，监管部门保驾护航，百度拉皮条指假路……他们都是罪恶的一部分！！（魏则西事件，2016-5-2，23：18）

（26）耳洞擦点油：这个绝对涉嫌消费欺诈，应该及时报警。（青岛大虾事件，2015-10-5，11：54）

（27）伤麟叹凤_老徐：毫无疑问，医院和相关政府部门的人才是首恶，百度算是大帮凶。百度可恶，其余涉事人员才真该死。（魏则西事

件，2016 – 5 – 3，08：50）

2. 不确定型认识立场

不确定型认识立场用低确信的语汇或立场标记来表达可能性、质疑性等。微博跟帖评论中常用"不一定""可能""也许""或""或者""貌似""似乎""估计""恐怕""说不定""指不定""疑""大概"等词语来表达。例如：

（28）吕辰潜：我觉得警匪勾结倒不一定，懒得挑事，走个过场的可能性比较大。（辱母杀人案，2017 – 4 – 7，04：34）

（29）Piu – X：强权面前没有正义二字，如果不是河北王落马，也许聂的父母有生之年都无法看见翻案那一天。[伤心]（聂树斌案，2016 – 12 – 3，16：48）

（30）鸿景云天：也许只有在中国，百度才可能这样光明正大地不要脸。（魏则西事件，2016 – 5 – 2，23：33）

（31）麦骨朵寿：貌似因为张越被扳倒才翻的案吧！居然不让评论。（聂树斌案，2016 – 12 – 4，00：15）

（32）亦木雨示：估计，审完了，还了清白，老人也就完了……这就是支撑他们活一辈子的扭曲的力量。（聂树斌案，2014 – 12 – 13，11：06）

（33）旧城二小：百度今天在互联网界的地位，是靠政府的保护和扶持才获得的，本身不是多好的一家公司，如果谷歌不被赶出中国，百度这种窝里横的垃圾公司恐怕早就完蛋了！（魏则西事件，2016 – 5 – 3，09：14）

（34）ash木木：天朝人一向忘性大，指不定过了这档子事照样一副什么都没发生过的样子。要不要考虑把谷歌服务器还给放出来。（魏则西

事件，2016 – 5 – 3，19：22）

(35) 头条新闻：#于欢故意伤害案宣判#【于欢持刀与讨债方对峙现场曝光】2016 年 4 月 14 日，民警朱秀明带领两名辅警赶到冠县源大工贸公司现场，执法记录仪记录下了案发过程。于欢称，自己被逼到了办公桌旁边，他大概记得，办公桌报纸下面有一把刀子，于是，他顺势将刀拿了起来，谁离得最近就捅谁……（辱母杀人案，2017 – 6 – 23，14：44）

网络热点事件微博文本中，有许多认识立场标记，比如"我觉得""觉得""个人觉得""我感觉""我认为"等。例如：

(36) 合肥市第九十白起：百度算无良商家。主要责任我觉得还是这个破医院，没医德。医者父母心，就是让别人耗尽家财，然后更加痛苦地去死？（魏则西事件，2016 – 5 – 2，23：59）

(37) 小 Cvivianne3645：个人觉得这件事的结果并不只是单方造成的，一件事的发生一定是多方面的。在问责百度的同时我们是不是也该冷静下来彻查背后的全部责任方？在网上谩骂百度并不是最有效的。受害人已经离世，留给他家人的悲痛我们感同身受，只是觉得大家还是该理智一些。（魏则西事件，2016 – 5 – 3，02：40）

(38) 正弦坐标：百度牵扯魏则西这个事，我认为假如一个人买了个菜刀杀了人，卖菜刀的负主要责任这说不过去。（魏则西事件，2016 – 5 – 3，16：42）

徐晶凝认为"我觉得"除了用来引出说话人的确不太确信的主观看法以外，它的低确信特点更常被说话人利用，以减缓面子威胁，构建交际语境[①]。我们

---

① 徐晶凝：《认识立场标记"我觉得"初探》，《世界汉语教学》2012 年第 2 期。

认为,在微博文本中,"我觉得""觉得""个人觉得""我感觉""我认为"等认识立场标记,表达低确信度不是主要作用,主要是用来凸显和强化个人认识立场。这是对话扩展的语用策略,表达说话人或作者的稳健观点和态度,规避了会话的风险。

言据性也与认识立场有关,决定着确定与否。Chafe 对言据性的描述是:"当人们与他人进行交流时,会使用某种语言手段来表示知识的来源以及对该知识的态度,这一现象即为言据性。"① 张伯江指出了汉语传信表达主要有三种形式:①表示信息来源的形式,多以一些习用的"插入语"来表达,如"据说""听说"等;②表示说话人对事实性的态度,往往是用一些副词来表达。如"显然""准保"等;③表示说话人传达确信的程度,如宣传、解释、断言等,可以用句末语气词表示。② 如"吧"是测度性标记,用于表明不确定性。Willett 认为言据性应仅包含表示知识来源的部分,而不涉及说话人对信息的评判。③ Willett 对直接证据和间接证据进行了区分。直接证据是第一手信息来源,由视觉、听觉或其他感官获得;间接证据是传闻(听说或传说)和推断(结果或推理)。相对来说,直接证据确信度高,间接证据确信度低。权威性的信源确信度高,坊间传闻确信度低。例如:

(39)南方周末:【最高人民法院改判聂树斌无罪】据新华社消息,2016 年 12 月 2 日,最高人民法院第二巡回法庭对原审被告人聂树斌故意杀人、强奸妇女再审案公开宣判,宣告撤销原审判决,改判聂树斌无罪。(聂树斌案,2016 - 12 - 2,10:40)

(40)郝帅富:当初据说是聂树斌的器官和某个大领导相配,所以快

---

① Chafe, W., Evidenlalality in English Conversation and academic Writing. In W. Chafe and J. Nichols (eds.), *Evidentiality: the Linguistic Coding of Epistemology*, Norwood, NJ: Ablex, 1986, p. 262.
② 张伯江:《认识观的语法表现》,《国外语言学》1997 年第 4 期。
③ Thomas Willett, "A cross - Linguistic Survey of the Grammaticization of Evidentiality", *Studies in language*, Vol. 12, No. 1, 1986, p. 56.

速执行死刑。(聂树斌案,2016-12-4,11:28)

(41) 半路出家郭大鹏:据了解案情的朋友所说,聂案未必是冤案,最高院研究好多次了,在没有外来干扰下仍然意见不一。(聂树斌案,2014-12-13,12:01)

例(39)信源"新华社"是权威机构,所以确信度高。例(40)"据说"是传闻,所以确信度低。例(41)"据了解案情的朋友所说",指称明确度比"据说"高,所以确信度也相对高一点。

(二) 义务立场

义务立场由义务情态来表达。Lyons指出,"义务情态关注在道德方面有责任感的施事所执行的社会行为的必要性和可能性"[1]。Palmer将义务情态分为义务可能性和义务必要性。[2] 在微博跟帖评论中,义务立场主要由"要""需要""必须""应""该""应该"等表达必要性。例如:

(42) 全世界找不到的城:绝对要严惩这些黑警,不要再让警队里出现这种毒瘤!!(辱母杀人案,2017-3-28,01:00)

(43) 潮人基多:高利贷,高利息已经是个刻不容缓需要治理的问题……(辱母杀人案,2017-3-27,08:52)

(44) 思爷驾到:这种事必须严查到底!(魏则西事件,2016-5-3,07:44)

(45) 般若大圣:除了要给予国家赔偿,当务之急必须追责当时办案注水的人,以及后续死不悔改的一些没有责任担当的垃圾官员!(聂树斌案,2016-12-3,23:15)

(46) 阿雷SH:百度必须停止医药类广告!停止诈骗人民!(魏则西

---

[1] J. Lyons, Semantics, Cambridge: Cambridge University Press, 1977, p. 823.
[2] F. R. Palmer, *Mood and Modality*, Cambridge: Cambridge University Press, 1981, pp. 58-62.

事件,2016-5-2,23:49)

(47)子夜灰:医院是主犯,百度是从犯,医院应取缔,百度应罚款。(魏则西事件,2016-5-2,23:06)

(48)老徐女士:应严查那些挂羊头卖狗肉的行政部门,严查那些丧尽天良,赚重病患者钱的无德医生,病人家破人亡,你为赚钱良心何在?(魏则西事件,2016-5-3,08:34)

(49)杨小盼的小生活:莆田系,该打击。百度,也该打击,不要只把矛头对准百度。一个负责医死人,一个负责把人送进来。(魏则西事件,2016-5-2,23:50)

(50)影彤拉拽:百度利欲熏心,不择手段的敛财手段该管管了!(魏则西事件,2016-5-1,21:06)

(51)火龙刺天:应该吊销经营资格,移送公安局按诈骗罪、抢劫未遂处理。(青岛大虾事件,2015-10-6,10:57)

(52)番茄:罗尔应该永世被钉在耻辱柱上。(罗尔事件,2016-12-1,13:29)

(53)蓝山咖啡1111:应该把无良商家罚得倾家荡产!才能起到警示作用!(青岛大虾事件,2015-10-9,15:16)

必要性的否定形式,也表达义务立场。例如:

(54)AK-天狼:没必要攻击百度,百度的专业就是互联网的那点事,要攻击就去攻击医院!(魏则西事件,2016-5-3,05:39)

(55)逸点通:这本来就是公检法必须改正的错误,不必感恩戴德歌功颂德。(聂树斌案,2014-12-12,23:43)

(56)孜文妈咪:个人或营利性质的小医院就不该审批,都是为挣钱!(魏则西事件,2016-5-2,23:08)

(57)黑桃J大王:不应该把焦点过度集中在房子上,应该问问他怎么想的,这是人的问题,是社会的问题。(罗尔事件,2016-11-30,14:22)

义务立场的表达,降低了不同声音的可协商性,在一定程度上封闭了话语的空间。

(三)态度立场

态度立场指说话人对某一命题或实体所表现出来的情感、判断或鉴赏。微博作者对立场客体的态度可以用直接评价语汇显性表达,也可以用间接评价语汇隐性表达。例如:

(58)汤大条:所谓的医德就是挂着羊头卖狗肉吗?!!!看到这里真的很愤怒!(魏则西事件,2016-5-2,11:24)

(59)陈田叶:太寒心了,不想再看关于这些新闻了,包括虐童案,没权没势的人活该你受苦受难。(辱母杀人案,2017-3-26,15:09)

(60)evolvemunger:这种事情欲哭无泪。痛……(聂树斌案,2017-3-30,17:32)

(61)冷掉的小笼包00:一个家庭,就这样被毁掉了。真的让人唏嘘,聂被枪决前对这个世界该有多么绝望,聂的妈妈这些年遭受了多少白眼和威胁,心疼!而一手造成这场悲剧的人却让整个政府来背锅!可悲!(聂树斌案,2016-12-3,22:50)

(62)庸俗的过客:一声叹息!(聂树斌案,2016-12-3,22:54)

(63)小仙女WL:我为于欢而骄傲。(辱母杀人案,2017-3-26,13:31)

(64)甲午十六:听说呼格吉勒图的父母这么多年一直就没停止过上访申诉,现在终于等来了好消息,为他们高兴。(聂树斌案,2014-12-

29，09：06）

（65）茱洛：@点进来会怀孕的：官商勾结，警匪勾结，有钱等于有权，受苦的永远是百姓。（辱母杀人案，2017-3-26，12：39）

（66）寝王27：警察渎职了。检察院渎职。法院也渎职。（辱母杀人案，2017-3-26，13：34）

（67）曾氏＿：中国法制严重不健全，死刑真的可以再思考。（聂树斌案，2016-12-4，11：04）

例（58）"愤怒"，是消极情感评价。例（59）"寒心"，是消极情感评价。例（60）"欲哭无泪""痛"，是消极情感评价。例（61）"让人唏嘘""绝望""心疼""可悲"等，是消极情感评价。例（62）"一声叹息"，是消极情感评价。例（63）"骄傲"，是积极情感评价。例（64）"高兴"，是积极情感评价。例（65）"勾结"是负面判断评价。例（66）"渎职"，是对立场客体"警察""检察院"和"法院"的负面判断评价。例（67）"不健全"，是对立场客体"中国法制"的负面鉴赏评价。

网络热点事件的微博舆论场，以消极情感评价、负面判断评价和负面鉴赏评价居多。

（四）风格立场

风格立场指说话人对交际本身所作出的评价。微博跟帖评论中常见的风格立场标记有"中立地讲""恕我直言""说实话""弱弱地说""客观地说""在一定程度上来说"等。例如：

（68）屈服吧-凡人：中立地讲，在法庭上，无论是被告还是受害者所说的，都是一面之词，法院可能都不会采信。而且各种版本的高利贷收债我都听说或者见过，掏生殖器吓人的这是第一次……如果被告所说属实，于情于理都是要出手的，但法律是冰冷的，生命权最大，尊严啥

的只能让路。最后说一句,千万别借高利贷!(辱母杀人案,2017-3-25,23:55)

(69)浮华落尽依旧是你:恕我直言:这个判决是把鸡鸡蹭到了人民脸上[摊手][摊手][摊手](辱母杀人案,2017-3-26,13:33)

(70)朱燕Alice:恕我直言:换位思考,假如你就是他,你就在现场,难道不反抗,继续被侮辱至死?放过肯定是不可能的!(辱母杀人案,2017-3-28,16:31)

(71)梁蓉123321:说实话谁敢这么羞辱我家人我也会做出相同的事情,法律让我们心寒。(辱母杀人案,2017-4-4,10:53)

(72)Z张家少爷G:说实话网友们最关心的根本不是补偿多少钱,而是对当年的办案人员怎么处理?(聂树斌案,2017-3-31,02:43)

(73)bobsss:说实话,太慢了,可以有千万个理由解释为什么这么慢,但我觉得对这个事故的处理方式本质上和动车事故是一样的,有记性的人会明白我的意思。(天津滨海爆炸事件,2015-9-2,02:10)

(74)恐怖的弟弟Mumbo-Jumbo:说实话,这事全怪百度根本就是无知和跟风。1.百度不可能去验证每个病症关键词或者产品关键词是否有效,谷歌也不可能。2.成年人有自己的辨别能力,搜索到的关键词广告点进去是医院的网站而不是百度的。到这里患者相信的是医院而不是百度。3.如你是百度,本地大医院找你推广,手续齐全,你会不推?(魏则西事件,2016-5-3,08:40)

(75)小小小小:说实话,这个事情跟北京那个不一样,动物园反应太慢了!看视频,这个人其实可以救得回来的,动物园的应急措施太烂了!这是条人命啊,为什么一堆人来评论里面玩段子!(宁波动物园老虎咬人事件,2017-1-29,17:17)

(76)姜晓祁:我瞎说一句实话,代表个人观点。警察不管,为什

么？因为它们和黑社会放高利贷蛇鼠一窝。@人民日报（辱母杀人案，2017-3-26，14：04）

（77）夏练卸砖冬练打灰：弱弱地说一句，得了绝症，不治身亡。死亡的责任从何谈起？这个病是绝症啊，并不是说不在那里可以治好的。这个责任应该改成，寻医之路被误导，被骗了救命钱的责任。死亡的主要因素是绝症。（魏则西事件，2016-5-2，11：17）

（78）甲午十六：客观点说，谁都有可能犯错误，公检法也不例外。关键是犯了错误得改，得下不为例。（聂树斌案，2014-12-29，09：07）

（79）行者巴音：客观说魏则西也有责任，晚期癌症治愈率本来就很低，所以选择治疗方法更要慎重，不能轻听轻信，给各位敲响警钟，必须立法禁止医院夸大治疗效果。（魏则西事件，2016-5-2，07：19）

（80）意念吃鱼千百遍：于欢母亲也是黑料子一大堆，但媒体刻意引导，夸大了部分内容，激起民愤，最后法律也成了摆设……客观来说，无期太重，5年过轻。（辱母杀人案，2017-6-23，18：14）

在微博舆论场中，以态度立场类型居多，认知立场、义务立场次之，风格立场较少。

三　微博舆论场中立场动态建构

一切文本都是互文文本，微博文本更是如此。微博文本的显著特点是文本之中又含文本，文本内外存在互文关联，呈现出一种链状套叠结构。其互动模式既有微博用户与官方微博之间的互动、意见领袖与意见领袖之间的互动、普通用户与意见领袖之间的互动、普通用户与普通用户之间的互动，也有微博文本与超链接文本的互动。微博用户反复对话与交流、加工编辑和回帖，形成角色转换，互为作者和读者。有时，一条微博通过网民阅读、编辑、改写、重组、评判或仿写、复制、转发，连原创作者都无法辨认。

我们根据微博互动的话轮对,将动态建构的立场分为一致性立场、分歧型立场和中立化立场三种类型。

(一) 一致性立场、分歧型立场和中立化立场

1. 一致性立场

所谓一致性话语立场,指乙站在甲的立场上,从甲的视角围绕网络热点事件的相关议题进行评价和定位,达到乙与甲立场趋同。例如:

(81) 菊一文字则宗回复@杭州草民之音:我也认为嫖娼党纪处理就可以,不必上纲上线。(毕福剑视频事件,2015-8-5,16:45)

(82) 西方失败二世回复@御前五品带砖侍卫: 👍 (文登事件,2015-7-24,18:59)

(83) 伤麟叹凤_ 老徐:毫无疑问,医院和相关政府部门的人才是首恶,百度算是大帮凶。百度可恶,其余涉事人员才真该死。(魏则西事件,2016-5-3,08:50)

Peter回复@伤麟叹凤_ 老徐:赞同!有根源的!(2016-5-3,08:53)

(84) 俊康俊康:那些所谓医院和所谓监管屁事没有是吧?不敢动他们是吧?抓个百度惩罚一下做做样子是吧?然后一切照旧是吧?哈哈好啊,真是太好了!(魏则西事件,2016-5-3,10:26)

小江7号丸子回复@俊康俊康:是的,因为部队医院是中央军委后勤部管的,老百姓只能忍气吞声。(2016-5-3,10:36)

例(81)"我也认为"表类同,立场主体"菊一文字则宗"与立场主体"杭州草民之音"形成正同盟关系,共同建构了一致性立场。例(82)用表情符号👍表示赞同,"西方失败二世"与"御前五品带砖侍卫"形成正同盟

关系，共同建构了一致性立场。例（83）用动词"赞同"表达共享观点，立场主体"Peter"与立场主体"伤麟叹凤_老徐"形成正同盟关系，共同建构了一致性立场。例（84）用词语"是的"表达共享观点，立场主体"小江7号丸子"与立场主体"俊康俊康"形成正同盟关系，共同建构了一致性立场。

2. 分歧型立场

所谓分歧型立场，即微博用户之间对事件相关议题所持的观点态度不同或截然相反。分歧型立场又分为完全分歧型立场和部分分歧型立场。完全分歧型立场是不同立场主体之间观点看法没有交集。部分分歧型立场是不同立场主体之间观点看法有相同之处，也有不同之处。这是由于双方对同一立场客体的评价不同，从而彼此疏远，共同建构分歧型话语立场。①

完全分歧型立场，例如：

(85) 秋央央：百度只是一个搜索引擎，惩罚它不是重点，重点还是医院，这个医院要是不整改，以后它也能在其他网络或者电视报纸做广告欺骗其他人，希望严惩莆田系的医院。（魏则西事件，2016-5-3，08：20）

柯柯闪亮回复@秋央央：你错了，置顶靠前的搜索结果是"百度推广"的服务，只要交钱给百度，它就会帮你安排在顶部。（2016-5-3，08：40）

(86) 言言言KB：卖淫的不抓，抓了个租房给卖淫的？（魏则西事件，2016-5-3，08：30）

黑土雨回复@言言言KB：不对哦。医院已经歇业整顿了。而百度却还在正常运营。（2016-5-3，08：32）

---

① 陈景元、高佳：《网络热点事件微博文本中的立场建构——基于"立场三角"理论的分析》，《新闻爱好者》2016年第8期。

(87) 那碾那屠那血尸：侯聚森作为山东政治学院网络志愿者平时在网上谩骂喷粪树敌众多，喷了哪位小民警遭到打击报复也不一定，中国警察这么多，从何查起？文登警方办案公正客观，令人信服。某些唯恐天下不乱的喷子，不要在这里撒泼打滚。支持点赞！（2015-7-24，18:29）

米线：×××的，小侯带着凶器威胁过谁了吗？（文登事件，2015-7-24，18:45）

例（85）立场主体"柯柯闪亮"用评价词语"错"，与立场主体"秋央央"形成负同盟关系，共同建构了完全分歧型立场。例（86）立场主体"黑土雨"用评价语汇"不对"，与立场主体"言言言KB"形成负同盟关系，共同建构完全分歧型立场。例（87）立场主体"米线"用詈骂语"×××的"和疑问句"小侯带着凶器威胁过谁了吗？"与立场主体"那碾那屠那血尸"形成负同盟关系，共同建构完全分歧型立场。

部分分歧型立场，例如：

(88) 头条新闻：#热点#【被虎咬女子：下车有错 我的代价还不够么】八达岭被老虎咬女子称曾遭医院保安大骂：没咬死你真可惜。赵菁说，并不否认她有过错，这个过错带走了挚爱她的母亲，这是她需要背负一生的沉痛。"我们也……付出了相应的代价，难道这些还不够吗？"（八达岭动物园老虎咬人事件，2017-1-7，09:06）

汪咏军：她确实付出了代价，但那是咎由自取，就像肇事司机，难道因为自己也受伤了就可以免责？她付出的这个代价与被她影响和伤害的单位、个人以及社会公序良俗没半毛钱关系！对那些因她而受连累的单位和个人，她有过一句真诚的道歉吗？不但没有，甚至还想把主要责任推给人家，如此行为还想得到尊重，岂不可笑！（2017-1-

7，09：45）

大嘴发言人：对她个人来讲，代价确实惨痛，自己被咬伤，老娘被咬死。但是，你们仍然跟动物园较劲，就有点儿说不过去了，毕竟责任在你私自下车呀～～～不过，既然你们已经提交司法起诉了，就等着法院的判决结果吧［摊手］［摊手］［摊手］（2017-1-7，09：07）

例（88）立场主体"汪咏军"首先用副词"确实"与立场主体"赵菁"建构一致性立场，然后用转折词"但"与之建构分歧型立场。立场主体"大嘴发言人"也首先用副词"确实"与立场主体"赵菁"建构一致性立场，然后用转折词"但是"与之共同建构分歧型立场。所以，"汪咏军"和"大嘴发言人"的微博跟帖评论都是与"赵菁"建构了部分分歧型立场。部分分歧型立场，既有正同盟关系，也有负同盟关系。

3. 中立化立场

所谓中立化立场，即立场主体对相关议题不选边，不站队，不发表评价。例如：

（89）荷青 Hermione：我保持沉默［蜡烛］［蜡烛］［蜡烛］（姚贝娜事件，2015-1-17，21：43）

（90）Loveever：只看，不转，不赞……（毕福剑视频事件，2015-8-10，15：33）

（91）shumixc：无所谓啊，反正也不看央视。（毕福剑视频事件，2015-4-8，14：05）

例（89）"荷青 Hermione"、例（90）"Loveever"与相关微博用户互动中不发表看法和观点，共同构建了中立化立场。例（91）"shumixc"与相关微博用户互动，对央视处罚毕福剑不支持也不反对，共同建构了中立化立场。

中立化立场的立场主体之间既不形成正同盟关系,也不形成负同盟关系。

(二) 微博舆论场中立场的实现手段

微博文本中立场的实现手段灵活多样,有词汇手段,也有语法手段,还有符号等副语言手段。下面我们展开详细的论述。

1. 一致性立场的实现手段

(1) 转发和点赞

微博具有转发和点赞的功能设置。转发有一键行为的转发、复制粘贴转发和改编转发等多种手段。一致性话语立场的语言相似度非常高,具体表现为话语雷同或重复、语序和语气一致等。重复能反映微博网友之间的共鸣,增加共识。① 例如:

(92) 头条新闻:#视野#【聂树斌母亲在儿子坟前深情告慰:妈妈做到了】在聂树斌案改判后,今天聂树斌父母带着亲戚 10 余人,为聂树斌墓上坟。聂树斌亲人宣读了法院最新判决书,然后焚烧。聂父表示,这是他 21 年来首次为聂树斌上坟。聂母在坟前深情告慰说:"妈妈做到了,21 年的苦跟累没有白费。"(聂树斌案,2016 - 12 - 3,12:12)

针对头条新闻的微博,一键行为的转发数达 3009 次。转发微博,如:

(93) 快乐的小九和栋宝:转发微博(聂树斌案,2017 - 4 - 1,06:39)

(94) 寒往暑来又一载:转发微博(聂树斌案,2017 - 3 - 31,13:21)

(95) 潼菲后主://@浪娘半老:转发微博(聂树斌案,2017 - 4 - 1,

---

① 陈景元、刘银姣:《微博文本中"曼德拉逝世"相关话题的互文性解读》,《吉首大学学报》2014 年第 3 期;陈景元、高佳:《网络热点事件微博文本中的立场建构——基于"立场三角"理论的分析》,《新闻爱好者》2016 年第 8 期。

10:16)

(96) 用户放眼看世界：//@爱妻绿：//@浪娘半老：转发微博（聂树斌案，2017-4-9，09:24）

例（93）、例（94）直接转发微博，例（95）、例（96）链状套叠转发微博。这些微博作者不发表评论，属于一键行为的转发。转发也表达一种态度，是构建一致性话语立场的表达手段。

此外还有复制粘贴和改编的转发，大多数是复制粘贴部分词语，或者对原文本有关内容进行改编，作者可以有所阐发，有的还有原文链接。我们认为，转发可以看成一种模仿或改写，可以引起情感的共鸣。转发可以看成原创微博作者的声音被忠实地复制。①

例（92）新浪头条新闻微博，点赞数为 8048 个。点赞是一种快速表明观点和立场的方式，它宣告了表达者的立场和归属的群体。点赞数越多，说明观点认同度高，同盟越多。点赞也是建构一致性立场的表达手段。

(2) 使用认同标记

认同标记是实现立场共建最常用的语法手段，在互动中与他人建构一致性立场。常见的认同标记有"是啊""是的""就是""对""没错""嗯"等，例如：

(97) 开心就好阳阳阳：讲真我觉得百度的锅不是最大的，难道没有人觉得莆田系医院更可怕吗？（魏则西事件，2016-5-3，10:23）

后知1985 回复@开心就好阳阳阳：是啊，现在舆论有点移花接木的意味，全部把矛头导向百度，或许莆田系更根深蒂固吧。谋财害命也能

---

① 陈景元、高佳：《网络热点事件微博文本中的立场建构——基于"立场三角"理论的分析》，《新闻爱好者》2016 年第 8 期。

稳如泰山。(2016-5-3, 10:29)

(98) Z-b小子：我是一个打工者，我要踏踏实实的挣钱养家。百度亏损没我事，苹果股价大跌没我事，习~~打击贪官，缴获赃款没我事，谁成中国首富没我事，马云任何言论没我事。因为太远，有心无力，干脆不闻不问，才会一身平静。我只是个凡人，你们也是一样。(魏则西事件, 2016-5-4, 22:50)

我头上有鸡脚zgq回复@红唇7624：是的，都没我们啥事，我们每天那么辛苦只是想活下去，有条件了才想有质量的活下去。(2016-5-5, 08:25)

(99) H沁芸：建议以后都叫"罗尔事件"，孩子多无辜躺在病房，什么都不知道给她无良父母背这么大一锅。(罗尔事件, 2016-12-4, 07:57)

薇薇安打小怪兽回复@H沁芸：就是，本来是他爹不要脸，结果孩子遗臭万年了。[抱抱]（罗尔事件, 2016-12-4, 14:49）

(100) 心情的月光：在这个医疗广告泛滥的今天，"百度"只是其中的一个缩影，每天我们在电视报纸都能看到众多的医疗广告，可是其中有多少真实有效的呢？在追求利益最大化的今天，谁给的钱多就给谁做广告，又有谁在乎其中的真伪，害的是那些饱受疾病折磨的百姓，试问我们的监管何在？企业的良心何在？(魏则西事件, 2016-5-3, 00:32)

武宁看客回复@心情的月光：就是，在电视里那么多医疗虚假广告，谁管过？现在的状况是，不死人或不曝光，就没部门去追责！(2016-5-3, 00:54)

(101) 薛福康的微博：郭美美之流把红十字会的募捐工作搞得很被动，而罗某这样的人正在把大众的慈善之心泼凉。此类"社会玩家"拥房数套，车数辆，不正面回馈社会，却反过来"玩弄"社会。罗某此番募得数百万元,躲进小楼自鸣得意。可是以后真正困难的人需要社会帮助时,也许就募不到急需的钱了。罗某之恶,害莫大焉。(罗尔事件,2016-11-30,15:45)

欧阳竹子a回复@薛福康的微博:对。这是无情的诈骗,带血的营销。(2016-11-30,16:45)

(102)缘于稀饭:毛毛雨,让我们看看百度的同行谷歌卖了一次假药后得到了什么惩罚吧。2011年,谷歌因为为非法在线药房做广告,向美国政府支付了高达5亿美元的罚金。[嘻嘻](魏则西事件,2016-5-3,08:17)

摄影大师未遂duang回复@缘于稀饭:没错,就是罚得不够,出一次事直接给罚破产,这种事情至少少一半。(2016-5-3 14:47)

(103)木池池回复@农民发声:百度是骗子的托儿,应该算同犯。(魏则西事件,2016-5-3,12:54)

农民微报回复@木池池:嗯[怒](2016-5-3,13:20)

以上七例,微博用户使用认同标记"是啊""是的""就是""没错""嗯"等与互动微博用户建构了一致性立场。

(3)使用表同意的动词

表同意的动词,如"赞成""同意""支持""顶"等,也能表达与他人的一致性立场。例如:

(104)风自在81:已完。你也配姓赵?从今天开始,反对警方在任何情况任何条件下使用任何暴力,支持立法让公民持有枪械。(文登事件,2015-7-24,18:23)

修道苦至回复@风自在81:赞成。从此之后反对警察在任何情况下使用暴力,因为警察自己泄露老百姓的信息帮助军人子弟打架没人管。

(2015-7-24,18:25)

（105）柳忠忱09182：赞成孙先生的说法。//@清华孙立平：如果要质疑警方的处理结果，请在法律的意义上质疑。原来我也曾质疑和讨论过徐纯合事件，但我严守一点，我只讨论导致这个悲剧的背景因素和逻辑，对警察的作为和处理，未置一词。因为我没有这方面的专业知识。用政治因素施加影响，甚至威胁谩骂，与法治是背道而驰的。（文登事件，2015-7-26,18:32）

（106）北方汉子的邮局：也许有一天，我们再也不会受骗了，但是真正需要帮助的人，通路也会被堵塞，骗子的可恨并不是骗了多少钱，而是让这个世界的善意又少了一点。（罗尔事件，2016-11-30,15:31）

PHMG2014回复@北方汉子的邮局：同意！就像医闹，其实毁的不只是医生，还有很多很多真的遇到不公平医疗责任事件的病人。（2016-11-30,15:40）

（107）chenfang：给警方点赞，处理得很公平，不偏不倚，就是一帮年轻人火气大一言不合就约架，搞得跟爱国青年受迫害似的。（文登事件，2015-7-24,23:41）

怪盗阙德回复@chenfang：同意。（2015-7-24,23:42）

（108）Dr_1st：百度确实有责任，可最大的责任在医院啊，而且本来就是癌症晚期，治好的可能性极小。为什么矛头全指向百度呢？（魏则西事件，2016-5-3,08:26）

小糖粿回复@Dr_1st：支持你观点！相对而言，百度的罪恶是最轻的！莆田系是凶手，武警二院是帮凶！！（2016-5-3,09:21）

（109）08-20登录：如果能够借由姑娘的离世挖出深圳红会与医院医生以及媒体相互勾结买卖角膜以及背后更大的事情，姑娘功德无量。但，如果没这打算，或者目前你能量不够做这件功德的话，就放

姑娘早登极乐吧。(姚贝娜事件,2015-1-18,18:06)

lady_ xipi 回复@08-20登录:顶!支持。(2015-1-18,18:56)

以上六例,微博用户用了"赞成""同意""支持""顶"等动词与互动微博用户建构了一致性立场。

(4)对微博文本进行正面评价

立场主体对另一立场主体的微博或跟帖评论进行正面评价,也能表达与另一立场主体一致的立场。例如:

(110)五斗米1967://@北京厨子新号:说得好//@李铁军:应该感谢这样一群人,即便是在邪恶势力掌控一省政法系统,足以抵挡和对抗最高司法机构的情况下,他们依然义无反顾、不屈不挠去追求正义和公正。正是因为这群人的存在,中国社会才能够走向兴旺和光明,尽管是那样的步履蹒跚。(聂树斌案,2016-12-4,18:15)

(111)钱小琳HRD:罗一笑事情本质是孩子确实得病了,如果你愿意帮助孩子或者通过打赏给予孩子和他的家长鼓励,那就去做!而对于接受这份帮助的人,他如何去做,那是他的修为,和你无关……做了你觉得应该做的事就够了[愉快](罗尔事件,2017-12-3,11:03)

德熙雍措回复@钱小琳HRD:楼主说得非常好!既然是自愿捐助别人。帮了别人就不要再说三道四,否则帮助就失去意义。中国有句俗话"谁家门前挂无事牌"。求人是因为需要帮助,况且人都有求人时。(2016-12-3,14:48)

(112)活到中年://@书香满心://@打奥特曼de小怪兽:分析到位!//@斯图卡98:强烈推荐!!! //@平民王小石:【强文推荐】这是文登案以来最有深度和洞察力的分析文章。对于文登案出现的舆情疑点进行了透彻入微的剖析解读,读完便知为何爱国网民揪住此案紧追不放。

因为，正义缺失，如河堤蚁穴，不整修将溃之千里。(文登事件，2015 - 8 - 9，23：54)

(113) Hosesn：百度其实也挺冤的，它顶多就是一个赤裸裸的媒婆，竞价排名，而说到底还是大众对百度太过依赖信任，媒婆介绍彼此认识，你们婚后生活不尽人意就回去怪罪媒婆，这不可笑么？……这也折射出了大众普遍缺乏基本判断能力。(魏则西事件，2016 - 5 - 3，08：26)

本大爷大妈：难得，分析透彻啊！[doge] (2016 - 5 - 3，08：31)

(114) 老辣陈香：【推荐［话筒］转发】//@蒹葭苍苍：深度分析！［话筒］(文登事件，2015 - 8 - 9，20：39)

(115) 好旧好旧：十六年前，中国和美国两个搜索引擎公司几乎同时起步。十五年后，一个在研究量子计算机的可行性和自动驾驶，并研发了阿尔法狗这样的超级人工智能；另一个则在奋发研究卖广告、贩假药、玩流量、送快餐。它们的名字：一个叫谷歌，另一个叫百度。一个在挑战人类智力的上限，另一个在挑战人类道德的下限。(魏则西事件，2016 - 5 - 22，22：20)

某小谢回复@好旧好旧好旧：这段话写得太有水平！(2016 - 5 - 7，00：03)

上六例，微博用户用了"说得好""说得非常好""分析到位""分析透彻""深度分析""写得太有水平"等正面评价表达了与前一微博用户的一致性立场。

(5) 重复语汇或语气

Du Bois 指出："重复是实现语言一致的一个中心因素；说话者频繁地使用它们合作者用过的语言因素，使双方的发言建立起密切的关系。"[①]

---

① J. W. Du Bois, *Representing Discourse*, University of California, Santa Barbara, 2006.

因此，重复语汇也是一种表达一致性立场的话语手段。例如：

（116）番茄蛋杀手：其实不是百度的问题，也不是莆田的问题，而是监管的问题。（魏则西事件，2016-5-3，08：18）

复方上清回复@番茄蛋杀手：最关键的是监管问题，政府的问题。不能全部让百度背锅！（2016-5-3，08：36）

（117）东良非栋梁：百度确实有些过分，但像这样轮番攻击肯定是有人打暗枪。看看事情过后哪些人受益，枪手肯定在其中。（魏则西事件，2016-5-3，10：04）

东良非栋梁回复@东良非栋梁：百度确实有些过分，但最近这样的轮番攻击，肯定是有人在使暗箭。是zf为了转移视线？还是谷歌、搜狗、360们在打击竞争对手？貌似最近搜狗的广告宣传来得很猛。（2016-5-3，10：11）

（118）东方头条：相信司法公正！（辱母杀人案，2017-6-23，14：45）

最惜空枝回复@东方头条：希望更多的人可以得到公平公正！（2017-6-23，14：46）

（119）我要长膘："不同言论"具体是哪些不同言论？对于违宪的言论，文登警方如何处理？《国家安全法》在文登无法实现吗？公民信息从警方内网泄露，泄密责任人处罚情况出来没有？难道又是一起糊涂官判糊涂案？！请正面回答一个中华人民共和国公民的提问！（文登事件，2015-7-24 18：44）

松井上总介珠理奈回复@我要长膘：同问。（2015-7-24，18：45）

（120）枫向阳：同问！//@祝忠良2013：//@西楚冰爵：同问。//@蕙葭苍苍：最右这个问题，博主怎么解释？//@王小东：//@瑞祥的欧根亲王：《刑法》第二百五十三条之一第一款的罪名"非法提供公民个人信息"和《中华人民共和国人民警察法》第三十六条规定"非法持有警械"。对于本案这两条怎么解释呢？（文登事件，2015－7－24，19：25）

（121）peikayChan：已经把所有百度搜索页与引擎删除，网络毒瘤。（魏则西事件，2016－5－3，08：18）

你好我叫余生请多指教回复@peikayChan：同删。（2016－5－3，16：59）

上六例，微博用户重复了前一微博用户的部分语汇，重复的内容与立场主体产生共鸣，从而建构了一致性立场。

（6）使用褒贬色彩相同的语汇

如果某一立场主体的微博文本对立场客体的评价使用了褒义语汇，则与之互动的另一立场主体的微博文本对立场客体的评价也必须使用褒义语汇。如果某一立场主体的微博文本对立场客体的评价使用了贬义语汇，则另一立场主体的微博文本对立场客体的评价也必须使用贬义语汇。只有同褒同贬，才能保持立场声音的一致性，共同建构起一致性立场。① 例如：

（122）于是吾曰：文登警方好样的，顶住压力，实事求是，结论公正，客观，严谨！处理得当，稳定了社会民心，点赞支持！（文登事件，2015－7－24，18：21）

唐伯虎点蚊香socool：好，公平公正！（2015－7－24，18：30）

111wwwvnm：秉公执法，不受莫名的政治势力干扰，必须要赞［good］（2015－7－24，18：32）

---

① 陈景元、高佳：《网络热点事件微博文本中的立场建构——基于"立场三角"理论的分析》，《新闻爱好者》2016年第8期。

例（122）微博跟帖评论都使用了褒义语汇，都正面评价文登警方，共同建构了一致性立场。

(7) 对一致性立场的支持

已知立场主体乙与立场主体甲持一致性立场，立场主体丙对立场主体乙的观点言论进行支持，从而间接地与立场主体甲取得了一致性。这样，立场主体丙与立场主体甲之间建构了一致性立场。① 例如：

(123) 三浦小哥：我觉得属于正当防卫。（辱母杀人案，2017-6-23，07：36）

Thatyearscenery：@三浦小哥：正当防卫是必须的。（2017-6-23，07：38）

蜀黎我爱你：@Thatyearscenery：正当防卫，希望法律公正一点，人道一点。（2017-6-23，07：58）

例（123）"Thatyearscenery"与"三浦小哥"建构了一致性立场，"蜀黎我爱你"与"Thatyearscenery"构建了一致性立场。这样，"蜀黎我爱你"与"三浦小哥"也建构了一致性立场。

(8) 使用积极意义的表情符号

微博文本中表情符号有上千种，表达丰富多彩的情感意义。有的表情符号倾向于正面情感评价，有的表情符号倾向于负面情感评价。每个表情符号都有一个对应的情感意义，可以用 [ ] 加以标注。如👍对应的情感意义是 [赞]，👍对应的情感意义是 [good]，这些都是正面情感评价。积极意义的表情符号可以表达一致性立场。例如：

---

① 陈景元、高佳：《网络热点事件微博文本中的立场建构——基于"立场三角"理论的分析》，《新闻爱好者》2016 年第 8 期。

（124）古树新枝：支持依法治国，给文登警方点赞👍（文登事件，2015-7-24，19∶22）

施兵-回复@古树新枝：以事实为根据，以法律为准绳，文登警方好样的👍（2015-7-24，19∶26）

例（124）"古树新枝"用表情符号［赞］，与文登警方在线建构了一致性立场。"施兵-"用微博表情符号［good］，与"古树新枝"建构了一致性立场。

2. 分歧型立场的实现手段

立场分离即立场趋异或对立。即某一立场主体不是顺着另一立场主体文本的轨迹行进，而是发生了偏离。这是由于双方对同一立场客体的评价/定位不同，从而彼此疏远对方，共同建构了分歧型话语立场。分歧型话语立场可以是部分分歧，也可以是完全分歧。

根据我们对微博文本语料的考察，发现分歧型话语立场的实现手段主要有以下几种。

（1）否定、疑问、反诘

吕叔湘指出，"反诘实在是一种否定的方式，反诘问句里没有否定词，这句话的用意就在否定"[1]。邵敬敏、赵秀凤认为，怀疑因素稍微加强一点就很自然转化为否定，而否定因素稍微减弱一点就很自然地转化为怀疑，两者可以说是息息相通的。[2] 邵敬敏指出反问句在语用上常显示说话人内心的愤怒、埋怨、沮丧、讽刺、鄙视、厌恶、斥责、反驳等不满情绪。[3] 沈家煊明确提出

---

[1] 吕叔湘：《中国文法要略》，商务印书馆1942年版，第20页。
[2] 邵敬敏、赵秀凤：《"什么"非疑问用法研究》，《语言教学与研究》1989年第1期。
[3] 邵敬敏：《现代汉语疑问句研究》，华东师范大学出版社1996年版，第229—247页。

了"疑问跟否定是相通的"①。张晓涛论证了特指问、是非问、选择问等疑问句与否定的相通性。② 陈景元、刘银姣指出，质疑、反诘与否定一样，本质上是相通的，都是建构分歧型话语立场的表达手段。③ 例如：

（125）archors：为什么不去查查政府呢，还是因为官位太高没人敢动。[doge]（魏则西事件，2016-5-6，07：30）

愚人_ 刘先生回复@archors：高不一定高，但是密，利益链条捆绑了无数人，所有人都在里面受益，除了群众。（2016-5-6，10：55）

（126）mmm1969：有些话心知肚明不要说出来，何况没有毛能有今天的中国？言论自由也不是这样自由的，别忘恩负义了。（毕福剑视频事件，2015-5-12，15：13）

一头累不死牛_ 690回复@李婕_ Mmmanson：话不能这么说，难道没有爱迪生就不会有电灯了，可能迟点还会有别人发明出来……（2015-5-12，15：21）

（127）头条新闻：#宁波动物园老虎咬死人#【亲属称动物园不能给别人翻进去的机会】死者家属称，再怎么说，（死者）就算是从后面翻进去的，那也是动物园管理不当，不能给别人翻进去的机会，那别人就不会从那里翻了。你（动物园）既然有漏洞，别人肯定会想着（逃票），动物园也应有一定责任。（宁波动物园老虎咬人事件，2017-1-30，17：24）

H雨后天晴：动物园没有责任，不遵守规则还有理了，那些跳江跳海的国家赔偿过吗？（2017-1-31，08：46）

---

① 沈家煊：《不对称和标记论》，江西教育出版社1999年版，第45—105页。
② 张晓涛：《疑问和否定的相通性及构式整合研究》，中国社会科学出版社2011年版，第24—131页。
③ 陈景元、刘银姣：《微博文本中"曼德拉逝世"相关话题的互文性解读》，《吉首大学学报》2014年第3期。

信长e野望：大过年的把自己当武松了，动物园有啥责任？（2017 - 1 - 30，17：24）

（128）月光下的胡萝卜：你们到底哪个畜生泄露公民信息给了暴徒?！打架的人拘留，那泄露公民信息的人该如何处理?！（文登事件，2015 - 7 - 24 13：51）

我只是来逛一逛回复@月光下的胡萝卜：约架用泄露信息？（2015 - 7 - 24，18：22）

（129）秋央央：百度只是一个搜索引擎，惩罚它不是重点，重点还是医院，这个医院要是不整改，以后它也能在其他网络或者电视报纸做广告欺骗其他人，希望严惩莆田系的医院。（魏则西事件，2016 - 5 - 3，08：20）

YJH辉回复@秋央央：你们是百度请来的水军吧？什么叫问题不在百度？你知道什么叫竞价排名，他们是怎么操作的吗？厚颜无耻。（2016 - 5 - 3，11：03）

（130）秋央央：百度只是一个搜索引擎，惩罚它不是重点，重点还是医院，这个医院要是不整改，以后它也能在其他网络或者电视报纸做广告欺骗其他人，希望严惩莆田系的医院。（魏则西事件，2016 - 5 - 3，08：20）

剧痴回复@秋央央：没百度推广能有这些事情？你想事情没脑子？（2016 - 5 - 3，09：23）

(2) 表不认同的词语

网络热点事件微博文本中，微博用户表示反对的语词主要有"谴责""反对""不同意""并不支持""鄙视""错"等，表达与前一微博用户的分歧型<u>立场</u>。例如：

(131) Evan 周宇翔：谴责。(姚贝娜事件，2015-1-17，12：09)

(132) 中国青年报：【@中青报曹林：他没那么恶 你真不必用笔如刀】不要被那种"受骗"的强烈憎恨感所主导，不要被200多万元善款所扭曲，不要在用笔如刀的快感中制造网络暴力。他确实不够坦诚，这是洗不掉的，但很多后续是他没想到的，也是他不可控制的，无论如何，孩子仍还没有脱离生命危险。他没那么恶，你真不必用笔如刀。(罗尔事件，2016-12-9，08：30)

泰的：强烈反对你这样的观点，出现这种事，就应该全民声讨，让这样的案例深入人心，以后有类似想法的人就能明白不诚信的下场是很可怕的！(2016-12-9，11：49)

(133) 红星闪闪的 YogaBl 爱 l 老洋葱：说到底百度只是个推广平台，就没人想想监管部门是不是吃屎的？(魏则西事件，2016-5-3，12：09)

破锣Song：不同意那些什么百度只是一个搜索网站的辩解，这个辩解仿佛就是熊孩子家长对自己孩子的开脱，他只是个孩子。搜索网站就该恪尽职责，守住搜索网站的底线，监管部门也应该尽到自己的职责，只有每个人恪尽职守，这个社会才会往前走。(2016-5-3，08：24)

(134) 你是我的小花花：动物园是圈动物的地方，不是圈人的地方。动物没跑出去就说明管理很到位。至于人为什么会跳墙进去，那需要问一问他的父母，他的老师们，是怎么教育他的，到底是谁管理不当。老虎英雄一路走好。愿天堂没有逃票犯。(宁波动物园老虎咬人事件，2017-1-30，20：54)

奥斯特奇特回复@你是我的小花花：鄙视你这种人，生命在你的评论里就显得那么苍白无力吗？(2017-1-31，13：17)

(135) 特朗不靠普：于欢没有罪，这是正当防卫，这事让谁也不会忍气吞声。欠债还钱天经地义，若还不起，你可以起诉。然而这种暴力催债就必须以牙还牙。希望判于欢无罪，同时应该对施暴者严厉制裁。（辱母杀人案，2017-3-26，21：31）

执念成殇是谁搁浅了时光：我并不支持无罪，只希望轻判！同样，参与其中的人都需要调查清楚！包括警察！（2017-3-27，00：07）

(136) 热气青年3代：人死，因为他入侵了老虎的领地；虎死，因为它被困在人类的地盘。（宁波动物园老虎咬人事件，2017-2-8，07：58）

Sch0penhauer 回复@热气青年3代：错，老虎没有领地。地球属于人类的。保护地球也是为人类更好活着。（2017-2-8，16：05）

(3) 使用褒贬色彩不同的语汇

一立场主体与另一立场主体互动，针对同一立场客体，双方因政治观点或利益不同，采用不同的评价标准，选取不同褒贬色彩的评价语汇，你褒我贬，你贬我褒，彼此疏远，共同建构分歧型话语立场。①

(137) 九月小事：法律已经很公平了，无论从哪个角度看这个判决都很棒！（辱母杀人案，2017-6-23，14：45）

倔强的丑小鸭儿回复@九月与十二：正当防卫还是被判5年，心寒。（2017-6-23，14：47）

(138) 手机用户3084587573：强烈支持同行！依法治国，公平正义，不辱使命！赞一个！（文登事件，2015-7-26，12：24）

军粉姐姐V：颠倒是非混淆黑白，文登警方被反华势力严重渗透，该严查严惩涉案警察！［怒］［怒］［怒］（文登事件，2016-6-5，11：07）

---

① 陈景元、高佳：《网络热点事件微博文本中的立场建构——基于"立场三角"理论的分析》，《新闻爱好者》2016年第8期。

例（137）"九月小事"用了褒义词语"公平""棒"，"倔强的丑小鸭儿"用了具有消极情感意义的贬义词语"心寒"，共同建构了分歧型话语立场。例（138）"手机用户3084587573"用了"支持""依法""公平""正义""不辱使命""赞"等褒义词语，"军粉姐姐V"用了"渗透""严查""严惩"等贬义词语，共同建构了分歧型话语立场。

（4）使用消极情感词语、感叹语、詈骂语和诅咒语

网络热点事件文本中的消极情感词语、感叹语、詈骂语和诅咒语，也是建构分歧型话语立场的词汇手段。运用具有消极情感意义的词语、负面倾向的感叹语、詈骂语和诅咒语，也能实现立场表达在情感阶上的定位，是判定立场的显性标记。例如：

（139）头条新闻：#热点#【马蓉起诉王宝强要求删除微博并道歉称侵犯名誉】今日上午，马蓉委托律师到朝阳法院立案。马蓉认为王宝强14日凌晨所发微博侵犯名誉，故起诉王宝强，要求删除8月14日00：21分发布的微博并赔礼道歉。@北京朝阳法院 已正式受理此案。（王宝强离婚事件，2016-8-16，09：45）

该微博跟帖评论26123条，其中用了大量的消极情感词语、感叹语、詈骂语和诅咒语，表达了与马蓉立场的分歧。例如：

（140）玫瑰默默带刺：马蓉我真为你感到恶心！（2016-8-17，00：55）

（141）要跟自己革命Hilda：我的天。出了轨，偷走了所有财产，现在还要宝宝给你道歉［笑cry］脑袋没问题吧。你的行为才是真的伤害了你的孩子好嘛［拜拜］（2016-8-16，10：12）

（142）曾娃不要做抑郁症患者：我的妈呀，世界上竟然还有如此无耻之人。那些说你是潘金莲的，我只想对他们说不要侮辱了潘金莲。

(2016 - 8 - 16, 10: 12)

(143) 雨雨相相儿儿：贱人！不要碧莲！(2016 - 8 - 16, 09: 46)

(144) 大姑娘漫步人生 - 007：你个车撞死的马蓉，你不得好死。(2016 - 8 - 17, 01: 01)

(145) niwo本陌路：贱女人马蓉，真的太贱不知羞耻的狗东西，垃圾货，没有宝宝你还不知道在哪拼命的赚钱呢，你现在这样对宝宝，我诅咒你！(2016 - 8 - 17, 00: 31)

(5) 使用转折关联标记

逻辑连词与话语立场密切相关，也是呈现评价立场的一种方式。汉语信息传递的语义重心在后，转折词语之后传递的信息才是发话人表达的重点，转折关联标记是汉语立场判定的语境化线索。① 微博文本中常用"但""但是""然而"等逆接词语能表达立场分歧，建构分歧型话语立场。例如：

(146) 阿吉鲁woman：即使有10套房子，难道不能用劳动挣钱给孩子看病？谁规定必须卖房子，然后再想别的办法？他本人又没有说让大家捐款，只是写文章赚费用。（罗尔事件，2016 - 11 - 30, 12: 04）

皇家偶德里回复@阿吉鲁woman：话是那样说，但请把有限的资源给真正需要的人。(2016 - 11 - 30, 12: 13)

(147) gzl麒麟崽子：竟然把脏水泼到百度身上[笑cry]百度作为一个公司，是以盈利为目的的好吗?！（魏则西事件，2016 - 5 - 2, 11: 13）

苏坡儿 - Bang回复@gzl麒麟崽子：是公司没错，但是不能没有道德。(2016 - 5 - 2, 11: 14)

(148) 1573谁知后来：正义可能会迟到，但永远不会缺席[心]

---

① 陈景元、高佳：《网络热点事件微博文本中的立场建构——基于"立场三角"理论的分析》，《新闻爱好者》2016年第8期。

(聂树斌案,2016-12-21,13:08)

喵小姐的好好先生回复@1573谁知后来:但是迟到的正义永远是有瑕疵的正义。(2016-12-21,13:20)

(149)简单虎妞:我们都知道:法律应该是保护守法者的,而不是保护所谓弱势群体的,这是基本的常识。(宁波动物园老虎咬人事件,2017-1-30,19:55)

谋CC回复@简单虎妞:然而我朝的法律就不是这样说的。(2017-1-31,11:27)

(6)使用反预期词语

反预期是评价意义的一种激发手段,网络热点事件微博文本中的反预期词语,如"居然""竟然""反而"等,也能传递说话人的立场、观点或态度。反预期可以说是作者或说话人建构分歧型话语立场的一种词汇手段。①例如:

(150)芥末墩儿与三文鱼:她居然还有脸要名誉!这还真是法律社会!这淫妇都能写进历史啦!(王宝强离婚事件,2016-8-16,12:23)

(151)子小三工三皮:臭不要脸的,拿着人们的善心来做卑鄙无耻的事情,竟然还心安理得?(罗尔事件,2016-12-4,12:20)

(152)遇见未来3707:真的太令人失望了,可耻的人。竟然拿自己女儿的病来炒作这些事。读书没有让你变得更好,反而更坏。(罗尔事件,2016-11-30,12:13)

例(150)"芥末墩儿与三文鱼"用反预期副词"居然",与马蓉建构了

---

① 陈景元、高佳:《网络热点事件微博文本中的立场建构——基于"立场三角"理论的分析》,《新闻爱好者》2016年第8期。

分歧型立场。例（151）"子小三工三皮"用反预期副词"竟然"，与罗尔建构了分歧型立场。例（152）"遇见未来3707"用反预期副词"竟然""反而"，与罗尔建构了分歧型立场。

（7）使用反语修辞

立场分析还必须结合修辞学的分析方法。反语修辞手法必须结合语境才能甄别，运用反语修辞手段也能实现分歧型立场的建构。例如：

（153）古风眉：马蓉，恭喜你！载入21世纪中国的史册了，成了有史以来，中国唯一创世界吉尼斯纪录的"贱货"，远远超越了潘金莲，荣耀地登上"贱货榜"，遗臭万年！（王宝强离婚事件，2016-8-16，10：20）

（154）匪徒与太阳：恭喜马蓉，取代潘金莲蝉联中国数千年淫妇头衔，掌声响起来，啪啪啪啪啪啪。（王宝强离婚事件，2016-8-16，09：54）

（155）天涯孤客07：鱼在水里缺氧，果然是淹死的。（天津滨海爆炸事件，2015-8-22，17：53）

例（153）、例（154）用了一些褒义语汇评价马蓉，是反语修辞。与马蓉建构了分歧型立场。例（155）用反语修辞，嘲讽专家言辞荒谬，与专家建构了分歧型立场。

（8）使用逻辑推导对方的言辞荒谬

通过类比思维，用逻辑推导对方言辞的荒谬性，从而建构分歧型立场。例如：

（156）头条新闻：#宁波动物园老虎咬死人#【亲属称动物园不能给别人翻进去的机会】死者家属称，再怎么说，（死者）就算是从后面翻进去的，那也是动物园管理不当，不能给别人翻进去的机会，那别人就不会从那里翻了。你（动物园）既然有漏洞，别人肯定会想着

247

(逃票),动物园也应有一定责任。(宁波动物园老虎咬人事件,2017 - 1 - 30,17:24)

微博跟帖评论纷纷用类比推理,与死者亲属建构了分歧型立场。例如:

(157)樱桃小爪:这个说法要是成立,铁路该废除了,不然会给人卧轨的机会;银行该关门了,不然门开着会给人抢劫的机会;俊男美女该禁止出门,不然会给好色之人强暴的机会……每年总有几个敢和天下人不讲理的主儿!(2017 - 1 - 30,18:32)

(158)任嘉伦的太阿剑:照家属这逻辑,所有的河流都加盖,不然就有罪引诱人去跳河,高楼都铲平了免得有人跳楼,红绿灯都砸了免得有人闯红绿灯……只想说一句:动物园弄再高的网也拦不住作死的人,连老虎都拦住了,人没拦住,怪谁呢?(2017 - 1 - 30,17:29)

(159)夕颜97181:跳楼自杀的,能怪楼修得高吗?跳河自杀的,能怪河里有水吗?女士被强奸,能怪女士自己有漏洞?不作不死,老虎冤。动物园冤。拿着道德绑架人性,无耻之徒。死了也活该!(宁波动物园老虎咬人事件,2017 - 2 - 1,15:34)

(9)对一致性立场的驳斥

已知立场主体乙与立场主体甲持一致性立场,立场主体丙对立场主体乙进行驳斥,也就与立场主体甲间接地建构了分歧型立场。例如:

(160)头条新闻:#热点#【广电总局认定毕福剑严重违纪 责成央视严处】中纪委机关报今日头版发文,确保党员干部做政治上的"明白人"。文中指出,毕福剑用调侃的方式损害老一辈党和国家领导人形象的视频流出后,广电总局认定其严重违反政治纪律,责成央视严处。(毕福剑视频事件,2015 - 8 - 9,16:38)

究本穷源：所以嘛，做出了对组织不利的事情，组织给予处分是不是很正常呢。就相当于你在一家公司，不管你进公司的初衷，但拿着这公司的工资，抹黑、做出对公司不利的事，公司给予你处分，难道还是公司的错？（毕福剑视频事件，2015-8-10，10：18）

　　清风十里不暖心回复@究本穷源：抹黑？？呵呵，我就笑笑而已，我爷爷奶奶都是农村的，文革时期，他们是见证人，一个让中国落后倒退多少年，让无数人丧失生命，让无数优秀文化流失的错误，难道不应该调侃吗？（2015-8-10，10：33）

例（160）"究本穷源"与"广电总局"持一致性立场，都认为处理毕福剑是正常的。"清风十里不暖心"驳斥了"究本穷源"的观点，这样也就间接地造成与"广电总局"观点不一致，从而建构了分歧型立场。

（10）使用表消极意义的微博表情符号。

使用表消极意义的微博表情符号，也能与互动方建构分歧型立场。例如：

　　（161）红顾问：不拿病人和孩子做营销，这是底线！👎👎👎👎
（罗尔事件，2016-11-30，11：25）

　　（162）十英寸的英雄：利用人的善良来营销，你就已经失败了👎
（罗尔事件，2016-11-30，11：25）

例（161）"红顾问"使用消极意义表情符号［👎］，与罗尔建构了分歧型立场。例（162）"十英寸的英雄"使用消极意义表情符号［👎］，与罗尔建构了分歧型立场。

3. 中立化立场的实现手段

有的网民持中立立场，对客体不发表看法和态度。因此，与其他立场主体既不形成正同盟关系，也不形成负同盟关系。例如：

(163) 用户 5486052151：如果饶恕，也无意见。如果严惩，也不反对。（毕福剑视频事件，2015-5-19，09:31）

(164) 文啦：我是来看评论的……（文登事件，2015-7-24，20:49）

(165) TheHumm：@不疯魔不成活-Lr 你怎么看？（辱母杀人案，2017-6-23，08:09）

不疯魔不成活 Lr：我不是元芳，没有怎么看。（2017-6-23，08:28）

中立化立场表现出客观、中立，不带任何个人偏见。从"立场三角"理论来看，是立场主体对另一立场主体的原创微博的不予评价，在情感和认识上也不予定位。即一方评价/定位处于缺位的状态，这种不介入的方式无所谓结盟和疏远，互动也就难以持续下去。因此，持中立化立场通常的表现是不嵌入态度或不予互动，甚至关闭微博。①

四 立场归属与话语责任

立场的归属是指立场归属于什么人或什么机构。在话语建构中，说话人会表明立场的归属。

（一）立场归属于媒体

立场归属于媒体就是媒体立场。微博舆论场中，通常由权威的媒体站出来发声定调。例如：

(166) 头条新闻：#热点#【广电总局认定毕福剑严重违纪 责成央视严处】中纪委机关报今日头版发文，确保党员干部做政治上的"明白人"。文中指出，毕福剑用调侃的方式损害老一辈党和国家领导人形象的

---

① 陈景元、高佳：《网络热点事件微博文本中的立场建构——基于"立场三角"理论的分析》，《新闻爱好者》2016 年第 8 期。

视频流出后，广电总局认定其严重违反政治纪律，责成央视严处。（毕福剑视频事件，2015-8-9，16：38）

（167）头条新闻：#每日热评#【人民日报刊文谈于欢案：公开是最好的稳压器】23日，#于欢故意伤害案宣判#，于欢由无期改判5年。对此，人民日报刊文称，于欢案从一审判决引发的巨大争议，到二审判决微博直播，再次提示"公开是最好的稳压器"，通过最大限度的司法公开，可以消弭误解、打消猜忌。（辱母杀人案，2017-6-26，09：32）

例（166）立场归属于"中纪委机关报"，例（167）立场归属于《人民日报》。媒体的立场具有权威性。头条新闻新浪官方微博采用记者视角客观平实报道，规避了立场的话语责任。

立场归属于媒体，由媒体来承担话语责任。

（二）立场归属于权力机构

立场归属于权力机构就是官方立场。微博舆论场中不少事件引起官方介入或回应，官方表态和言明立场。例如：

（168）头条新闻：#天津滨海爆炸#【中央政治局常委会：不论涉及谁都一查到底】中央政治局常委会上午开会，专题听取天津爆炸事故情况汇报，要求查清原因，查明性质和责任，不放过一丝疑点，不论涉及谁都一查到底，依法严肃追责，对涉及玩忽职守、失职渎职、违法违规的绝不姑息，给社会一个负责任交代。（天津滨海爆炸事件，2015-8-20，15：47）

（169）头条新闻：#于欢故意伤害案宣判#【山东高院：于欢有防卫性质　因当时有被侵害行为】山东高院负责人表示，对于欢改判5年是经过慎重考虑的，案发时存在对于欢母子的不法侵害情形，根据刑法，对不法侵害行为有权进行正当防卫。法院认定于欢构成故意伤害罪，但

属防卫过当,依法对其减轻处罚。(辱母杀人案,2017-6-23,11:16)

(170)头条新闻:【多部门就#刺死辱母者#案发声 律师:证明正当防卫难度大】26日,最高检、山东高院以及山东省公安厅集体发声。最高检表示,已派员调查处理于欢是否属于正当防卫、警察在执法过程中是否存在渎职等。于欢代理律师表示,根据他目前了解的情况,要证明于欢属于正当防卫的难度很大。(辱母杀人案,2017-3-27,07:46)

例(168)立场归属于"中央政治局常委会",例(169)立场归属于"山东高院",例(170)立场归属于"最高检"。这些声音来自官方,具有权威性。

立场归属于权力机构,由权力机构来承担话语责任。

(三) 立场归属于律师

立场归属于律师就是律师的观点。代表了专家的声音,可能与官方或民间声音一致,也可能与官方或民间声音有分歧。例如:

(171)头条新闻:#万象#【王宝强律师澄清马蓉转移财产传闻:尚未开庭】18日,关于王宝强已办理完离婚和财产分割的消息甚嚣尘上,为避免不实传闻混淆视听,其律师@张起淮发布声明:网络上所称王宝强已办理离婚手续并就夫妻共同财产及子女抚养问题达成协议的传言不属实。目前,该起离婚纠纷尚未开庭。(王宝强离婚事件,2017-5-18,22:40)

(172)头条新闻:【辩护律师将就于欢案发时精神状况申请司法鉴定】#刺死辱母者# 于欢辩护律师称,已接到法院通知,明天前往法院阅卷。同时,他将在二审期间向法庭提出对于欢进行精神病鉴定,通过技术手段,鉴定于欢在案发时是否因为外力刺激引发间歇性精神病。(辱母杀人案,2017-3-26,13:53)

(173) 头条新闻：【疑窦丛生！聂树斌案听证会看点】律师透露：1. 卷宗显示聂树斌4月27日被执行死刑，但其亲笔写的上诉状落款为5月13日。2. 聂被执行死刑照片显示他身穿羽绒服跪在雪地，那段时间降雪日期分别为1995年1月13日、1月14日及1996年2月。3. 聂案凶器花衬衣出现了6件，其中至少3件完全不同，但具体哪件却无法弄清。（聂树斌案，2015-4-28，20：14）

立场归属于律师，由律师来承担话语责任。

（四）立场归属于个人

立场归属于个人就是网民的立场。网民往往单刀直入，发表观点，主动承担话语责任。例如：

(174) 千护：不仅要关注这个案件，背后的非法集资、黑社会、警察渎职、当地官员的贪腐，已经构成了一张严密的网，让受害者喘不过气来。［伤心］［伤心］（辱母杀人案，2017-3-26，11：33）

(175) 吃货爱诗诗：于欢的确有错，希望能根据实际情况量刑。另外，最重要的是，我们希望看到对于那十个畜生的审判，还有对渎职警察的处分最好是开除党籍，同时济南公安的那条微博不是删了就当什么都没有了的。法律面前，人人平等！！！有法可依，有法必依，执法必严，违法必究！（辱母杀人案，2017-3-26，11：33）

(176) 难不成你是泡沫人：不就离个婚嘛，闹得天下人皆知，有什么意义？首先作为一个成熟的男人，真不该将自己家的私事公之于众，这对孩子会是一辈子的阴影。其次，为什么大众对这种对社会进步没有什么促进价值的事情热情度这么高呢？不停地叫骂，倒掉的牛奶还会再回到瓶子里？还有，新闻传媒界对社会的浮躁应负一定的责任。［喵喵］（王宝强离婚事件，2016-5-18，22：58）

有的网民用立场标记"个人拙见""我觉得"等表明只是个人观点，允许其他声音的存在，这样也减少了话语责任，避免了话语受到不同声音的挑战。例如：

（177）基缇阿陆：个人拙见，过失杀人是定数，跟自卫没关系。量刑应多考虑警察到场仍未制止暴力犯罪才是正道。在警察监管下性侵仍旧继续，在警察监管下仍旧有人夺刀伤人。警察的职责到底是什么？无期过分了，我觉得三到七年是躲不过去的。（辱母杀人案，2017-3-27，16：28）

可见，说话人主观介入事态，表明立场，主动承担了话语责任。说话人客观介入事态，将声音归属于"第三方"，自己的声音隐藏于"第三方"声音之下，有效地规避了话语责任。

五 小结

本章描述了微博舆论场的立场表达体系，从多声对话的角度来看，立场是动态的，立场是建构性的，立场是相互影响的。网络热点事件的微博文本中，众声喧哗，话语狂欢。承认、回应、支持、反对、批评、谴责、质疑、求证、修正、声明、道歉、辟谣、辩解、挑战等多种声音或立场互相关联、互相交织。立场主体之间的互动带来磋商，或支持，或反对，或补充，或修正，逐渐实现立场共建和立场分离。① 立场共建形成正同盟关系，立场分离形成负同盟关系。任何预先设定立场或固化立场的对立或撕裂，都不利于健康网络舆论生态的形成。

Du Bois 认为，任何立场的确立都只是建立在前述立场基础之上，它服

---

① 陈景元、高佳：《网络热点事件微博文本中的立场建构——基于"立场三角"理论的分析》，《新闻爱好者》2016 年第 8 期。

务于后续立场。① 微博用户之间总是参照和依据以往话语,建构和选择针对评价客体的立场。立场通过展现个人观点和态度将说话人定位为某种类型的人,同时也受制于说话人言语社区的规约。从语篇语义学视角来看,"随着语篇的展开,各种评价性选择互相回应产生共振效果……这种韵律型样式构建了评价者的'立场'或'声音',从而表明围绕共享价值而建立起来的社会团体的类型"②。各种立场或声音在微博舆论场中整合和分化,社会团体的类型逐渐浮现出来。

在微博立场话语体系中,实现立场共建(alignment)和立场分离(dis-alignment)的语言手段多种多样,立场归属与话语责任密切相关。此类研究有助于立场的识别和解读,有助于加深对汉语会话机制的认识,有助于分析立场背后的社会团体及其意识形态,有助于引导微博舆论从无序的众声喧哗向有序的多声合奏演变。

---

① J. W. Du Bois, "The Stance Triangle", In R. Englebretson (eds.), *Stancetaking in Discourse: Subjectivity, Evaluation, Interaction*, Amsterdam/Philadelphia: John Benjamins Publishing Company, 2007, pp. 139–182.

② J. Martin and D. Rose, *Working with Discourse: Meaning beyond the Clause*, London & New York: Continuum, 2003, p. 69.

第七章　微博舆论场的评价参数

一　评价参数理论阐述

当前，学者们尝试用不同的模式分析语篇中的评价。评价研究呈现出多视角的局面，评价参数就是其中一种。

所谓评价参数，就是说话人按照一定的语义维度或参数进行语言表述。Lemke 在研究评价的韵律性特征时描述了表达评价意义或评价语义关系的七个维度，即有理性、经常性、正常性、可取性、重要性、严肃性和可理解性。①

Labov 强调了评价的比较性质，即评价指的是任何能与常规相比较的东西，并提出了评价的四个参数：好或坏、确定性、可期待性和重要性。② Hunston & Thompson 借鉴参数方法将学术论文的评价区分为优劣性（好/坏）、确定性、重要性和预期性评价。③ 实际上提出了评价的四个参

---

① J. L. Lemke, "Resources for Attitudinal Meanings: Evaluations in Text Semantics", *Functions of language*, No. 1, 1998, pp. 33–36.
② William Labov, *Language in the Inner City*, Philadelphia: University of Pennsylvania Press, p. 1972.
③ S. Hunston and G. Thompson, "Evaluation: Anintroduction", In S. Hunston & G. Thompson (eds), *Evaluation in Text: Authorial Stance and the Construction of Discourse*, Oxford: Oxford University Press, 2000, p. 13.

数：好与坏/肯定与否定、必然性、期望、重要性或关联性。评价的复杂性，需要多维度的语义描述，不是所有的评价都用褒贬（好/坏）来衡量。当然，好/坏是最基本的参数，其他参数都与之有一定的关系。新韩礼德学派 Martin 的评价理论的态度系统中的情感、判断和鉴赏都与褒贬有关，完全可以合并为褒贬性或好与坏。

李战子指出，有证据表明评价的不同参数在不同话语中担当了不同的作用。① Bednarek 提出了新闻语篇中评价的 9 个参数，分为 6 个核心评价参数（可理解性、情感性、预期性、重要性、可能性和可靠性评价）和 3 个边缘评价参数（实证性、心理状态和风格评价）。②

陈景元与高佳将评价分为褒贬评价和元语评价两类。③ 所谓褒贬评价，是指说话人或作者的态度蕴含褒扬性或贬斥性的评价。我们将褒贬评价分为正面评价和负面评价两类。正面评价，是指利用各种评价资源，采用各种评价手段，在表达层面实现的具有好的、积极意义的评价。负面评价，是指利用各种评价资源，采用各种评价手段，在表达层面实现的具有坏的、消极意义的评价。元语评价是命题或述题的评价，表明说话人或作者对命题或述题的主观情感和态度。包括真实性、可能性、必然性、确定性、合意性和意欲性等。褒贬评价和元语评价，实际上已经涉及评价的两种大的语义维度，只不过其提出者没有专门从参数视角予以深入讨论。

陈令君指出，英语学术书评中的评价表达在语义范畴上可概括为五个参

---

① 李战子：《评价理论：在话语分析中的应用和问题》，《外语研究》2004 年第 5 期。
② M. Bednarek, *Evaluation in Media Discourse: Analysis of a Newspaper Corpus*, London/New York: Continuum, 2006.
③ 陈景元：《现代汉语评价表达论》，博士学位论文，华南师范大学，2010 年；陈景元、高佳：《现代汉语副词的评价视角分析》，《河北师范大学学报》2012 年第 6 期；陈景元、高佳：《网络热点事件微博文本中的立场建构——基于"立场三角"理论的分析》，《新闻爱好者》2016 年第 8 期。

数：情感性、可靠性、预期性、可能性/必要性和风格。[①]

可见，不同的语类，评价参数也有所不同，同一参数的重要性也不同。不同的评价参数，在语篇中可以自由组合。评价研究的参数视角，可以丰富评价理论的研究，可以挖掘不同语篇中评价的多维性，可以揭示不同语类的评价特点。

评价参数理论也有不足之处。比如，将 Martin 评价理论中的介入系统放入言据性、可靠性和预期性等参数之中，就会淡化对话收缩和对话扩展的区分。具体做法是，介入系统中的声称、引发、摘引等可归入可靠性参数。认为 Martin 的级差系统不是参数，只是评价意义的着色或调节器，这在一定程度上忽视了介入资源和级差资源对于读者建构的作用。

微博舆论场中的评价参数，自然具有其他语类不同的特征。微博评价用什么语义维度或参数来表述？这些评价参数在微博舆论场中的重要性如何？这是必须深入研究的课题。因此，我们立足语言事实，紧密结合微博文本进行分析，根据实际情况整理了微博舆论场的评价参数。

二 网络热点事件微博文本中的评价参数

网络热点事件的微博文本，评价涉及许多的语义维度或参数。包括褒贬性、认同性、责任性、对错性、严重性、确定性、意欲性、必要性、预期性、关联性和风格十一个评价参数。

1. 褒贬性参数

褒贬性是微博舆论场中最重要的评价参数。进行评价分析，首先要识别作者的态度是褒还是贬，从而准确地判定作者的态度和立场站位。根据褒贬性，可以将评价分为褒义评价和贬义评价两类。

[①] 陈令君：《基于自建英语学术书评语料库的评价参数模型探析》，《外语与外语教学》2012 年第 2 期。

第七章 微博舆论场的评价参数

褒义评价，也叫正面评价或肯定评价，指说话人或作者的态度蕴含褒扬性的评价。例如：

(1) 十英寸的英雄：动物园已经够仁至义尽了［摊手］（八达岭动物园老虎咬人事件，2016-11-22，10:35）

(2) miki的麻麻：［心］伟大的妈妈！了不起的妈妈！（聂树斌案，2016-12-3，12:14）

(3) 百花绽放1990：向英雄致敬，英雄一路走好！（天津滨海爆炸事件，2015-9-10，15:09）

(4) 五岳散人：这里点赞这么少啊？各位，帮忙给秉公执法的警察点个赞嘛。一起来。（文登事件，2015-7-24，19:48）

(5) 硬盘铭：支持正义警官的公正判决！（文登事件，2015-7-24，18:31）

(6) 启蒙律师-邹俭飞：毕福剑的节目超好看！（毕福剑视频事件，2015-4-12，21:03）

贬义评价，也叫负面评价或否定评价，指说话人或作者的态度蕴含贬抑性的评价。例如：

(7) 只出现在凌晨的呆：这个厚颜无耻的女人堪称世界之最！还好意思上辽宁卫视！既然知道自己错了为什么还那么不要脸地向动物园要赔偿！无耻！贱人！（八达岭动物园老虎咬人事件，2016-11-29，21:37）

(8) 捡贝壳的小猫：百度害人不浅，医院更是黑心。（魏则西事件，2016-5-2，10:10）

(9) 圣光氤氲：文登公安局是共和国的耻辱［doge］，是反华势力的帮凶。［哈欠］（文登事件，2016-2-14，20:17）

(10) 五柳先生1984：看了视频，确实比较恶劣！必须严惩……（毕

福剑视频事件，2015－4－13，17：50）

2. 认同性参数

说话人或作者参与互动，表达对另一方的言辞是否认同以及多大程度上认同。这种语义维度，就是认同性参数，是微博舆论场中重要的参数之一。

表达认同，例如：

(11) 手机用户［重庆市－移动网友］：我同意前楼说的，儿子培养成这样，其父母有很大的问题，如果他们没有骄狂之气，孩子怎能这样！（李双江之子打人事件，2011－9－9，08：18）

(12) 花仙子的花裙子：同意。（文登事件，2015－8－3，18：30）

(13) 华廷赫：说的好。是她妈帮她付代价。（八达岭动物园老虎咬人事件，2017－1－7，23：24）

(14) 小黑兔女王Queenie 回复@兴逸堂YES：说得好！！！！绝对赞同！！！（李双江之子打人事件，2011－9－8，22：53）

(15) 哈喽志文：支持！（文登事件，2015－8－3，18：13）

(16) 王自夸：力挺！支持！（文登事件，2015－8－4，09：41）

(17) 没完没了闹：支持广电。老毕的事情一出，对他好感全无。没有那些先辈，他以为他还能在这饭桌上哼小曲？恶心！！！［吐］（毕福剑视频事件，2015－8－9，20：18）

(18) 改了名字a：声援老毕！（毕福剑视频事件，2015－8－9，20：22）

(19) 阳光hcc：大赞，公安部出手了！（文登事件，2015－8－3，20：59）

(20) 快乐人生的精彩－02：就是，不要和动物园过不去啊，有种找老虎要赔偿去。（八达岭动物园老虎咬人事件，2017－1－7，09：19）

表达不认同，例如：

(21) 三好地区：滚。（文登事件，2015-8-3，18：54）

(22) 倪勤 butterfly：偷拍遗体，太不道德了。强烈鄙视。（姚贝娜事件，2015-1-17，20：48）

(23) 繁洞骑士团女团长：偷拍肯定是不道德，我不赞成这么做。（姚贝娜事件，2015-1-17，18：33）

(24) 外媒都是真善忍——快移民吧：我不认同骂人就是爱国，但是骂卖国贼绝对是爱国！！同意的赞起。（文登事件，2015-7-29，08：50）

(25) Anderslau：去你的，真恶心。［微笑］（罗尔事件，2016-12-1，14：00）

3. 责任性参数

责任性，即评价事件相关的各方责任的有无、大小等。责任性参数也是微博舆论场中的重要参数，这是由评价的网络监督和网络问责功能决定的。例如：

(26) 麦田-花开：我认为园方应该负有一定的责任，但不是全责。对于像老虎这样的猛兽，如果是游客自驾必须要有安全隔离带，在猛兽自由活动的区域，游客进入必须乘坐由园方提供的观光车，自驾太危险了。（八达岭动物园老虎咬人事件，2016-11-28，01：45）

(27) 小豆豆啊豆：这次事件据说是受害者逃票造成的，显然动物园没有过错，但是看到老虎咬人的视频，触目惊心，一个活生生的人就这么没了。还有一群同胞在评论区大喊快点吃，年夜饭，觉得更恐怖。（宁波动物园老虎咬人事件，2017-1-29，15：37）

(28) 头条新闻：#宁波动物园老虎咬死人#【亲属称动物园不能给别人翻进去的机会】死者家属称，再怎么说，（死者）就算是从后面翻进去的，那也是动物园管理不当，不能给别人翻进去的机会，那别人就不会从那里翻了。你（动物园）既然有漏洞，别人肯定会想着（逃票），动物园也应有一定责任。（宁波动物园老虎咬人事件，2017－1－30，17：24）

(29) 任嘉伦的太阿剑：照家属这逻辑，所有的河流都加盖，不然就有罪引诱人去跳河，高楼都铲平了免得有人跳楼，红绿灯都砸了免得有人闯红绿灯。只想说一句：动物园弄再高的网也拦不住作死的人，连老虎都拦住了，人没拦住，怪谁呢？（宁波动物园老虎咬人事件，2017－1－30，17：29）

(30) 头家的阿草：杀人犯坚持称，被杀者不能给杀人者杀人的机会，被杀者管理不善，需要承担一定责任。（宁波动物园老虎咬人事件，2017－1－30，17：27）

(31) Sammy铭：护士也有连带责任……生下来就该打断他的手脚不给他翻墙的机会。（宁波动物园老虎咬人事件，2017－1－30，17：26）

(32) 钟小厨Lay：你妈也有责任，给了你一双翻墙的腿［拜拜］［拜拜］［拜拜］（宁波动物园老虎咬人事件，2017－1－30，23：21）

(33) HananWong：动物园有责任，不能给别人有翻进去的机会。铁路有责任，不能给别人有卧轨的机会。交警有责任，不能给别人有碰瓷的机会。物业有责任，不能给别人有跳楼的机会。父母有责任，不能给贱人有出生的机会。……反正你没责任，你有本事买票。（宁波动物园老虎咬人事件，2017－2－6，02：28）

(34) 樱79405：这人死亡是他的责任，动物园不要赔家属一分钱。（宁波动物园老虎咬人事件，2017－2－1，15：06）

（35）我是臭豆子：家属明知同伴逃票不制止是不是也有连带责任？（宁波动物园老虎咬人事件，2017-1-30，18∶16）

（36）小事日记账：如果这次动物园要负上责任，那就真的是助长这些侥幸心理和歪风邪气，如果要处罚同行家属也该罚，没有劝止还理直气壮！这样送命的行为难道不该反省自身的过错吗？你们以为老虎是狗啊？进去摸一摸还能安然无恙地走出来！（宁波动物园老虎咬人事件，2017-2-12，09∶18）

（37）秘密树洞君：不遵守规矩，你就必须承担责任，我替死者感到惋惜，这是出于我的同情心，但违反了社会准则，必须付出代价，闯红灯者、超速者、罪犯，必须清楚自己有可能会付出生命的代价，这就是你违背规矩所应该去承担的代价。人人都是，我可怜的是那只本来就拥有天性的老虎，它并没有错。（宁波动物园老虎咬人事件，2017-1-29，17∶29）

（38）孙海桐：动物园拥有不可推卸的全部责任，预防不利，施救不足！（宁波动物园老虎咬人事件，2017-1-29，16∶06）

（39）p小小晴天q：双方都有责任吧，过马路也有人闯红灯啊，死了还不是司机负责，所以闯红灯越来越多，如果真的判了动物园，就和闯红灯一样了。但是动物园确实没有做好应急措施，野生动物园也没有防护栏，不管怎么样确实应尊重生命。（八达岭动物园老虎咬人事件，2016-11-22，18∶23）

（40）体育观察室：最大的责任是在医疗体系！为什么没有人站出来呢？反而追着百度不放呢？（魏则西事件，2016-5-12，19∶46）

（41）你看到的我是蓝色的：百度为盈利不顾社会大众利益，虚假广告错误引导，责无旁贷。（魏则西事件，2016-10-13，17∶32）

（42）高峡蓑笠翁：罪魁祸首就是医疗商业化。在加拿大，全国人民代表大会已经多次否决私营医院,认为医疗权是基本人权,不允许有钱人用金钱购买高人一等的医疗服务,所以至今在加拿大的所有医院都是公立的,住院看病做手术不要一分钱。(魏则西事件,2016 - 5 - 2,11∶19)

有时,评价表述按责任的大小排列,例如:

(43)XSin001:最主要的是监管部门的不作为,其次是医院的无良,再者就是百度。(魏则西事件,2016 - 5 - 2,11∶08)

(44)混等浆糊:首先还是军队系统的医院居然可以承包吧?然后才有莆田系的乘虚而入。最后当然百度的竞价也助纣为虐。(魏则西事件,2016 - 5 - 2,11∶19)

例(43)用"最主要""其次""再者"等词语明确了责任的大小。例(44)用"首先""然后""最后"等词语明确了责任的大小。这些是按责任轻重排列语序的。

4. 对错性参数

对错性参数,从对错的语义维度来评价。对错性参数与责任性参数密切相关。对错性既涉及言辞的对错,也涉及行为的对错。

言辞的对错,例如:

(45)墨酒酿:消协说的是对的,消费者有错是事实,但是园方监管不力,救助不力,也是有责任的。一定的赔偿是必须的,一点儿都不赔说不过去。(八达岭动物园老虎咬人事件,2016 - 11 - 22,14∶58)

(46)哎哟_是曾曾啊:消协说的是对的。真不知道大家在喷什么。(八达岭动物园老虎咬人事件,2016 - 10 - 23,13∶14)

(47)有责任心的昵昵596:姥爷说的没有错,言论自由,名人也

是人，名人不是神，谁不会犯错？（毕福剑视频事件，2015-5-12，08：05）

行为的对错，例如：

（48）你们全都退下吧：打人不对。但，爱国侯投机成性，若不被严惩，则势必给打算效法的青少年带来恶劣影响。爱国侯小小年纪，低低学历，竟然披上网络宣传员的皮，妄图左右舆论，混淆视听，这种人僭谈爱国，真是滑稽到令人咋舌。（文登事件，2015-7-24，16：35）

（49）龙衣二冰令：这个人行为确实不对，但网友嘴巴太毒了。他给老婆孩子买了票，他自己不舍得买150块的票，一个穷人为了满足孩子的愿望，做了不应该做的事，逃票送了命。作为一个看过全过程视频的人，希望你们嘴下积德，他的行为虽然可恨却也可怜。450块的门票对于他来说是负担很重的。要怪就怪高昂的物价和低廉薪资吧。（宁波动物园老虎咬人事件，2017-1-30，15：42）

（50）落无声豆豆：游客行为错误，但罪不至死，我们也无须一个劲地去骂这个人活该。可老虎也是无辜的，人有人性，兽有兽性，我们不能用人类的标准去评判动物行为的好坏。只是希望以后不要再有这样的游客了，因为给游客错误行为买单的，是已经被判终身监禁的动物。（宁波动物园老虎咬人事件，2017-1-29，19：02）

（51）Leon_ Day：粗略看了一下评论区，人为什么会如此暴戾面目可憎，翻墙逃票的行为固然不对，可是为什么有些人就要用一个行为去完全定义一个素未碰面的人，嘴上念着智障，说其人死不足惜，再心疼老虎一波。原来隔着这玻璃屏幕人会露出如此狰狞的嘴脸。（宁波动物园老虎咬人事件，2017-1-29，22：16）

（52）莱特杰里：网络丧尸:被动物园推手引导着疯狂撕咬受害者。即便死者有错,已经付出了生命代价,大过年的需要如此鞭尸?脑子和善意是做人最基本的东西,可是这些丧尸没有。死者有错,动物园存在安全管理漏洞,应急处置不当,这都是事实!(宁波动物园老虎咬人事件,2017-1-30,17:24)

5. 严重性参数

严重性,即对当前事态延续下去可能产生的后果进行评价。例如:

(53)内心此间少年:这已经属于网络诈骗,影响非常恶劣,如不严惩,后患无穷!(罗尔事件,2016-11-30,14:37)

(54)再看还是你姊:这件事最严重的影响是以后真正需要帮助的人或许得不到应有的帮助!自此以后罗尔的名字将会永远钉在耻辱柱上!(罗尔事件,2016-11-30,18:30)

(55)肚腩哥V:一查到底,严惩责任人,否则还会出现河南疫苗案件、江苏疫苗案件!(山东非法疫苗案,2016-3-22,06:11)

(56)CinGaDen的春花花:找出这些问题疫苗的去向才是当务之急,不然人心惶惶,谁敢去打疫苗?!(山东非法疫苗案,2016-3-22,08:04)

(57)咚咚个咙滴咚:国家真应该空下时间好好治理网络了,不然这样下去被洗脑的学生越来越多,香港那种情况也离我们不远了。(文登事件,2015-8-5,16:40)

(58)腾寰宇TK:文登事件,充分反映了当前中国思想领域混乱甚至失控的状况,包括国家执法机关也是如此,是非不分,为虎作伥。在此次事件上,一些人摘掉面具,露出了狰狞的嘴脸,是人是鬼已十分清楚,就看有关部门如何治理!否则,意识形态会更加混乱,敌对势力会更加猖獗!(文登事件,2015-8-8,7:20)

(59) Annieswetty：法庭不能支持这种碰瓷，否则以后想死的直接去野生动物园，还让动物园赔偿……（八达岭动物园老虎咬人事件，2016-11-22，15：06）

(60) 秋水观察_55974：如果文登警方不这样处理，以后打架群殴就以"爱国"为名，闹得公安不敢处理，此例一开，群殴打架无休止矣！说实在话，文登警方是为整个国家的公安系统省了不少清净。（文登事件，2015-7-27，16：37）

(61) 冲开一切1983：如果这个女的索赔成功，是向全国人民宣告，可以不守规矩。这是对中国司法界最大的羞辱，对社会道德的再次严重伤害。（八达岭动物园老虎咬人事件，2016-11-22，13：04）

6. 确定性参数

说话人在表达自己的认识立场时，存在确信度的差异：有的认识明确、坚定，有的认识模糊、动摇①。有的评价表述具有高确信度，有的评价表述具有低确信度。因此，确定性也是微博舆论场中的重要参数，据此可以判定作者或说话人对所述命题是传信还是传疑。根据确定性，我们可以将评价分为传信评价和传疑评价。

传信评价，指说话人或作者表达事实的高度真实性或命题的高确信度。常用词汇资源有"明显""显然""明明""一定""确实""肯定""绝对""当然""的确""毋庸置疑"等。例如：

(62) 赤色帝国：明显是政府监管不严才造成的混乱经营，助纣为虐！（青岛大虾事件，2015-10-9，16：59）

(63) laikefei：息事宁人，明显不诚意。（青岛大虾事件，2015-10-

---

① 张金圈、唐雪凝：《汉语中的认识立场标记"要我说"及相关格式》，《世界汉语教学》2013年第2期。

9,15:15)

(64) 许允皓:很明显那个上传视频的是故意引诱你说那些话的……挺你!(毕福剑视频事件,2015-5-12,10:31)

(65) 聆听随风回复@孟萌孟君:很明显啊,店家故意写在下方坑人,谁会注意啊!店主就是想坑人。(青岛大虾事件,2015-10-10,08:12)

(66) oy1615770:显然在此事件上,文登警方和长期仇视和敌对共产党和中国政府的那些人结成了统一战线。(文登事件,2015-8-3,22:25)

(67) 寂惺XU:这么大的事,只揪出来几个小角色显然是交代不过去的。(天津滨海爆炸事件,2015-8-27,08:58)

(68) 不织倦:明明游览有规定不要逗弄动物,结果自己逗老虎被咬,性质就跟明明法律规定偷盗要判刑还有人耍帅去偷东西,人要作死不得不死。(宁波动物园老虎咬人事件,2017-1-29,15:37)

(69) Miss_南方姑娘:明明知道这样做是不可以的还是要这样做!你们这些记者太过分了!从昨晚到今晚都被刷屏!问问到底够了么!(姚贝娜事件,2015-1-17,20:28)

(70) 寻着帆的方向:我觉得记者的行为确实无耻混蛋了。(姚贝娜事件,2015-1-17,18:34)

(71) 古昊哈哈:警察确实无用啊,有用就不会造成矛盾再起。(辱母杀人案,2017-6-23,15:10)

(72) 缱绻訫:确实掏出生殖器了,这种侮辱谁受得了?民警没有玩忽职守,这种情况就应该带到派出所调解,看见情形就应该了解个大概了,那么多追债的人。(辱母杀人案,2017-6-23,15:02)

(73) 杨老爹爹:民警确实有责任。但说实在的,民警的这类处理方式,基本全国通行,都是这样的。没见血,没死人,经济纠纷我管不着,别打架啊,我走了。(辱母杀人案,2017-6-23,19:42)

(74)我是阿聪别甩我:监管部门不作为。除了当事的商家需要停业惩罚外,辖区的管理部门肯定也要有人担责,这情况绝对不是一天两天的事了。(青岛大虾事件,2015-10-9,15:16)

(75)达先森的小生活:舆论干预司法,太可怕了[思考][思考][思考]我发现,微博很多人都是在乱起哄,一点自己的思考都没有[思考][思考][思考]于欢肯定不属于正当防卫。(辱母杀人案,2017-3-27,12:28)

(76)别致的疯子00:于欢当时肯定受到了很大的精神刺激,试问谁能忍受自己的母亲遭受这样的羞辱?你能吗?(辱母杀人案,2017-3-28,08:57)

(77)加勒比海竹:这绝对不是百度的责任。而是监管的责任。(魏则西事件,2016-5-3,07:41)

(78)微博的社会学:此女当然有责任,与此同时,动物园也当然有责任。这不矛盾,不是非黑即白的问题。动物园的安全措施应该做到即使游客做出错误的行动也不至于丧命才行,因为人总会犯错,这无法避免。很简单的道理,电风扇为什么扇叶外要加安全罩?为什么不只写上危险,触碰后果自负就出厂呢?(八达岭动物园老虎咬人事件,2016-11-22,11:25)

(79)专业喷脑残:当然是百度!!妈蛋去年考试抄度娘给的答案,完全是不及格啊!(魏则西事件,2016-5-2,11:21)

(80)中公教育司晓龙:百度的确该把脚上的泥和手上的血洗干净,上岸做点干净的事。(魏则西事件,2016-5-1,20:5)

(81)东楼已:这是毋庸置疑的事,还调查个屁!(姚贝娜事件,

2015 – 1 – 17，21：36）

（82）大多数艺术家：触犯法律就一定会受到制裁，这是毋庸置疑的。（天津滨海爆炸事件，2015 – 8 – 27，14：48）

传信评价，可以用最小量级否定的形式来表达高确定性。例如：

（83）Love 婷姐姐 22：他死得一点也不冤枉。论道德，他有道德吗，论素质，他更没有素质，论法律，他懂吗，论人格，他不配做人，所以，他死得一点也不冤枉，而且死得很对。（辱母杀人案，2017 – 4 – 2，23：42）

传信评价，可以采用直接引语的形式。直接引语是把说过的话原封不动地再说一遍，被投射的既是措辞又是意义，是传信的有效形式。例如：

（84）头条新闻：【#刺死辱母者#判决书细节 催债者露下体辱人】正有 5099 万网友参与全民话题"刺死辱母者判决引超九成网友不满"。判决书细节揭露，被告人于欢陈述："杜志浩进来吓唬我妈跟我，然后脱掉裤子露着下体……并且辱骂我妈和我，还把我的鞋脱下来，扇了我一巴掌。"（辱母杀人案，2017 – 3 – 25，23：40）

例（84）"被告人于欢陈述"采用直接引语的形式，具有高确定性。
传信评价也可以是对信息来源的交代，选用指称明确度高或权威性高的信源形式。例如：

（85）QISHURUN：优酷视频中罗尔回应记者："房子是留给儿子的不能卖！"诈捐证据确凿，此事不调查清楚，不给社会大众一个交代，不作相应法律的修改，此类事件还会发生，真正需要帮助的人将会得不到帮助！（罗尔事件，2016 – 12 – 5，06：11）

(86) 头条新闻：#天津滨海爆炸#【官方：雨后出现的白色泡沫正常 平时下雨也会有】天津环境监测中心主任邓小文介绍，今早降水后，17个监测点数据无特别变化。针对"新区下雨，路上现白色泡沫"，他认为白色泡沫为正常现象，平时下雨也会出现。天津环保局总工程师包景岭则称，未检测出氰化物污染。（天津滨海爆炸事件，2015-8-18，16：54）

(87) 头条新闻：#天津滨海爆炸#【天津副市长：不应简单臆测消防第一时间处置不当】何树山：事故发生后天津港公安局消防支队第一时间到达，目前确认23死56失联。对于这些官兵火情就是命令。由于大部分官兵牺牲，又没有录像，目前无法掌握当时救灾情况，不应简单臆想其是否采取不当措施。（天津滨海爆炸事件，2015-8-18，10：39）

(88) 头条新闻：#天津滨海爆炸#【李克强：我闻到的气味是什么】昨日在现场，李克强询问监测人员，闻到的气味是什么。工作人员解释气味来自一些氯化物、氯苯类物质，目前监测都不超标。他对工作人员说，一定要24小时在线监测，及时准确地公布信息。如有有害气体，决不能漏报。（天津滨海爆炸事件，2015-8-17，10：12）

(89) 头条新闻：#天津滨海爆炸#【天津环保局：爆炸周边区域臭味不影响健康】天津环境保护局今日通报：爆炸事故现场周边部分区域出现的"臭味"源于甲硫醇，在目前浓度下，不会影响核心区从事应急工作的人员健康，事故核心区仍处于大规模清理阶段，气体还会不时产生，公众对此不必过于紧张。（天津滨海爆炸事件，2015-8-28，14：48）

例（85）"罗尔"，指称具体，信源确认度高。例（86）"天津环境监测中心主任邓小文"、例（87）"天津副市长何树山"、例（88）"李克强"、例（89）"天津环保局"，这些都是权威的信源，具有高度可信性。

传疑评价，指说话人或作者表达对事实的真实性或命题的确信度具有疑虑和不信任的态度。常用词汇资源有"不信""不相信""也许""或许""说不定""也许""目测""恐怕""估计""应该""疑""可能""好像"等。例如：

（90）M 徐琳：1. 不信。2. 追责。3. 持续关注。（天津滨海爆炸事件，2015-9-2，01：41）

（91）我爱天堂寨：不信！！就两个字！（魏则西事件，2016-5-2，23：10）

（92）从心开始6002：不管你信不信，反正我是不信。（天津滨海爆炸事件，2015-8-28，14：49）

（93）光伏备件：不相信百度，请公布录音，我多次反映的投诉从未回复。（魏则西事件，2016-5-3，01：51）

（94）是不是你自己知道：罗尔你家马上就可以买第四套房了。也许法律不能把你怎么样，但全民可以诅咒你不得好死。（罗尔事件，2016-11-30，13：52）

（95）blueheirei："文登事件"或许会是一场暴风骤雨来临前的前奏！（文登事件，2015-7-26，22：14）

（96）花园巷四号：或许为了掩护呢。（天津滨海爆炸事件，2015-8-27，21：08）

（97）肖春鹏：说不定最后的大 boss 是姚贝娜的经纪公司在炒作，我们需要做的其实是缅怀姚贝娜，其他的随他吧！［微风］（姚贝娜事件，2015-1-17，23：06）

（98）好书吧-老板的娘：也许是突发事件来不及卖房子？但愿小孩平安！（罗尔事件，2016-12-1，06：27）

（99）bobsss：目测大事化小了。（天津滨海爆炸事件，2015-9-27，23：39）

第七章 微博舆论场的评价参数

(100) 单蛋_3252：恐怕还不止"网上黑恶势力"这么简单，有没有国外敌对势力在背后支持呢？（文登事件，2015-8-3，21：10）

(101) k俊先生：微博里真的是舆论导向一边倒，戾气太重。估计判决书都没看，单单看某些媒体的单方面言论，就肆意评价。（辱母杀人案，2017-3-30，10：51）

(102) jason19659：警察应该没想到会出人命。我好奇的是于欢为什么没留住警察，或者当时完全可以说是他报的警，或者要求警察带他们回警局……（辱母杀人案，2017-6-23，16：26）

(103) 头条新闻：#天津滨海爆炸#【天津港公安局原局长之子疑为瑞海国际股东之一】知情人士透露，瑞海国际一段时间内真实股东之一是一个叫董蒙蒙（音）的人，但未出现在股东之列。一位在天津港公安局工作数年的警察说："去年董培军就去世了，董蒙蒙现在干什么谁也不清楚，大家都知道他是老局长的儿子。"（天津滨海爆炸事件，2015-8-17，00：09）

(104) 雪中藏梦回复@天行者伯格：震惊！！！！可能早被韩日势力渗透了！！！！！！！！！！（文登事件，2015-7-26，09：38）

(105) 中山狗：他好像说过深圳的房子是留给他儿子的。（罗尔事件，2016-12-4，13：25）

传疑评价也可能用低可信度的信源表达。例如：

(106) 半江瑟瑟半江：据说在被问及没钱给女儿治疗为何不选择卖房时，罗尔说要留给儿子……儿子别躺枪了，罗尔又在狡辩！他有一个上大学的儿子，小女儿是小三上位的结果……如果他很在乎那个儿子，估计就不会有后面的女儿……而且继母也不会允许他将财产留给前妻的孩子……这人真是应该天诛地灭！［怒］［鄙视］（罗尔事件，2016-

12-4, 09: 42)

（107）头条新闻：#热点#【#女童患病父亲网文刷屏#遭质疑】深圳本土作家罗尔5岁女儿罗一笑被查出患重病，每天需承担高额医疗费。他没有选择公益捐款，而是选择"卖文"。但今日，有人爆出孩子生病是真，但此事疑似网络营销。也有人爆料罗尔家境不差，在东莞有三套房。对此，你怎么看？

例（106）"据说"，例（107）"有人""也有人"，这些信源采用不定指形式，具有低可信性。

需要特别指出的是，不同信源可信度不同，表达可在可信与不可信两极之间滑动，两端分别是传信和传疑。谣言是虚假的或毫无根据的信息；传闻有部分事实，或者是未经证实的信息，所以也具有低确定性。传疑评价拓展了对话的空间，维护了微博舆论场的多声性。

7. 意欲性参数

意欲性表达说话人或作者的要求、意愿、期待和诉求等。这也是微博舆论场中的重要参数之一。常用"要求""呼吁""希望""望""愿意""期待""建议""但愿"等词汇资源表达。例如：

（108）minzhugg：只能是正当防卫！强烈要求修改正当防卫法律条款！（辱母杀人案，2017-6-23，11: 23）

（109）李滋博：呼吁于欢无罪释放！！！！（辱母杀人案，2017-6-23，14: 47）

（110）蔓蔓胡萝卜：希望这些被处罚的官员能引起社会各阶层官员的重视，不要只想着搞形式主义。希望尽快看到民众的衣食住行已被安排好，各种补偿已经到位。（天津滨海爆炸事件，2015-8-27，07: 33）

（111）跺拉：希望不是自导自演。希望不要让那么多的生命变成贪官

污吏泯灭的人性的陪葬品。（天津滨海爆炸事件，2015-8-21，14:36）

（112）跑0051：希望严惩肇事者，他们的气焰太嚣张，仗势欺人，令人愤慨。（李双江之子打人事件，2011-9-8，08:50）

（113）最惜空枝：希望更多的人可以得到公平公正！（辱母杀人案，2017-6-23，14:46）

（114）亚伯拉罕：希望严惩高利贷、校园贷、裸贷。就是这些人养着黑恶势力。想维护好社会治安，就要把他们的灰色收入源头掐死，可以说没有黄赌毒贷就没有流氓混蛋胡作非为。（辱母杀人案，2017-6-23，09:59）

（115）越越特芹菜：不奢望无罪释放，只希望可以减轻刑罚，他的所作所为是一个正常的子女都会做的行为。（辱母杀人案，2017-3-27，10:56）

（116）JuliaNaY贝：我希望这种人就应该有法律制裁。不然以后谁还去救助真正需要帮助的人。（罗尔事件，2016-12-1，12:59）

（117）小Z的占星誌：希望这么多消防员的牺牲、无辜群众的伤亡，能换来国家对于危险品管理的重视。（天津滨海爆炸事件，2015-9-2，13:47）

（118）三燕传人：希望政府全力调查事故原因，严肃惩处相关责任人员。（天津滨海爆炸事件，2015-9-2，09:45）

（119）JP小摩根：［泪］［good］［good］［good］英雄们一路走好！希望国家引以为戒，杜绝类似事情再发生！！（天津滨海爆炸事件，2015-9-2，01:20）

（120）顾时弋：希望中国政府的高官，不是只用脑子想着贪污腐败，而是更应该为人民服务。（天津滨海爆炸事件，2015-9-2，01:08）

（121）笺写：只是希望以事实为依据，以法律为准绳。这样任何的判决结果我们都能接受，无论罪轻或无期，希望司法独立公正，不被舆论左右。舆论不要引导，我们只要理性的关注即可。（辱母杀人案，2017-3-27，13：26）

（122）双下巴潜力股：希望大家把矛头指向百度的同时，也不要忘了莆田系和武警总队医院［微笑］（魏则西事件，2016-5-1，21：01）

（123）Angkorchao：望相关部门查证，如果属实，绝不能轻饶。（罗尔事件，2016-11-30，22：20）

（124）冬骊颖：我不懂法律条款，如果是防卫过当，可以取保候审以抚慰娘俩心灵的创伤，我们愿意捐款。（辱母杀人案，2017-3-27，07：48）

（125）枚主音符：期待真正的公平正义，期待法律能惩恶扬善，期待于欢被无罪释放，期待涉事民警得到应有的惩罚，期待最高检给人民群众一个满意答复。（辱母杀人案，2017-3-28，16：39）

（126）2496明少：期待你再次回到星光大道荧屏中。（毕福剑视频事件，2015-4-26，00：47）

（127）慕丝妮-张浩：期待公平，公正的结果，给人民一个交代。（天津滨海爆炸事件，2015-8-28，00：36）

（128）龙儿03747：建议走司法程序，对他以及背后的操作队伍进行量刑，要不给大家一个交代，以后谁还会捐？（罗尔事件，2016-11-30，14：28）

（129）小辣刺猬：但愿事故的真实的原因查出后，吸取血的教训，以后不要再发生类似的事故了，太痛心了！（天津滨海爆炸事件，2015-8-28，09：33）

非意欲性，用意欲性的否定形式表达。例如：

（130）NNY624：不希望再有人打扰娜娜，愿在天堂一切都好。（姚贝娜事件，2015 - 1 - 17，22：36）

（131）紫色杯子与公园：不希望因为罗尔事件像彭宇事件那样毁了社会的风气。这世界好人还是大多数。（罗尔事件，2016 - 12 - 5，17：58）

8. 必要性参数

必要性参数，即从必要性或不必要性语义维度进行评价。必要性参数也是微博舆论场的重要参数。必要性参数的肯定形式，常用"必须""应该""要""有必要"等词汇资源来表达。例如：

（132）雨港73928：必须加大对高危险品的检查力度，严控运输渠道，防患未然。（天津滨海爆炸事件，2015 - 8 - 27，16：58）

（133）费不了了：必须追究百度、网易、腾讯、凯迪等网络服务商以及《炎黄》《南都》的法律责任！在他们的纵容甚至是参与下，爱党爱国都成了贬义词。（文登事件，2015 - 7 - 31，09：49）

（134）秋风花园：黑社会头子吴学占，恶贯满盈！必须镇压！刘汉都能枪毙，吴学占不毙也应判无期！（辱母杀人案，2017 - 3 - 27，07：37）

（135）快乐文灿：对这种坏蛋要严惩不贷！这是必须的！（李双江之子打人事件，2011 - 9 - 8，22：12）

（136）蓝山咖啡1111：应该把无良商家罚得倾家荡产！才能起到警示作用！（青岛大虾事件，2015 - 10 - 9，15：16）

（137）小船83：动物园应该反诉，因为这位女士的失误导致动物园停业整顿期间的营业损失。（八达岭动物园老虎咬人事件，2016 - 11 - 22，10：37）

（138）小萌货：应该的，言论自由不包括人身侮辱，况且毕作为党员和国家事业单位的员工就算没违法也违反了党纪和单位规章,央视自然有权依规处理。(毕福剑视频事件,2015-4-8,21:30)

(139) yjcao_10:各行各业都应遵从职业道德的底线,作为记者一心报头条,跌破职业道德底线,不守职业节操。深圳晚报记者潜入太平间拍照,用意何在?人性何在?真是应该好好反思一下,我是文明人脏话我就不说了,龌龊,鸡鸣鼠辈!(姚贝娜事件,2015-1-17,23:49)

(140) 百浅隽:人,就要对自己说出的话负责!(毕福剑视频事件,2015-4-8,21:28)

(141) 李发发大大:天灾不可避免,但面对人祸,一定要彻查原因,追根究底,给伤亡者一个交代。(天津滨海爆炸事件,2015-8-18,10:05)

(142) 咗诱:记者媒体,要有俯仰天地的境界,悲天悯人的情怀,大彻大悟的智慧,要有人性良心有道德底线。(姚贝娜事件,2015-1-18,15:18)

(143) 超级大大大大大大蘑菇:处理的底线:开除公职开除党籍,另外如果有必要可以彻查他的所作所为是否涉嫌违法,看视频里有老外,看看是否存在私通藩国!总之必须从重从严从快处理,尽快让毕福剑消失在公众视野吧!(毕福剑视频事件,2015-4-9,09:39)

使用第一人称"我""我们"作为主语,表现出了一种责任心极强的主人翁姿态。例如:

(144) 海狼的秘密:我们要时刻牢记,在这场没有硝烟的较量中,什么才是决定胜负的根本力量?是民心!!! [心][耶](文登事件,2015-8-8,19:57)

必要性用否定形式表达,即不必要性。常用"没必要""何必""无需""何须"等词汇资源来表达。例如:

(145)寂寞沙洲冷是谁唱的呢:没必要道歉!(毕福剑视频事件,2015-5-12,11:32)

(146)散漫抱抱妈:捐款就没必要了,能欠几百万高利贷的主儿不差你那几块捐款!不过说到杀人偿命,死者好像也是欠人家命的,这不扯平了,就别惺惺作态装可怜了,你儿子不脱裤子也死不了,以后教育没死的孩子穿好衣服出门!(辱母杀人案,2017-3-30,07:53)

(147)木剑客daxia:看了评论觉得价值观好扭曲,那人就算有错也已经为他的错误付出生命代价了,没必要跟这冷讽热嘲,太过漠视生命了……(宁波动物园老虎咬人事件,2017-1-29,19:45)

(148)呆瓜木子璐:何必要这样折腾,让逝者安息吧!(姚贝娜事件,2015-1-17,21:26)

(149)M鹿_ReedM:我想说人家都已经去世了,何必要来这样讨论呢。还伦理,真想骂人了。有点道德好吗!(姚贝娜事件,2015-1-17,22:53)

(150)yuqi-L:何必呢,如若当时就及时处理了,也不至于闹到现在,青岛旅游城市的招牌这次算是砸了,花了那么多钱去做宣传维护,政府真应该反思。(青岛大虾事件,2015-10-9,15:39)

(151)望阿:无需道歉,网络时代,我也有过类似经历,挺你!加油![握手](毕福剑视频事件,2015-5-17,00:38)

(152)鬼脸儿:说是舆论绑架司法,司法要真能做到有法必依,何须舆论来"绑架",关键是你们违背了道德,也违背了法律。(辱母杀人案,2017-3-26,21:38)

也可以用疑问句的形式表达不必要性，例如：

（153）热情的安良：都闲得蛋疼！一个唱歌的有必要这样吗？（姚贝娜事件，2015-1-17，21：43）

（154）参天榕树：小题大做，有这个必要吗？（毕福剑视频事件，2015-4-8，23：00）

9. 预期性参数

预期性，即事态的发展跟原来的预期符合。预期性参数是微博舆论场的评价参数之一，常常引导正面评价。例如：

（155）潮起潮涌9：终于定性了！（文登事件，2015-8-4，16：55）

（156）腊梅989898：［good］终于看到行动了！（文登事件，2015-8-4，05：26）

（157）宁自干公：总算说人话了！［挖鼻］［挖鼻］（文登事件，2015-8-3，23：09）

（158）心不再远2046：公安部终于发声了。（文登事件，2015-8-3，23：06）

（159）眯呀眯爬着塔普的墙：转发此微博：爸爸姓李果然了不起。（李双江之子打人事件，2011-9-8，08：53）

（160）默默捂蚊：媒体现在果然弱势，官二代怕也就罢了，连戏子现在都怕。（李双江之子打人事件，2011-9-8，08：57）

跟预期性对立的是反预期性，即出乎意料，预期落空。反预期性常常引导负面评价，常用"没想到""竟然""竟""居然""却"等词汇资源表达。这些词语后面的内容才是信息焦点，是读者重点注意的内容。例如：

(161)海阔天空嘻嘻：原以为记者是多高尚，没想到是这样，好吧！我算是长见识了！（姚贝娜事件，2015-1-17，20：29）

(162)ccedong：竟然还假扮医务人员，真是不知羞耻的东西：披着羊皮的狼、挂羊头卖狗肉、没人性的狗杂种！（姚贝娜事件，2015-1-17，18：38）

(163)陌道陌影94：我不知道学了法律有什么用，舆论竟然可以干扰司法！要法律干嘛！！法律的权威呢？（辱母杀人案，2017-6-23，09：59）

(164)TFboys信阳后援团：没想到您竟然是一个这么庸俗的人。（毕福剑视频事件，2015-8-12，14：18）

(165)宝木一往2010：李双江一个唱歌的，其子竟然嚣张如此，应当称之为"歌二代"。（李双江之子打人事件，2011-9-8，08：53）

(166)naivy_陈：竟然教出这样的儿子，这老爸怎么当的。（李双江之子打人事件，2011-9-8，09：52）

(167)刺儿i玫瑰：一个国家级主持人，竟然如此辱骂戏谑国家的领袖创始人，如果不严惩，国家还有颜面么！（毕福剑视频事件，2015-4-14，00：31）

(168)薄荷味的小笼包：难道没有人注意到，中国高利贷居然是合法的？超过2.5分息在很多国家都是违法甚至犯法的了，在中国居然还有理了，真是服了。（辱母杀人案，2017-3-27，10：55）

(169)太阳下的星星1717：我一直不明白军队医院居然承包了，我一直以为可以承包工程、鱼塘、土地。原来还可以承包三甲医院！（魏则西事件，2016-5-2，10：32）

(170)在特丽莎嬷嬷的葬礼上：公安部居然抛开法制不谈，也来蹚意识形态这摊浑水？（文登事件，2015-8-4，08：58）

（171）ustkihgt7655 回复@寒号鸟的昨天：几人千里迢迢找上门来，文登警方居然说是约架！奇葩奇葩！（文登事件，2015-7-28，00：58）

（172）小饭桶 benny：双方其实都是受害者，而真正的凶手却没有人过问。（辱母杀人案，2017-3-30，06：33）

10. 关联性参数

关联性参数涉及有关联和无关联。

有关联，例如：

（173）是榘还是呆呆：马蓉的这个案件如何审理，关系着中国社会以后的社会风气走向，如果马蓉6年多的婚内出轨依旧可以分得巨额财产，依旧潇洒快活，那么以后婚内出轨这种事情会更加猖獗。如果马蓉净身出户，那么是对世人的警示，无论男女。必须严惩马蓉！！［作揖］［作揖］（王宝强离婚事件，2016-8-16，10：49）

（174）微城：早该如此//@石子教授：强烈围观！［围观］//@中国官僚精神康复疗养院：@威海警方在线@文登警方在线，上面发话了，出来走两步！［围观］//@平安江苏：【清除网上黑恶势力事关国家安全】（文登事件，2015-8-3，17：13）

无关联，例如：

（175）Monkeyxyp：跟TM你们有一毛钱关系吗？一群SB！（姚贝娜事件，2015-1-17，22：44）

（176）巴山莽夫：一帮狗崽子打架而已，跟爱国有个××关系。（文登事件，2015-8-5，17：09）

（177）稀释-岁月：这些人是多无聊，根本无关爱国，政治。就

是一帮吃饱了到处挑事的小混混。(文登事件,2015-8-5,17:22)

(178) 拉萨颜颜半永久私人会馆：关老虎锤子事啊！(宁波动物园老虎咬人事件,2017-2-9,01:42)

11. 风格参数

风格参数,涉及的是说话人或作者对交际本身的评价。风格参数常用话语标记"说实话""说真的""说实在话""恕我直言""话是那样说""说白了"等。例如：

(179) 白血：不过说真的,下次山东的警方出现舆情状况时,估计会失去不少支持力量。(文登事件,2015-2-24,19:12)

(180) 带你逆袭的阿妤：说真的宁波那人私自闯动物园纯属活该,家人说出的那番话更是搞笑,我觉得那只老虎很无辜。(宁波动物园老虎咬人事件,2017-2-8,08:03)

(181) 95仙客来：说实话,真该管管了,爱国的人总是心寒,心一旦凉了,要捂热就太难了！(文登事件,2015-8-5,12:41)

(182) 秋水观察_55974：如果文登警方不这样处理,以后打架群殴就以"爱国"为名,闹得公安不敢处理,此例一开,群殴打架无休止矣！说实在话,文登警方是为整个国家的公安系统省了不少清净。(文登事件,2015-7-27,16:37)

(183) 我雪白透亮：恕我直言,代价是你母亲的生命,而不是你。所以不够。[摊手](八达岭动物园老虎咬人事件,2017-1-7,09:07)

(184) 皇家马德里：话是那样说,但请把有限的资源给真正需要的人。(罗尔事件,2016-11-30,12:13)

(185) 囍嘻嘻嘻嘻囍：说白了还是延续了几千年的封建社会,绝对的言论自由就不说了,现在连相对的都没有,令人唏嘘！(毕福剑视频事

件，2015-8-10，15：19）

三 微博舆论场中评价参数的组合与相互作用

在微博文本中，褒贬性参数是基础。除此之外，其他各种评价参数也可以自由组合和相互作用，共同维持微博话语的多声性，这是评价参数理论的一大亮点。例如：

（186）TEA0312：物价局长必须[**必要性参数**]问责，员工不作为[**褒贬性参数**]，不然[**严重性参数**]这事不会闹这么大！（青岛大虾事件，2015-10-9，15：20）

（187）内心此间少年：这已经属于网络诈骗[**褒贬性参数**]，影响非常恶劣[**褒贬性参数**]，如不[**严重性参数**]严惩，后患无穷[**褒贬性参数**]！（罗尔事件，2016-11-30，14：37）

（188）强国老吴：根据调查所得种种事实[**确定性参数**]，文登打人案是确凿无疑[**确定性参数**]的黑恶势力[**褒贬性参数**]案件，官方对此点现已基本达成一致。所以文登事件不能[**确定性参数**]算完。我认为，爱国网友应[**必要性参数**]发扬"将革命进行到底"的精神，不获全胜绝不收兵。应[**必要性参数**]施加压力要求当地警方更正错案[**对错性参数**]，对涉案的黑恶势力进行严厉打击，同时对受害人小侯赔礼道歉。@文登警方在线（文登事件，2015-8-10，16：16）

（189）鹏鹏70618：希望[**意欲性参数**]政府重视这种事情，不然[**严重性参数**]这种事情会越来越多，最后会影响国内的旅游市场并且让人民更倾向于国外的旅游！（青岛大虾事件，2015-10-8，01：05）

（190）素雅的龙猫：你确实［**确定性参数**］是个骗子［**褒贬性参数**］，骗［**褒贬性参数**］的是广大网友的爱心和金钱，这种行为很无耻［**褒贬性参数**］，但我依然希望［**意欲性参数**］你的女儿尽快康复，毕竟孩子是无辜［**褒贬性参数**］的。（罗尔事件，2016-12-2，06：19）

（191）利村来的Alex：我说人类太自大不懂得敬畏自然肯定［**确定性参数**］不对［**对错性参数**］，毕竟我们正常人谁也不会干这档子事。总有这种没脑子［**褒贬性参数**］的，老虎真的冤。什么尊敬死者，你想死我有啥可尊敬的？（宁波动物园老虎咬人事件，2017-1-29，17：18）

由于微博是滚动的海量文本，给量化分析带来了难度。我们只能对微博评论中的参数分布进行抽样分析。我们选取下面这条"宁波动物园老虎咬人事件"的微博进行分析。

（192）头条新闻：#宁波动物园老虎咬死人#【专家：老虎被毙"躺枪"但该打还得打】宁波咬人老虎被毙，违规闯动物园男子身亡，"挺虎派"和"挺人派"互不相让。"该打还得打，总不能眼睁睁地看着人被老虎咬死"，博士刘群秀深知，老虎的死纯属"躺枪"，但如果自己面对当时情况，也会果断开枪。（宁波动物园老虎咬人事件，2017-2-8，07：56）

这条微博转发数为231次，评论数为1942条，点赞数868个。我们将微博评论按热度排行，对前496条热门评论的评价参数分布情况逐一进行分析（不含微博表情包等非文字资源），统计数据如表7-1所示。

表 7-1　　　　　　　　微博评论中评价参数的分布情况

评价参数	出现频次	比例(%)
褒贬性参数	423	64.6
认同性参数	21	3.2
责任性参数	26	4.0
对错性参数	38	5.8
严重性参数	12	1.8
确定性参数	42	6.4
意欲性参数	16	2.4
必要性参数	39	6.0
预期性参数	29	4.4
关联性参数	6	0.9
风格参数	3	0.5

从表 7-1 可以看出，微博舆论场中的评价参数，以褒贬性参数为基础。Martin 评价系统中的态度子系统中情感、判断和鉴赏都可以归入褒贬性参数。其他评价参数所占比例都不多，但对立场的建构、话语联盟的形成以及维持语篇的多声性等具有重要的作用。

四　小结

评价具有多维性，不同的评价参数在不同语类中具有不同的作用。本章根据微博文本语言事实进行考察，整理出微博舆论场中的评价参数。包括褒贬性、认同性、责任性、对错性、严重性、确定性、意欲性、必要性、预期性、关联性和风格十一个评价参数，这基本上涵盖了所有网络热点事件中的评价。

评价参数理论具有灵活性和运用张力，我们可以分析微博舆论场是怎样用词语和句子表示不同语义维度的评价的；评价参数之间是怎样灵活组合，共同协作的。对评价参数的识别和领会，有利于解读隐藏在语篇背后的各种声音以及话语立场的动态建构，有利于理解舆论场的意见倾向，从而及时、有效地做好舆情应对和舆情引导。

第八章 微博舆论场中评价的功能

一 语言的功能

我们用语言来传递信息，用语言来互动，用语言来辅助思维，用语言来行事，这些都是语言的功能。塞尔曾经指出，"评价语句的言语行为目的是表达情感态度，表扬或指责、奉承或侮辱、推荐或建议、命令或指挥等，向受话人实施影响"①。语言作为人类最重要的交际工具，负载着各种各样的功能，这已经成为语言学家们的共识。

德国心理学家、语言学家比勒（Karl Buhler）概括出了语言的表现功能（expressive function）、呼吁功能（conative function）和描述功能（representational function）。布拉格学派的穆卡洛夫斯基（Mukarovsky）在比勒三功能说的基础上补充了美学功能（aesthetic function）。雅各布森在其著名论文《语言学与诗学》中将其扩展为六功能说，即指称功能、诗学功能、表情功能、呼吁功能、寒暄功能和元语功能。②雅各布森关于语言功能的观点至今仍十分重要。

---

① J. R. Searle, *Speech Acts*, London: Cambridge UP, 1969, p. 187.
② R. Jakobson, "Linguistics and Poetics", In T. Sebeok (ed.), *Style in Language*, Cambridge: MIT Press, 1960, pp. 350 – 377.

系统功能语言学派的韩礼德指出语言的元功能理论分为三种：概念功能、人际功能和语篇功能。其中概念功能包括经验功能和逻辑功能，经验功能是指语言对人们在现实世界（包括内心世界）中的各种经历的表达，逻辑功能指的是语言对两个或两个以上的意义单位之间逻辑关系的表达。

人际功能，就是指语言除具有表达讲话者的亲身经历和内心活动的功能外，还具有表达讲话者的身份、地位、态度、动机和他对事物的推断、判断和评价等功能。正如李战子所指出的："所谓人际功能，指的是语言除了传递信息之外还具有表达讲话者的身份、地位、态度、动机等功能。"[①]

语篇功能，指语言表达语篇和语境的关系及语篇内部组织的功能。也就是指在语义层中把语言成分组织成语篇的功能。语篇功能通过主位结构、信息结构和衔接等方式得到体现。

需要说明的是，语言的三种功能不是彼此独立、界限分明的，而是一个统一体，在文本中是同时实现的。语言的结构与功能是彼此制约的，形式决定功能，功能又反作用于形式。形式上的调整是为了更好地实现功能。实现概念意义、人际意义和语篇意义的语言资源可以区分但又互相交错。人们用语言来表征内外部世界的概念，促进人际互动，把语言组织成语篇。我们将系统功能语言学应用于意识形态文本的研究，研究作者如何用语言参与社会实践，如何用语言影响和控制读者的思想、态度和立场，巩固既有意识形态和确立新意识形态等。因此，我们研究评价语言重点关注人际功能，这是由认知、评价和互动等语义手段来实现的。

二 微博舆论场中评价的主要功能

评价意图是指评价表达的社会目的。任何评价都是有目的的，是为实现一定的功能服务的。网民在用语言评价事实或表明立场态度的同时，也在建

[①] 李战子：《话语的人际意义研究》，上海外语教育出版社2002年版，第10页。

构、维系话语联盟和言语社团。作者或说话人通过评价和修辞策略来说服、拉近或疏远读者,实现立场共建和立场分离。理解评价的意图,有利于正确地理解评价,在互动中建立良好的人际关系。

Brown & Yule 区分了语言的两种功能:信息性(transactional)功能和互动性(interactional)功能。① 信息性功能表达命题和传递信息,互动性功能建立和维持社会关系。② Rees 指出,人们通过实施言语行为来实现交际意图,交际效果(即互动效果或言后效果)的最低要求是受话人接受话语的言外之力(illocutionary force)和命题内容。③

Thompson 指出,评价是"所有语篇意义的核心问题,任何对语篇中有关人际功能的分析必然涉及评价……评价是指说话者对事物(如人、事件、行为……观点等)的看法,通常有好坏之分,也有强弱之别"④。Martin 等对评价理论的解释是"评价理论是关于评价的,即语篇中所协商的各种态度、所涉及的情感的强度以及表明价值和联盟读者的各种方式"⑤。

Thompson &Hunston 指出,评价的功能是:表达作者或发话人的观点,反映其所在社会、地区的价值观念系统;建立并保持交际双方的关系;建构语篇。⑥

实际上,这三个功能是韩礼德语言功能观的具体化,其中表达说话者立场和价值观的功能属于概念元功能范畴,即识解人类经验的功能,建立与维系人际关系的功能属于人际元功能范畴,构建语篇的功能属于语篇元

---

① G. Brown and G. Yule, *Discourse Analysis*, Cambridge:Cambridge University Press,1983.
② 李先银:《基于自然口语的话语否定标记"真是"研究》,《语言教学与研究》2015 年第 3 期。
③ M. A. van Rees, "The Adequacy of Speech Act Theory for Explaining Conversational Phenomena:A response to some conversational analytical critics", *Journal of Pragmatics*, No. 17, 1992.
④ G. Thompson, "Voices in the Text Discourse Perspectives on Language Reports", *Applied Linguistics*, No. 17, 1996.
⑤ J. Martin and D. Rose, *Working with Discourse:Meaning beyond the Clause*, London & New York:Continuum,2003, p. 23.
⑥ S. Hunston & G. Thompson(eds.), *Evaluation in English*, Oxford:Oxford UP, 2000, p. 6.

功能范畴。①

具体来说，微博舆论场中的评价具有信息传播功能、情感宣泄功能、娱乐功能、立场建构功能、施为导向功能和语篇建构功能。

（一）信息传播功能

语言的社会功能中最基本的就是信息传播功能，微博舆论场也是一个信息场。政务微博、媒体官方微博、网络大V以及普通微博用户，及时地爆料、追踪事态发展、揭露真相，澄清谣言，参与评论，发挥着评价的信息传播功能。例如：

（1）头条新闻：#舆论场#【新华社："猎取善良"透支社会信用必须被叫停】近日，#女童患病父亲网文刷屏#引爆网络，诚然，孩子得到帮助，但若放任善良被窃取变卖，将致整个社会信任被透支。靠人们善心牟利其实是一种精神碰瓷儿，还带道德绑架色彩：即使有人心存疑虑，但顾及面子也往往选择沉默。（罗尔事件，2016-12-1，07：41）

（2）头条新闻：#女童患病父亲网文刷屏#【当事人承认有三套房】当事人罗尔称，其深圳一套东莞两套。深圳是2001年20万全款买的。东莞有两套房子，总价值100万。"因房产证还没有拿到手，不能买卖。"女儿罗一笑是9月份发现病情。两个月下来共花了10多万，目前能报销的有90%。（罗尔事件，2016-11-30，14：18）

（3）头条新闻：#女童患病父亲网文刷屏#【媒体称父亲曾承认帮公众号吸粉】有媒体综合报道指出，这是罗一笑父亲罗尔与某互联网金融公司合作的炒作事件，让他们"在公众号上吸粉，同时也可以帮助笑笑"。罗尔随后谈到，文章经过该公司的加工，才酿成网络大事。不少网友对这次募捐事件提出质疑。（罗尔事件，2016-11-30，12：01）

---

① 赵晓临、卫乃兴：《中国大学生英语书面语中的态度立场表达》，《外语研究》2010年第1期。

例（1）"猎取""透支""窃取""变卖""透支""牟利""碰瓷""绑架"等负面评价词语，属于判断评价资源，传递了罗尔"骗捐"的负面信息。例（2）用纯粹的信息内容唤起读者负面的情感反应，没有褒贬评价词语，但唤起了隐性评价意义，即"罗尔并不贫困"。例（3）负面评价词语"炒作"传递了罗尔行为动机不纯的信息。

（二）情感宣泄功能

网络是网民宣泄情感的地方。在"互联网＋社会转型"的中国，网民对社会和现实的不满，产生了仇富、仇官、仇社会的心理，需要与人分享自己的情感、观点，于是通过互联网宣泄自己的情感。

情感意义可以是积极的，也可以是消极的。关系到幸福/不幸福、安全/不安全、满意/不满意三个维度。但是网络热点事件微博舆论场，以负面情感居多。例如：

（4）益力多哈哈：心酸［泪］（聂树斌案，2016-12-3，12：14）

（5）冯小铭YOMI：看着都觉得心寒……（聂树斌案，2016-12-3，12：47）

（6）湘依浠：二十年了，一个年轻的生命就这样结束了！好好珍惜身边的每一个人，好想哭［悲伤］（聂树斌案，2016-12-3，12：18）

（7）Bmgjwd：我真的对这个国家感到失望［摊手］就是失望！（聂树斌案，2017-3-30，17：43）

（8）晴天的晴呀：看着我的眼泪哗哗地流。（聂树斌案，2017-3-31，04：22）

上五例，"心酸""心寒""想哭""失望"和"眼泪哗哗地流"，都是消极情感，表达了不满和悲伤。

感叹语也可以宣泄情感，例如：

(9) 曾娃不要做抑郁症患者：我的妈呀，世界上竟然还有如此无耻之人。那些说你是潘金莲的，我只想对他们说不要侮辱了潘金莲。（王宝强离婚事件，2016－8－16，10：12）

詈骂语、诅咒语表达愤恨，例如：

(10) 古人舒歌：卧槽，这女的还有脸？我的三观［拜拜］（王宝强离婚事件，2016－8－16，09：45）

(11) 黄命苦又不乱来：药店碧莲好嘛［微笑］（王宝强离婚事件，2016－8－16，09：46）

(12) 醉岚天：婊子要立贞节牌坊？［微笑］（王宝强离婚事件，2016－8－16，13：00）

(13) 努力1920：马婊子，贱货一个，你还有脸？（王宝强离婚事件，2016－8－16，11：36）

(14) 李狂阳：我诅咒当年主审此案的法官下地狱，永不超生，生孩子没P眼，吃饭撑死，喝水呛死，尿尿尿出血。（聂树斌案，2014－12－13，16：25）

人肉搜索更是一种语言暴力。例如：

(15) Kitty蜜蜜豆：马婊家在陕西省渭南市临渭区吝店镇马家村，她父亲是村书记。宋喆身份证号：110107198304251215。户籍登记地址：北京市朝阳区西大望路19号院12号楼3单元501号。离得近的人肉他们。复制粘贴，马贱婊，你慢慢删［微笑］我就没见过这么贱的女人，真的太不要脸了。（王宝强离婚事件，2016－8－16，18：28）

（三）娱乐功能

巴赫金提出的狂欢理论认为在狂欢节上，人们不是袖手旁观，而是生活在其中,而且是所有的人都生活在其中,因此从其观念上说,它是全民的①。在狂欢节上,大家一律平等。这就是广场的人民性,连统治阶级也包括在内。

娱乐话语已经成为微博传播中的主导话语,微博狂欢舞台上,出现了泛娱乐化现象,用集体狂欢、娱乐调侃的方式,将娱乐精神过度消费。比如在2015年"王宝强离婚事件"中,网民运用反语和反讽修辞,运用网络段子和顺口溜等文体嘲讽恶搞。

用反语修辞嘲讽,例如:

(16)东成西就10:奥运四年一次,金莲千年难遇。马蓉马金莲荣摘奥运淫牌,轰动全中国,社会各界反响十分热烈。马碧池短短三天涨粉几百万,成为最当红的炸子【鸡】(王宝强离婚事件,2016-8-17,02:18)

(17)杰西卡7777888:罗总,您好,这里是南京碧桂园湖光山色,我们有复式别墅,大约的价格是600万,听说你已经骗了300万,您再加加油,马上就有第四套房了呢(希望罗一笑可以早日康复)。(罗尔事件,2016-12-1,14:50)

用反讽修辞恶搞,例如:

(18)刘宏伟非律师:红会账务清晰透明,无乱花捐款现象。完全是敌对势力的阴谋!(郭美美炫富事件,2016-7-3,18:32)

(19)人民的国度:西方敌对势力亡我之心不死!竟然对我无产阶级红会进行诋毁。我们要求凡是网上媒体批评红会的,全部封杀!维护我红会高大上的形象。(郭美美炫富事件,2016-7-5,07:48)

(20)头条新闻:#天津滨海爆炸#【天津环保局:爆炸周边区域臭味

---

① [苏]巴赫金:《巴赫金全集》第6卷,河北教育出版社1998年版,第8页。

不影响健康】天津环境保护局今日通报：爆炸事故现场周边部分区域出现的"臭味"源于甲硫醇，在目前浓度下，不会影响核心区从事应急工作的人员健康，事故核心区仍处于大规模清理阶段，气体还会不时产生，公众对此不必过于紧张。（天津滨海爆炸事件，2015-8-28，14：48）

我是多尔衮滚滚滚滚滚滚滚滚：嗯，还可以延年益寿呢。（2015-8-28，14：56）

用网络段子恶搞，例如：

（21）me白果儿：昨天宋喆得了精牌，马蓉得了淫牌，王宝强得了痛牌。这是今年的明星八卦奥运会看点［可爱］（王宝强离婚事件，2016-8-15，13：40）

（22）醋大西酸：一大早，马蓉便来问禅师："网上都在骂我，我现在很苦恼，怎么办？"禅师不语，默默地拿出一张霍顿的海报让她看，马蓉看后顿悟："您是说让我骂霍顿转移网友的注意力？"禅师微微一笑："见霍。"（王宝强离婚事件，2016-8-14，20：15）

（23）手机用户1314159265：去马场选了一匹马准备骑，这时候马场的师傅阻止了我，说我选的这个马不好。我问为啥，师傅解释说："这马容易劈腿。"我没听太明白，师傅又大声说："这马蓉易劈腿啊！！"（王宝强离婚事件，2016-8-14，20：58）

用顺口溜恶搞，例如：

（24）睿志成楠：床前马蓉光，经纪身边躺。无心赏明月，绿了王宝强。马蓉性欲强，出轨很正常。宝宝工作狂，老宋来帮忙。世人都在防老王，谁知老宋翻了墙！（王宝强离婚事件，2016-8-15，14：15）

微博评价的娱乐功能迎合和满足了低俗网民的娱乐需求，增加了噱头，或幸灾乐祸，或嬉笑怒骂，增强了传播效果，提升了热点事件的热度。

（四）立场建构功能

评价语言体现了网友的观点倾向和立场站位，网络热点事件微博属于负面舆论场，或者呈现"一边倒"，或者呈现两大阵营，彼此磋商，各自结盟（拉近或疏远）。一般来说，拉拢和疏远是交替出现的两股力量。

评价的立场站位功能，是指我们从评价中可以看出交际双方的立场、情感和态度。交际双方从各自的价值观念系统出发，对评价对象或表示赞成，或表示反对，或采取中立的态度，在互动磋商中参与立场建构。

一致性话语立场，建立正同盟关系。例如：

（25）丁国钧：莆田系挖大坑，武警二院扯金字招牌，监管部门保驾护航，百度拉皮条指假路……他们都是罪恶的一部分！！（魏则西事件，2016－5－2，22：18）

sndavid 回复@丁国钧：说得好，这群垃圾。万恶之首还是政府垃圾，腐败，低效。（2016－5－2，23：07）

（26）敏小施号飞机飞走了回复@JOY_eternity：你说得对，我刚说了它是有责任的。而我说那些不是要为百度洗白，只是看不惯媒体搞的这些鬼。毕竟在百度工作，总会更关注下这些。（魏则西事件，2016－5－2，22：51）

分歧型话语立场，建立负同盟关系。例如：

（27）猫七警长：不支持，处罚太轻！（毕福剑视频事件，2015－4－8，14：05）

（28）sxc20：不赞成，毕姥爷真的是个不错的主持人。（毕福剑视频事件，2015－4－8，14：05）

（29）井车夫：我不以为有爱国言论就是爱国青年，此定义不妥！（文登事件，2015-7-23，10：37）

（30）小V：我知道前因后果，没觉得这是骗，帮公众号吸粉然后公众号付钱给他女儿看病，怎么了？（罗尔事件，2016-11-30，12：13）

（31）外圆内方QDC_87941回复@可能性的可能性：他们不这么认为。（毕福剑视频事件，2015-8-10，11：22）

（32）Tung的先生：几乎每个地方的武警医院都是骗钱的。（魏则西事件，2016-5-2，22：14）

浩儿潮妈_218回复@Mr_Tung先生：不能因为这个事情而说其他的武警医院是骗人的，我儿子现在就在北京武警总医院眼科，这里面的医生护士都非常好，医生很负责！不能就事而论哈！[微笑]（2016-5-2，22：29）

陈振宇、叶婧婷认为，立场不仅仅是一个语用属性，而且在长期的使用中会发生词汇化、语法化，从而成为一种特定的语法项。① 如用人称代词"我们"是包括式意义时，表明说话人与对方立场相同，是正同盟。当表示排除式意义时，表明说话人与对方立场不同，是负同盟。

微博舆论场中，用"贵圈""天朝"等，建构分歧型立场。例如：

（33）深海_蓝星：只能流下无奈的泪水[泪][泪]狗屁的正义！天朝啊，什么都不说了……（聂树斌案，2016-12-3，16：33）

（34）cooklite：天朝的法律是专门保护畜生的，可以和动物保护法合并到一起！（辱母杀人案，2017-3-27，14：40）

（35）你好索马里海盗：天朝太可怕了，屁大点事，却要所有喜欢老

---

① 陈振宇、叶婧婷：《从"领属"到"立场"——汉语中以人称代词为所有者的直接组合结构》，《语言科学》2014年第2期。

毕的人承担失去快乐的后果。(毕福剑视频事件,2015-5-12,14：29)

(36)王先森萨瓦迪卡：贵圈真乱,离婚就离婚呗,还要这么公开的相互撕B,发个声明又不具法律效应,除非各自拿到了离婚证。贵圈真乱。(王宝强离婚事件,2016-8-14,20：21)

(37)石延同学：我们天朝就是这个样子,尔等屁民还奢求什么公平?(辱母杀人案,2017-3-30,17：32)

(五) 施为导向功能

网络舆情是社会舆情在互联网空间的映射,互联网是政府治国理政、了解社情民意的新平台。评价言语行为对互动者的情感、态度产生影响,甚至产生言外之力,言后之果。网络热点事件文本的施为导向功能包括参政议政、网络问责和利益诉求功能。

1. 参政议政

网民或媒体微博有社会参与的诉求,在微博平台上自由表达意见、参政议政,企图通过评价影响政府决策,这就是评价的参政议政功能。例如：

(38)中华桑叶：还是不要张口闭口阶级斗争为好,还是不要时刻把人民内部矛盾视为阶级斗争新动向为妙。有争议有纷争,以法律为准绳,上法庭解决最好。(郭美美炫富事件,2016-7-3,19：27)

(39)峡谷中的伯爵：这会长智商真令人捉急,我来帮你支招：红会收支全部在红会网站可查,谁捐的,用在哪,除非捐款人要求匿名,否则都应公开,捐款去向落实到什么乡什么人,物资采购公开招投标,全部有据可查并细化到具体物资件数单价,红会县级以上干部全部财产公开,人员编制公开到人并可查询,网友请继续补充。(郭美美炫富事件,2016-7-3,20：14)

(40)刘雨浓：在国内,真正诡异的地方在于,执业医生想要自己开

个诊所都很不容易,而莆田系不靠谱的民营医院倒是开得遍地都是。(魏则西事件,2016-5-2,10:10)

2. 网络问责

网络问责是指网民通过评价言语行为,问责于政府和相关责任人。例如:

(41)牛大胖娃儿:这种利用孩子生病诈捐的营销行为,应该负法律责任!人们看多了,被骗多了,反倒真的需要帮助的人没人信了!(罗尔事件,2016-11-30,12:53)

(42)骑迹Leo:居然没有人引咎辞职,出来负责,必须追责。(聂树斌案,2016-12-3,12:23)

(43)龙掌柜微博:魏则西事件百度确实有责任,该整治。然而央视、部队医院、莆田系、监管机构就没责任了么?呵呵。(魏则西事件,2016-5-3,08:25)

(44)默境prime:靠,警察办案,抓了个帮凶,主犯逍遥法外,拿百度当枪呢?后面的医院呢?莆田系呢?政府部门呢?(魏则西事件,2016-5-3,08:20)

(45)蓝翔挖掘机班小组长:百度固然可恶,莆田系医院固然无良!但是,我们的监管在哪?如果整死一个百度,揪起一批莆田医院,却对于监管不闻不问,躲避责任,以后还会出现,千度万度,更多的莆田医院,最后坑的还是老百姓!(魏则西事件,2016-5-4,08:49)

(46)我要大舞台:问题根源在于医疗体制,医疗腐败和以莆田系为首的黑民营医院,但是作为互联网搜索巨头百度,没有像谷歌那样承担社会责任,让非法医疗机构横行。却在以各种理由推卸。难辞其咎。(魏则西事件,2016-5-3,15:14)

(47)我以为我是狼:百度有问题,医院更有问题,而最大的问题在

监管部门。(魏则西事件,2016-5-3,08:32)

(48) 凶手是黄瓜:百度有错,莆田系有错,特么监管部门呢???(魏则西事件,2016-5-3,00:27)

(49) 济南仲夏夜:哪个旅游城市没些个无良商贩?错在政府部门监管不力,尽管去青岛玩啊!免费景点多着呐!全国人民在监督呢!就不信还能出啥幺蛾子!!(青岛大虾事件,2015-10-9,11:31)

(50) 月光下的胡萝卜:你们到底哪个畜生泄露公民信息给了暴徒?!打架的人拘留,那泄露公民信息的人该如何处理?!(文登事件,2015-7-24,18:21)

(51) 麦骏驰的微博:医院呢?医院呢?医院呢???重要的事说三遍!!!(魏则西事件,2016-5-2,23:59)

(52) 旺仔小蒙牛:然后呢?(天津滨海爆炸事件,2015-9-2,01:07)

(53) amay4937:希望能彻查那个医生,他不简单,彻查报社和记者,其中的利益关联太明显。(姚贝娜事件,2015-1-18,05:50)

(54) Lucky_猫妈妈:呼吁有关部门严惩这位内心丑陋道德恶劣的医生。(姚贝娜事件,2015-1-18,18:40)

以上数例用高量值的情态表达问责的必要性;用陈述句直陈各方责任;用疑问句表示追问责任。

3. 利益诉求

网民基于经济利益诉求进行表达。利益诉求有个体利益诉求和群体利益诉求，网络热点事件利益诉求一般为群体利益诉求。例如：

（55）小宇轩的未来：我作为疫苗受害家庭强烈要求彻查疫苗一案还所有疫苗受害者一个公道，还我儿子一个公道。@环球资讯广播（山东非法疫苗案，2016-3-20，22：35）

（56）政以_Li：政府对危化品监管不力造成损失，让万科当冤大头，我万科股票跌了谁来管？（天津滨海爆炸事件，2015-8-23，00：12）

（57）白少磊：这是"灾难事故"，更是"责任事故"，不是洪水无情那样的天灾。为什么要募捐？（天津滨海爆炸事件，2015-8-19，08：52）

网民出于自身利益或群体利益的维护，会主动关注和参与讨论，表达利益诉求

（六）语篇建构功能

"语篇功能是使任何口头表述或文字书写表述的语篇成为相互关联、形成整体语篇的机制，并使现实生活中的信息与随意的语句罗列区分开来。"①

评价理论关注"如何用语篇来构建言语社团共享的感情和价值观"②。评价在表达情感态度时，可以衔接上下文或历史文本话语，形成评价性连贯。巴赫金对话理论的基础之一，就是人们彼此独立又相互需要，一个人的意识不足以产生文本（话语），文本（话语）必须依托别人并在对话中才能产生。Thompson & Zhou 认为评论附加语实现人际功能的同时，实现让步、期望、假设—真实等衔接关系，是有效的组篇机制。③ 朱永生、严世清指出词汇衔接手

---

① Hu Zhuanglin et al. (eds.), *Linguistics: A Course Book*, Beijing: Beijing University Press, 1988, p. 395.
② J. R. Martin and P. R. White, *The Language of Evaluation: Appraisal in English*, Basingstoke: Palgrave Macmillan, 2005, p. 35.
③ G. Thompson and Zhou, "Evaluation and Organization in Text: The Structuring Role of Evaluative Disjuncts", In S. Hunston and G. Thompson (eds.), *Evaluation in Text: Authorial Stance and the Construction of Discourses*, New York: Oxford University Press, 2001.

段可分为重述和搭配。① Halliday & Hasan 将重述界定为词汇衔接的一种形式，包括词项的重复、泛指词、同义词、近同义词的使用。② 张蕾、苗兴伟指出，"评价意义在宏观结构上有助于语言使用者启动、展开和结束语篇，在微观层次上形成句际语法衔接，而且评价词汇还可以在语篇中形成语义纽带"③。房红梅指出，微观方面，评价具有照应、重复、同义、反义、连接、"设定—真实"等语篇功能；宏观方面，评价形成"情景—评论—依据"结构、渗透型结构以及加强型结构等语篇结构。④

微博文本作为碎片化的文本，文本与文本之间围绕网络热点事件互动对接，既有语篇与语篇之间的衔接，也有语篇内部的衔接。语篇内外部的衔接方式大致相同，是以词汇、语法、逻辑关系等有形标志为表现特征的。下面我们以"罗尔事件""文登事件"等网络热点事件的相关微博为例，考察与之互动的微博文本的衔接方式。

1. 评价语汇链

评价语汇链分为正面评价语汇链和负面评价语汇链。在"罗尔事件"网络舆论中针对特定语汇形成了的正面评价语汇链，例如：

（58）#女童患病父亲网文刷屏#【罗尔面对镜头痛哭：没人关心我女儿只想知道我是不是骗子】昨日，面对质疑，罗尔在镜头前痛哭："现在我的女儿在生死线上挣扎，所有人都不管我的女儿是不是在治疗的时候能够有什么保证，就想知道我是不是骗子，怎么一点同情心都没有，我真的好绝望！"（罗尔事件，2016-12-1，13：46）

---

① 朱永生、严世清：《系统功能语言学多维思考》，上海外语教育出版社2001年版，第47页。
② M. A. K. Halliday and R. Hasan, "Context of situation", In M. A. K. Halliday and R. Hasan (eds.), Language, Context and Text: Aspects of Language in a Social Semiotic Perspective, Victoria: Deakin Universtity Press, 1985.
③ 张蕾、苗兴伟：《评价意义的语篇建构功能》，《西安外国语大学学报》2010年第3期。
④ 房红梅：《评价的语篇功能》，《当代外语研究》2012年第9期。

微博评论，例如：

(59) 权倾：没人关心你女儿？200多万捐款是从天上掉下来的？[摊手]（罗尔事件，2016-12-1，13：47）

(60) 张 XiAozhao：没人关心你女儿，怎么筹到了几百万的善款？（罗尔事件，2016-12-1，13：47）

(61) 卟咋啦风：没人关心你女儿？钱是大风刮来的？（罗尔事件，2016-12-1，13：47）

(62) 一颗胖胖的大芝麻：没同情心还给你捐钱，你当我们的钱都是大风刮来的啊！自己的家事处理好，如果要社会救助，拿了钱也要对出钱的人负责，钱不是那么好白拿的！（罗尔事件，2016-12-1，13：49）

上五例，微博及其评论出现了"没人关心我女儿"语汇链，将语篇衔接起来，展开议论。

2. 话题设置

话题是网友关注的焦点，也是评价的起点。微博作者围绕网络热点事件，会设置出许多话题，拓展讨论的空间。2015年的"文登事件"公众开始关注的焦点是"定性为约架是否妥当"，后来转移到"泄露户籍信息的警方内鬼""侯聚森是否为爱国青年""打人团伙为什么专找爱国言论的人进行碰瓷而千里迢迢线下寻仇""网友贴出的打人报酬是否真的存在？"等等。

针对侯聚森个人信息泄露问题，网民将注意力转移到"内鬼"身上，于是"内鬼"成了评价的话题。例如：

(63) 树尖上的猫先生：侯聚森的个人信息是你们公安内部谁泄露出来的，能不能给个交代？（文登事件，2015-7-24，18：01）

(64) bbear88：sb公安局，内鬼呢？为啥不抓？（文登事件，2015-

7-24,18:00)

针对侯聚森的"爱国青年"话题,网友展开争论,于是"爱国"成了评价的话题。例如:

(65)石头的家ch:爱国有罪,小心警察!(文登事件,2015-7-24,19:40)

(66)圆排骨来了:司马南说了:你们这样对待爱国青年,我儿子不敢从美国回来。(文登事件,2015-7-24,19:41)

(67)laoli877:支持正义文登警方惩戒所谓的"爱国者",约架7打4被反揍就用爱国来要挟警方。不过在证据面前一切恶人都无所遁形!法律不是"爱国"流氓的庇护所,一小撮别有用心的炒作者是不会干扰到正义警方的判罚的!!!(文登事件,2015-7-24,19:07)

(68)无溦无心:[挖鼻]一群流氓约架,还TM上升到爱国了,跟TM爱国有个毛的关系,支持警察的处理!(文登事件,2015-7-24,19:24)

例(63)、例(64)认同侯聚森是爱国青年,对侯聚森正面评价。例(65)、例(66)、例(67)、例(68)否认侯聚森是爱国青年,对侯聚森负面评价。

3. 话语标记

话语标记,可以被看作构建宏观语篇的重要形式要素,是微博文本之间衔接的方式之一。例如:

(69)出海口的鱼:不错,不偏不倚,依法办事,赞一个。(文登事件,2015-7-24,21:34)

(70)关仁居士:好,顶着压力。(文登事件,2015-7-24,19:15)

（71）外行在金融圈：支持！//@我是西蒙周：支持右边！//@威海警方在线：【7·22案：得到依法处理】事实清楚，定性准确，处罚得当……7·22案，是一起普普通通的治安案件，已经处理完了。@文登警方在线（文登事件，2015-7-26，12：04）

（72）铅华nf：反对！文革因言获罪不能重演！（毕福剑视频事件，2015-4-8，14：04）

（73）周广琼：反对，现在搞得公众人物连个说话开玩笑的权利都没有了。[感冒]（毕福剑视频事件，2015-4-8，14：05）

（74）黑面猛将孙公祐：点个赞：呸！//@台风小K：点个赞：呸！//@咔嚓酥：点个赞：呸！//@不沉默的大多数：俺来点个赞：呸！（文登事件，2015-7-24，19：57）

（75）酒量已然任人欺：拉倒吧，这种女人还有名誉？别逗了……（王宝强离婚事件，2016-8-16，09：50）

例（69）"不错"、例（70）"好"、例（71）"支持"等，是认同标记，通过评价性话语标记或顺接语篇，与前一发话人建立正同盟关系。例（72）"反对"、例（73）"反对"、例（74）"呸"、例（75）"拉倒吧"是反对标记，通过评价性话语标记逆接语篇，与前一发话人建立负同盟关系。

4. 逻辑连接词

逻辑连接词，标示评价意义起承转合的衔接过渡和逻辑语义关系，是表征互动性强弱的重要参数之一。例如：

（76）榴莲流奶牛角包--：小女孩是真病，却是场带血的营销，又一次消费了公众的善意。（罗尔事件，2016-11-30，12：01）

（77）皇家马德里：话是那样说，但请把有限的资源给真正需要的人。（罗尔事件，2016-11-30，12：13）

(78) 日落成殇：我不在意转发，不在意打赏，可是和营销挂钩，总是失去了意义。（罗尔事件，2016－11－30，12：12）

(79) Sandy是个聪明蛋回复@小竹人一文：可是他开通了打赏功能，用假话诱发人们的同情心，虽然不是募捐，但是倾向性这么明显真的没错吗？（罗尔事件，2016－11－30，15：33）

(80) 饮雾楼主回复@坚持以老子为中心：小女孩无辜的啊，就算家长不对，也不用对孩子这么恶毒吧！（罗尔事件，2016－11－30，12：03）

(81) 何间：如果哪一天我变得冷漠，请你们原谅我，因为我的善良被这一个个这样的骗局泯灭了。（罗尔事件，2016－11－30，13：50）

(82) 红尘炼士2：做为一个男人，应该有正直，做为一名父亲，保护家人是理所当然。所以，请大家体谅老罗！（罗尔事件，2016－11－30，12：43）

(83) 梯歪潜水员：其实只要能帮助到有需要的人，吸不吸粉真的不重要，双赢不也是挺好的吗？（罗尔事件，2016－11－30，12：22）

例（76）转折连词"却"、例（77）转折连词"但"、例（78）转折连词"可是"、例（79）转折连词"可是"表转折或反预期，标示评价意义的重点，与其他微博观点互动，属于反驳介入资源。例（80）让步连词"就算"，属于反驳介入资源。例（81）假设标记"如果"，属于接纳介入，承认了观点的争议性，为对话预留了空间。例（82）因果关联标记"所以"、原因标记"因为"等逻辑连词，属于接纳介入资源。例（83）的转折标记"其实"属于宣告介入资源，条件标记"只要"属于接纳介入范畴。

因此，逻辑连词越多，与读者或潜在的读者、想象的读者的互动性越强，磋商对话的空间越大。互动性越强，话题转换的方向就显得不可预测。

5. 归属介入

归属即将声音归属于什么人。归属是微博文本重要的组篇机制。例如：

(84) 头条新闻：#女童患病父亲网文刷屏#【媒体称父亲曾承认帮公众号吸粉】有媒体综合报道指出，这是罗一笑父亲罗尔与某互联网金融公司合作的炒作事件，让他们"在公众号上吸粉，同时也可以帮助笑笑"。罗尔随后谈到，文章经过该公司的加工，才酿成网络大事。不少网友对这次募捐事件提出质疑。（罗尔事件，2016-11-30，12：01）

上例"媒体称"，将声音归属于媒体。但信源明确度较低，非定指形式。意味着还有其他声音，属于归属介入的承认介入。

6. 类比

通过类比推理，联系同类事件，曾经的热点事件又被提起，或新旧热点交叠，或逻辑推导言论荒谬，拓展了语篇，推升了舆情热度。例如：

(85) 琛大爷咆哮：记得彭宇案吗？从那之后，扶不扶成了一个难题。我相信这个罗尔事件之后，捐不捐也会成为一个难题，害的是真正需要帮助的人，冷的是人心。（罗尔事件，2016-11-30，13：15）

(86) 克鲁伦河之波：文革时，某单位农场大丰收，动员全体员工去搞颗粒归仓。挥汗如雨之际，忽见书记手举一枚土豆狂呼：这里有阶级斗争！原来，镇后的书记发现土豆没起干净——它不知道土豆就是起不干净的。［嘻嘻］//@忧国忧民王全杰：这是阶级斗争新动向，少数大V在境外势力的支持下，对无产阶级的红会发起猛烈攻击。（郭美美炫富事件，2016-7-5，07：42）

(87) 嘟嘟的蓝精灵：我都有点不懂了，为什么自己下车被老虎咬，会怪园方，那你吃鱼被鱼刺卡了是不是要怪卖鱼的。（八达岭动物园老虎咬人事件，2016-10-20，17：17）

(88) 笨象：一声叹息……你晕车你有理……晕车就能下车啊？晕飞机是不是也能迫降啊……（八达岭动物园老虎咬人事件，2016-10-13，

23：48）

　　（89）彩色的回忆格子：晕船你就跳海？被鲨鱼吃了，就起诉地球妈妈？（八达岭动物园老虎咬人事件，2016-10-14，00：26）

　　（90）Snowden：美国一个妈妈举着孩子站在护栏顶端观看猛兽，孩子不小心跌落被野狗咬死，动物园当场击毙一只野狗，事后赔偿巨款，将围栏拆除，猛兽转移；美国一名老太太在麦当劳买了一杯热咖啡，意外失手被烫伤，麦当劳赔60余万美元。（八达岭动物园老虎咬人事件，2016-10-25，18：12）

　　（91）我爱妈咪咪：消协真是扯淡，人家动物园已经尽到保护义务了，这么多年也只她一家出了事，不作死就不会死，她自己活够了动物园也没办法。（八达岭动物园老虎咬人事件，2016-11-22，13：17）

　　（92）burryberry：说的也有道理，吃饭时心脏病猝死，饭店也要认倒霉的赔不少钱呢。（八达岭动物园老虎咬人事件，2016-11-17，12：35）

三　微博舆论场评价功能的实现

　　评价是以功能为指向的，评价功能的最终实现取决于听话人或读者与说话人或作者之间的互动。所有的言辞都是面向他人的言辞，我们用评价回应着对方，也期待着对方的回应。交际双方正是在这种你来我往的互动中实现评价功能，实现语篇意义的建构。

　　评价的信息传播功能是在互动中实现的。网友接替式地参与互动，传播新信息。相互质疑，相互支持，相互补充，发挥微博的"无影灯效应"，在互动中真相得以揭露，谣言得以澄清。

　　评价的情感宣泄功能是在互动中实现的。网民不是自言自语的，总有一个现实的或潜在的情感发泄对象，总是渴望发泄对象出来回应，总是希望与读者分享情感反应。

评价的娱乐功能是在互动中实现的。网民用反语、反讽、网络段子、顺口溜等手段,将娱乐精神发挥到极致。

评价的立场建构功能是在互动中实现的。Martin 提出读解立场的三种模式:顺从式(compliant)、抵抗式(resistant)、策略式(tactical)。顺从式的网民支持作者立场,顺应作者对读者的操纵;抵抗式的网友反对作者立场,用批评的眼光进行反控制;策略式的网友对作者立场有所保留(即部分支持,部分反对)[①]。在网络热点事件文本中,网友观点众声喧哗,相互激荡,网民互为作者和读者,在互联网上形成了支持、反对、中立三大阵营,或呈"一边倒"之势,实际上体现了作者不同的价值主体站位。

评价的参政议政、网络问责、利益诉求等施为导向功能是在互动中实现的,网友通过具有观点倾向性的评价语言,指出事件责任的归属,形成社会舆论压力,导致事件各方及时地应对和妥善地处理,从而实现参政议政、网络问责、利益诉求的多种功能。

评价的语篇建构功能也是在互动中实现的,没有网民与事件各方、网民与新闻记者、网民与官方、网民与网民之间的互动,微博或新闻跟帖数量就会减少,新闻就没有热度,语篇就不能拓展和建构,网络热点事件也就无法产生。

四 小结

本章探讨了网络热点事件微博文本中的评价功能。指出微博舆论场中的评价具有信息传播、情感宣泄、娱乐功能、立场建构、参政议政、网络问责、利益诉求和语篇建构等多种功能。指出评价是以功能为导向,在互动中实现的。

---

① 王振华:《语篇语义研究》,上海交通大学出版社 2010 年版,第 186—189 页。

在微博舆论场中，评价语言互动呈现多层次、多向度的局面。互动过程带来磋商，或配合默契，或言语冲突。在语言上的态度是否具有一致性，决定了是否属于同一社团或群体，决定了是否结成话语联盟。互文性增强，关注越多，转发和评论越多，信息的热度增加。互文性减少，传播衰减，信息开始冷却，这是传播的规律。代表不同阶层和群体利益的网民基于不同立场和视角在网络平台上展开激烈交锋，众声喧哗，话语狂欢，通过反复地转载和评论，产生互动循环的整体效应，共同实现评价的多种功能。

第九章 总结与展望

一 研究工作总结

（一）本书的主要观点

1. BBS、QQ、博客、微博、微信等，分别代表网络舆论的五个发展阶段。如今BBS、QQ、博客式微，微博和微信成为网民的主要发声阵地。在网络舆论场中，微博舆论场是巨大的声场。研究微博舆论场中的评价，具有重要的理论价值和应用价值。

2. 评价与舆论、舆情等概念在内涵上有许多的融合之处，都涉及情感、态度和意见等。分析评价语言，了解微博语言的运作机制，能深化舆论或舆情的研究，可为舆情研判和舆情管控提供参考和借鉴。

3. 本书属于语篇语义学的研究。将评价研究从词汇层拓展到语篇层，从语法层拓展到语义层。评价资源弥漫在语篇之中，呈韵律性分布。评价像波浪一样在语篇中延伸，评价资源之间的共鸣（共振）犹如音乐的旋律一样，或相互叠加，或相互补充，或相互校正，或相互对冲，形成语篇的整体评价意义。

评价具有指称、陈述和修饰三种形态，评价资源无论处于何种句法位置或何种形态，本质上都是语义陈述，都是表达评价，其功能是一致的。因此，语篇取向的语义学跟小句取向的语法学是不同的。

4. 本书属于积极话语分析。Martin 倡导积极话语分析，以弥补批评性话语分析的不足。① 目标是通过积极话语分析朝"和平语言学"（peace linguistics）方向努力，建设宽松、和谐、共处的人类社会。

语言学家面临三个选择：一是停留在理论层面上，对语言与意识形态之间的关系作静态的描写和客观的分析；二是像批评语言学家那样，以消极的态度分析语篇中的意识形态，揭露和批评社会上存在的各种弊端；三是采取积极的姿态，在通过话语分析揭露社会问题的同时，提出解决问题的建议和措施。②

我们选择第三种，用建设性的态度对待微博舆论场中的社会问题。网民借助微博平台用评价语言分享信息、情感和态度，共同建构话语联盟，建立和维持社会关系，形成不同的言语社团。不同的言语社团在互动对话协商中，共同推动社会的公平正义，最终促成事件解决措施的出台。

5. 本书以整体论思想和互动建构观统领全篇，坚持宏观概括与微观发掘相结合，从静态描述拓展到动态建构。脉络清晰，逻辑严密，描写精细，解释合理。有别于传统的结构主义，功能语法倡导的是动态的建构观。这是一种动态的、在线生成的视角。

6. 描述性语言与评价性语言之间紧密地相互依存，描述性语言也能在语境中激发评价意义。既要加强聚合关系的评价意义研究，也要加强组合关系的评价意义研究。因为语言在横向与纵向上具有同等的意义潜势。加强组合关系的评价意义研究，可以补充侧重聚合关系研究的不足。

---

① J. R. Martin, "Sense and Sensibility: Texturing Evaluation", In J. Foley (eds.), *Language, Education and Discourse: Functional Approaches*, London: Continuum, 2004.

② 朱永生：《语篇中的意识形态与语言学家的社会责任——论马丁的相关理论及其应用》，《当代外语研究》2010 年第 10 期；朱永生、严世清：《系统功能语言学多维思考》，上海外语教育出版社 2001 年版，第 113 页。

（二）主要创新之处

1. 多种理论交融是本书的一大特色。本书以 Martin 的评价理论为主，辅之以立场表达理论、标签理论、评价参数理论等前沿的理论和方法，对微博舆论场的评价体系进行了全面系统的研究，弥补了单一理论研究的不足。

2. 材料新颖、丰富而又真实。本书研究材料是新媒体时代下的新型语篇"微博"，微博具有意识形态浓厚，滚动播报，及时跟帖评论的特点。材料具有海量性和强烈的交互性。尽管许多帖子最终淹没在海量的信息洪流之中，但一些热门评论位于热度排行榜中，便于搜索收集。材料新颖、丰富、真实、自然。

3. 本书是一本富有汉语特色的互动语言学专著。互动语言学的核心理念是从社会交际互动这一语言最原本的自然栖息地之中来了解它的结构和使用。它的研究主要包括两方面：一是要从语言的各个方面（音韵、形态、句法、词汇、语义，包括语用）来研究其结构和使用方式是如何通过互动交际来塑造的。二是要在社会交际中，互动双方需要完成的交际功能和承担的会话行为是如何通过语言资源来实现的。①

本书紧密结合微博话语事实，以互动建构观贯穿全篇。目前汉语学界这方面的著作还不多见。

4. 本书是适用语言学领域的创新之作。作为适用语言学，首先要解决语义的发生过程和积累过程，以意义编码为中心，以社会理据为重点，研究和探索"语义发生"系统。② 本书研究语篇意义的动态建构、身份和立场的动态建构，验证了功能语言学的强大的社会解释力（social accountability）。

---

① 乐耀：《从互动交际的视角看让步类同语式评价立场的表达》，《中国语文》2016 年第 1 期；乐耀：《互动语言学研究的重要课题——会话交际的基本单位》，《当代语言学》2017 年第 2 期。
② 胡壮麟：《解读韩礼德的 Appliable Linguistics》，《四川外语学院学报》2007 年第 6 期；谢翠平：《〈适用语言学〉述评》，《北京科技大学学报》2014 年第 1 期。

因此，本书在理论上和实践上颇有创新，在一定程度上充实和丰富了新韩礼德学派的评价理论。

（三）不足之处

本书的不足之处，具体体现在两方面。

1. 本书侧重于考察文字模态的评价意义，对图像模态的评价意义分析不够。对图片符号意义尽管有所涉及，但着墨不多。有符号的地方就有意识形态，意识形态领域与符号领域是相互重叠，相互等同的。微博图像将文本意义形象化、具体化，文字模态和图片模态互相补充。诚如成文、田海龙所言，多模态语篇中文字与图像之间相互补充、相互加强、并形成一种"合力"。①

微博配图丰富多彩，微博图像的表意资源还有待全面系统的研究。

2. 微博话语多姿多彩，评价资源纷繁复杂。本书着重探讨了微博舆论场的显性评价，隐性评价资源尚待深入细致地发掘。

这些都是我们今后努力的方向。

二 应用前景展望

当前中国新媒体形式向网络化、移动化、即时化、融合化、社交化方向拓展，"新媒体时代""自媒体时代""微传播时代""群体传播时代"是这个时代的标志。新媒体话语是一个崭新的研究领域，有着广阔的研究前景。

1. 话语运动是新媒体事件生成的重要动力机制。每一个网络围观事件，都会掀起轰轰烈烈的全民话语运动。

话语运动是指由公众与媒体参与建构的，挑战地方政府有关职能部门言行或既定政策与决策的公共话语行动。在网络围观事件中，官方权力话语（代表地方政府）、传统大众媒体话语（代表媒体）、网民话语（代表公众）共同参与互动与博弈，共同推动着话语运动的发展，也推动着事件的

---

① 成文、田海龙：《多模式话语的社会实践性》，《南京社会科学》2006年第8期。

处理和解决。①

评价理论关注"如何用语篇来构建言语社团共享的感情和价值观及其语言运作机制"②。我们从语篇发生学的角度研究，突破了语言研究的传统范式。话语生成的过程，也是网络舆情产生的过程。从评价理论视角来研究微博话语，探讨微博话语的运作机制，这对于舆情管控和舆情引导等应用领域，具有十分重要的价值和意义。

2. 本课题极有可能导致汉语研究观念的改变而形成一个新的研究领域。话语分析必须在语言层面进行，又不能停留在纯语言层面，必须走结构主义和功能主义结合的路子。我们认为，将人类心智、社会活动和人类言语行为的互动纳入一个整体框架处理，并寻求合理的解释，应该是当前语言学研究的新趋势。

3. 微博舆论场的评价研究，既要有对数量少的语篇进行细致文本分析的方法，又要有对大量的语篇进行分析的语料库方法。今后不再满足于少量语篇的定性阐释，而要朝建立大型动态的微博语料库迈进，为基于大量语料的实证研究提供语料库支持。

4. 本课题的后续研究，应进一步加强针对性、系统性和实用性。应该与大数据分析相结合，为舆情的大数据分析提供语言知识系统的支持。

---

① 石义彬、吴世文、谭文若：《新媒体事件研究：话语运动与传播赋权——基于"我爸是李刚"事件的个案考察》，《中国媒体发展研究报告（2011 年）》，武汉大学出版社 2012 年版，第 96—100 页。

② J. R. Martin and P. R. White, *The Language of Evaluation: Appraisal in English*, Basingstoke: Palgrave Macmillan, 2005, p. 1.

附录　本书的语料符号

本书的语料符号：

1. "# #"表示话题，两个#号中间包含话题关键词语，便于该话题的微博关注和搜索。

2. 【 】表示其内是微博的中心内容。

3. @后是微博用户名，表示对这个微博用户说话或者引起该微博用户的注意。

4. //表示这个微博是经过哪几个人转发而来的，主要分割针对同一微博的多人多次评论。//间隔连用，表示微博排队围观，众说纷纭。

5. ［ ］表示微博表情符号的中文或英文含义。

6. O表示网页链接。

7. ¡表示后面是评论配图。

8. V是加在微博用户名后面的橘红色字体，表示该微博用户是通过新浪身份认证的用户。

参考文献

一 中文文献

[1] [美] 爱德华·伯内斯:《舆论的结晶》,胡百精等译,中国传媒大学出版社 2014 年版。

[2] [苏] 巴赫金:《诗学与访谈》,白春二等译,河北教育出版社 1998 年版。

[3] [苏] 巴赫金:《对话、文本与人文》,白春二等译,河北教育出版社 1998 年版。

[4] [苏] 巴赫金:《巴赫金全集》第 6 卷,河北教育出版社 1998 年版。

[5] 陈景元:《现代汉语评价表达论》,博士学位论文,华南师范大学,2010 年。

[6] 陈景元:《网络热点事件文本中评价的功能及其实现》,《武陵学刊》2012 年第 5 期。

[7] 陈景元:《基于网络热点事件的汉语评价研究》,中国社会科学出版社 2016 年版。

[8] 陈景元:《网络流行构式"说好的×呢"的动态建构》,《新疆大学

学报》2016 年第 3 期。

[9] 陈景元、高佳:《现代汉语副词的评价视角分析》,《河北师范大学学报》2012 年第 6 期。

[10] 陈景元、高佳:《网络热点事件微博文本中的立场建构——基于"立场三角"理论的分析》,《新闻爱好者》2016 年第 8 期。

[11] 陈景元、刘银姣:《微博文本中"曼德拉逝世"相关话题的互文性解读》,《吉首大学学报》2014 年第 3 期。

[12] 陈力丹:《舆论学——舆论导向研究》,中国广播电视出版社 1999 年版。

[13] 陈令君:《基于自建英语学术书评语料库的评价参数模型探析》,《外语与外语教学》2012 年第 2 期。

[14] 陈振宇、叶婧婷:《从"领属"到"立场"——汉语中以人称代词为所有者的直接组合结构》,《语言科学》2014 年第 2 期。

[15] 成文、田海龙:《多模式话语的社会实践性》,《南京社会科学》2006 年第 8 期。

[16] [美] 戴维·斯沃茨:《文化与权力:布尔迪厄的社会学》,上海译文出版社 2006 年版。

[17] [法] 蒂费纳·萨莫瓦约:《互文性研究》,天津人民出版社 2003 年版。

[18] 方爱华、张解放:《群体性事件中政府、媒体、民众在微博场域的话语表达——以"余杭中泰垃圾焚烧事件"为例》,《新媒体与社会》,社会科学文献出版社 2014 年版。

[19] 方梅:《负面评价表达的规约化》,《中国语文》2017 年第 2 期。

[20] [美] 戈夫曼:《污名:受损身份管理札记》,朱立宏译,商务印书馆 2009 年版。

[21] [法] 古斯塔夫·勒庞:《乌合之众:大众心理研究》,冯克利译,中央编译出版社2017年版。

[22] 管健:《污名的概念发展与多维度模型建构》,《南开学报》2007年第5期。

[23] 郭金华:《污名研究:概念、理论和模型的演进》,《学海》2015年第2期。

[24] 郭湛、桑明旭:《话语体系的本质属性、发展趋势与内在张力——兼论哲学社会科学话语体系建设的立场和原则》,《中国高校社会科学》2016年第3期。

[25] 郝玲:《现代汉语中的"立场"表达刍议》,《现代语文》(语言研究版)2015年第3期。

[26] 何中清:《评价理论中的"级差"范畴:发展与理论来源》,《北京第二外国语学院学报》2011年第3期。

[27] 韩运荣、喻国明:《舆论学原理、方法与应用》,中国传媒大学出版社2011年版。

[28] 侯东阳:《舆论传播学教程》,暨南大学出版社2009年版。

[29] 侯建波:《房地产广告的多模态人际意义研究》,《中国外语》2014年第4期。

[30] 胡百精:《新媒体语境、危机话语与社会性格》,《中国新媒体传播学研究前沿》,中国人民大学出版社2009年版。

[31] 胡清国:《现代汉语评价构式"NP一个"》,《汉语学报》2017年第1期。

[32] 胡壮麟:《解读韩礼德的Appliable Linguistics》,《四川外语学院学报》2007年第6期。

[33] 胡壮麟、朱永生等:《系统功能语言学概论》(修订版),北京大学

出版社 2008 年版。

[34] 蒋忠波:《论群体极化的生成机制及其对网络舆论研究的意义》,《编辑之友》2014 年第 6 期。

[35] 姜方炳:《污名化:"网络暴力"的风险效应及其现实隐喻——以"李刚门"事件为分析个案》,《中共浙江省委党校学报》2012 年第 5 期。

[36] 姜峰:《〈学术身份:学术话语中的个性与共性〉介绍》,《当代语言学》2013 年第 4 期。

[37] 姜颖婷:《外交话语中的评价语势与主权建构——以中国外交部发言人有关东海防空识别区的话语为例》,《浙江外国语学院学报》2014 年第 3 期。

[38] [美] 凯斯·桑斯坦:《网络共和国——网络社会中的民主问题》,上海人民出版社 2003 年版。

[39] 乐耀:《从互动交际的视角看让步类同语式评价立场的表达》,《中国语文》2016 年第 1 期。

[40] 乐耀:《互动语言学研究的重要课题——会话交际的基本单位》,《当代语言学》2017 年第 2 期。

[41] 李彪:《网络时间传播空间结构及其特征研究——以近年来 40 个热点事件为例》,《新闻与传播研究》2011 年第 3 期。

[42] 李基安:《情态与介入》,《外国语》2008 年第 7 期。

[43] 李艺:《语言权势与社会和谐——中国转型期机构话语社会效应研究》,南开大学出版社 2016 年版。

[44] 李战子:《话语的人际意义研究》,上海外语教育出版社 2002 年版。

[45] 李战子:《评价理论:在话语分析中的应用和问题》,《外语研究》2004 年第 5 期。

[46] 刘保：《网络社会中的话语秩序研究》，博士学位论文，中国人民大学，2017年。

[47] 刘春波：《舆论引导论》，博士学位论文，武汉大学，2013年。

[48] 刘锋、张京鱼：《互动语言学对话语小品词研究的启示》，《外语教学》2017年第1期。

[49] 刘慧：《现代汉语评价系统研究》，博士学位论文，暨南大学，2009年。

[50] 刘建明、纪忠慧、王莉丽：《舆论学概论》，中国传媒大学出版社2009年版。

[51] 刘建明：《当代舆论学》，陕西人民教育出版社1990年版。

[52] 刘建明：《穿越舆论隧道：社会力学的若干定律》，中共中央党校出版社2000年版。

[53] 刘婷婷、徐加新：《英汉政治社论语篇级差资源对比研究》，《外语艺术教育研究》2011年第3期。

[54] 刘世铸：《评价理论在中国的发展》，《外语与外语教学》2010年第5期。

[55] 刘焱、黄丹丹：《反预期话语标记"怎么"》，《语言科学》2015年第2期。

[56] 刘银姣：《微博舆论场中当事人身份范畴的建构——基于新韩礼德学派评价理论的视角》，《当代传播》2014年第4期。

[57] 刘永涛：《语言、身份建构和美国对外政策话语中的"邪恶论"》，《国际观察》2005年第5期。

[58] 刘毅：《网络舆情研究概论》，天津人民出版社2007年版。

[59] 刘正荣：《互联网与新舆论场》，《新媒体研究前沿》，清华大学出版社2012年版。

［60］陆学艺：《社会学》，知识出版社1996年版。

［61］罗小红：《论微博客在网络舆论场形成过程中的作用》，《青年作家》2011年第1期。

［62］吕叔湘：《中国文法要略》，商务印书馆1942年版。

［63］马伟林：《语篇衔接手段的评价意义》，《当代修辞学》2011年第4期。

［64］孟小平：《揭示公共关系的奥秘——舆论学》，中国新闻出版社1989年版。

［65］［法］米歇尔·福柯：《权力的眼睛：福柯访谈录》，上海人民出版社1997年版。

［66］［法］米歇尔·福柯：《知识考古学》，殷晓蓉译，生活·读书·新知三联书店2003年版。

［67］南振中：《把密切联系群众作为改进新闻报道的着力点》，《新闻记者》2003年第3期。

［68］聂德民：《对网络舆论场及其研究的分析》，《江西社会科学》2013年第2期。

［69］房红梅：《评价的语篇功能》，《当代外语研究》2012年第9期。

［70］彭宣维：《现代汉语词语的评价语义系统》，《语言学研究》（第3辑），高等教育出版社2004年版。

［71］彭宣维等：《汉英评价意义分析手册——评价语料库的语料处理原则与研制方案》，北京大学出版社2015年版。

［72］［法］皮埃尔·布尔迪厄：《实践与反思——反思社会学导引》，华康德译，中央编译出版社2004年版。

［73］任重远：《污名的道德解析》，《伦理学研究》2016年第4期。

［74］［英］诺曼·费尔克拉夫：《话语与社会变迁》，华夏出版社

2003 年版。

[75]［英］斯图尔特·霍尔编：《表征——文化表象与意指实践》，商务印书馆 2003 年版。

[76] 邵敬敏：《现代汉语疑问句研究》，华东师范大学出版社 1996 年版。

[77] 邵敬敏、王宜广：《"不是 A，而是 B"句式假性否定的功能价值》，《世界汉语教学》2010 年第 3 期。

[78] 邵敬敏、赵秀凤：《"什么"非疑问用法研究》，《语言教学与研究》1989 年第 1 期。

[79] 沈家煊：《不对称和标记论》，江西教育出版社 1999 年版。

[80] 石琳：《历史学术语篇评价意义的批评解读》，《外语研究》2015 年第 6 期。

[81] 石义彬、吴世文、谭文若：《新媒体事件研究：话语运动与传播赋权——基于"我爸是李刚"事件的个案考察》，见《中国媒体发展研究报告（2011 年）》，武汉大学出版社 2012 年版。

[82] 石毓智：《肯定和否定的对称与不对称》，北京语言文化大学出版社 2001 年版。

[83] 舒刚：《基于政治安全的网络舆情治理创新研究》，博士学位论文，武汉大学，2014 年。

[84] 谭伟：《网上舆论概念及特征》，《新闻与传播》2004 年第 1 期。

[85] 田海龙：《语篇研究：范畴、视角、方法》，上海外语教育出版社 2009 年版。

[86] 田海龙：《批评话语分析：阐释、思考、应用》，南开大学出版社 2014 年版。

[87] 田海龙：《学术话语的交融与交锋》，《北京科技大学学报》2015 年第 5 期。

［88］王国华、肖林、汪涓：《论舆论场及其分化问题》，《情报杂志》2012年第8期。

［89］王来华：《舆情研究概论》，天津社会科学院出版社2003年版。

［90］王立非、马会军：《基于语料库的中国学生英语演讲话语立场构块研究》，《外语教学与研究》2009年第5期。

［91］王灵芝：《高校学生网络舆情分析及引导机制研究》，博士学位论文，中南大学，2010年。

［92］王希杰：《汉语修辞学》（第三版），商务印书馆2016年版。

［93］王莹、辛斌：《多模态图文语篇的互文性分析》，《外语教学》2016年第6期。

［94］王赪：《"贴标签"现象与越轨行为的发生——标签理论对个体社会化解释的述评》，《政法学刊》2003年第6期。

［95］［美］沃尔特·李普曼：《公众舆论》，上海人民出版社2002年版。

［96］王振华：《评价系统及其运作——系统功能语言学的发展》，《外国语》2001年第6期。

［97］王振华：《作为系统的语篇》，《外语学刊》2008年第3期。

［98］王振华：《语篇语义研究》，上海交通大学出版社2010年版。

［99］温锁林：《一种特殊的语用否定：隐喻式否定》，《当代修辞学》2010年第3期。

［100］武建国：《篇际互文性研究述评》，《外语与外语教学》2012年第2期。

［101］肖文涛、黄学坚：《全媒体时代网络舆论场力量对比失衡问题探析》，《中国行政管理》2015年第8期。

［102］项德生：《试论舆论场与信息场》，《郑州大学学报》1992年第5期。

[103] 谢翠平：《〈适用语言学〉述评》，《北京科技大学学报》2014 年第 1 期。

[104] 辛斌：《语篇研究中的互文性分析》，《外语与外语教学》2008 年第 1 期。

[105] 徐晶凝：《认识立场标记"我觉得"初探》，《世界汉语教学》2012 年第 2 期。

[106] 徐晓日：《网络舆情事件的应急处理研究》，《华北电力大学学报》（社会科学版）2007 年第 1 期。

[107] 徐向红：《现代舆论学》，中国国际广播出版社 1991 年版。

[108] 薛深：《网络场域中的群体标签化现象研究》，《中国青年研究》2014 年第 12 期。

[109] 姚双云：《〈话语中的立场表达：主观性、评价与互动〉评介》，《外语教学与研究》2011 年第 1 期。

[110] 姚双云：《适用语言学领域的创新之作——〈基于网络热点事件的汉语评价研究〉评介》，《内江师范学院学报》2017 年第 1 期。

[111] 杨利芳：《评价的认知阐释》，《解放军外国语学院学报》2008 年第 3 期。

[112] 殷祯岑：《语篇意义的自组织生成——耗散结构理论观照下的互文语篇分析》，《当代修辞学》2016 年第 5 期。

[113] 杨庆伟：《以"场域"视角关照"网络舆情"处置——以"武汉地铁招标"为例》，《武汉交通职业学院学报》2012 年第 2 期。

[114] 余秀才：《网络舆论场的构成及其研究方法探析——西方学者的"场"论对中国网络舆论场研究带来的启示》，《现代传播》（中国传媒大学学报）2010 年第 5 期。

[115] 袁勇：《舆论场交锋：博弈、冲突、互动与通融》，《新闻爱好者》

2013年第8期。

[116] 袁周敏、方宗祥：《言语交际中的身份建构及其理据研究》，《南京邮电大学学报》2008年第3期。

[117] 喻国明：《媒体变革：从"全景监狱"到"共景监狱"》，《人民论坛》2009年第16期。

[118] 喻国明：《中国社会舆情年度报告（2010）》，人民日报出版社2010年版。

[119] 喻国明：《关于网络舆论场供给侧改革的几点思考——基于网络舆情生态的复杂性原理》，《新闻与写作》2016年第5期。

[120] 喻国明、刘夏阳：《中国民意研究》，中国人民大学出版社1993年版。

[121] 岳颖：《评价理论中"级差"的语篇功能研究概述》，《外语学刊》2012年第1期。

[122] 赵一农：《话语构建》，人民出版社2015年版。

[123] 赵宬斐：《多元舆论场中党的舆论引导能力研究》，《政治学研究》2014年第1期。

[124] 赵芃、田海龙：《批评性语篇分析之批评：评介与讨论》，《南京社会科学》2008年第8期。

[125] 赵晓临、卫乃兴：《中国大学生英语书面语中的态度立场表达》，《外语研究》2010年第1期。

[126] 张德禄：《多模态话语分析综合理论框架研究》，《中国外语》2009年第1期。

[127] 张蕾、苗兴伟：《评价意义的语篇建构功能》，《西安外国语大学学报》2010年第3期。

[128] 张树庭、孔清溪、刘洪亮：《网络舆情"引爆点"解析——以两

起重大事故网络舆情对比分析为例》,《现代传播》（中国传媒大学学报）2013年第5期。

[129] 张涛甫:《当前中国舆论场的宏观观察》,《当代传播》2011年第2期。

[130] 张天伟:《政治领导人演讲的话语体系构建研究——基于近体化理论的案例分析》,《中国外语》2016年第5期。

[131] 张晓涛:《疑问和否定的相通性及构式整合研究》,中国社会科学出版社2011年版。

[132] 张元龙:《关于"舆情"及相关概念的界定与辨析》,《浙江学刊》2009年第3期。

[133] 郑娟曼:《从贬抑性习语构式看构式化的机制——以"真是的"与"整个一个×"为例》,《世界汉语教学》2012年第4期。

[134] 郑杭生:《社会学概论新修》,中国人民大学出版社2003年版。

[135] 祝克懿:《互文：语篇研究的新论域》,《当代修辞学》2010年第5期。

[136] 朱孟云:《舆情反转事件中网络舆论场"自我纠偏"模式研究》,《新闻研究》2017年第2期。

[137] 朱永生:《语篇中的意识形态与语言学家的社会责任——论马丁的相关理论及其应用》,《当代外语研究》2010年第10期。

[138] 朱永生、严世清:《系统功能语言学多维思考》,上海外语教育出版社2001年版。

[139] 朱德熙:《语法答问》,商务印书馆1985年版。

[140] 曾润喜:《网络舆情管控工作机制研究》,《图书情报工作》2009年第18期。

二 英文文献

[1] M. Bednarek, *Evaluation in Media Discourse: Analysis of a Newspaper Corpus*, London/New York: Continuum, 2006.

[2] M. Bednarek, J. R. Martin, eds., *New Discourse on Language: Functional Perspectives on Multimodality, Identity, and Affiliation*, London: Continuum, 2010.

[3] R. A. Berman, "Introduction: Developing Discourse Stance in different Text Types and Languages", *Journal of Pragmatics*, Vol. 37, No. 2, 2005.

[4] D. Biber and E. Finegan., "Adverbial Stance Types in English", *Discourse Processes*, Vol. 11, No. 1, 1988.

[5] D. Biber and E. Finegan, "Styles of Stance in English: Lexical and Grammatical Marking of Evidentiality and Affect", *Text*, Vol. 9, No. 1, 1989.

[6] D. Biber, S. Johansson, G. Leech, S. Conrad and E. Finegan, *The Longman Grammar of Spoken and Written English*, London: longman, 1999.

[7] G. Brown and G. Yule, *Discourse Analysis*, Cambridge: Cambridge University Press, 1983.

[8] M. Bucholtz and K. Hall, "Identity and interaction: A soci-ocultural linguistic approach", *Discourse Studies*, No. 7, 2005.

[9] E. Couper and M. Selting, *Studies in Interactional Linguistics*, Amsterdam/Philadelphia: John Benjamins, 2001.

[10] R. de Beaugrande and W. Dressler, *Introduction to Text Linguistics*, London: Longman, 1981.

[11] P. Drew and J. Heritage, eds., *Analyzing Talk at Work: An Introduc-*

tion, Cambridge: Cambridge University Press, 1992.

[12] J. W. Du Bois, "The stance triangle", In R. Englebretson (eds.), *Stancetaking in Discourse: Subjectivity, Evaluation, Interaction*, Amsterdam/Philadelphia: John Benjamins Publishing Company, 2007.

[13] F. J. D'Angelo, "The Rhetoric of Intertextuality", *Rhetoric Review*, No. 1, 2010.

[14] R. Englebretson, *Stancetaking in Discourse: Subjectivity, Evaluation, Interaction*, Amsterdam/Philadelphia: John Benjamins Publishing Company, 2007.

[15] N. Fairclough, *Discourse and Social Change*, Cambridge: Polity, 1992.

[16] G. Fauconnier, *Mappings in Thought and Language*, Cambridge: Cambridge University Press, 1997.

[17] M. Foucault, *The Archeology of Knowledge and the Discourse on Language*, New York: Pantheon Books, 1972.

[18] M. Foucault, "The Order of Discourse", In M. J. Shapiro (eds.), *Language and Politics*. Oxford: Basil Blackwell, 1984.

[19] Talmy Givón, "Isomorphism in the Grammatical Code – cognitive and biological Considerations", In Raffaele Simone (eds.), *Iconicity in Language*, Amsterdam: John Benjamins Publishing Company, 1994.

[20] Brown Gillian and George Yule, *Discourse Analysis*, Cambridge: Cambridge University Press, 1983.

[21] M. A. K. Halliday and R. Hasan, "Context of Situation", In M. A. K. Halliday and R. Hasan (eds.), *Language, Context and Text: Aspects of Language in a Social Semiotic Perspective*, Victoria: Deakin Universtity Press, 1985.

[22] M. A. K. Halliday and R. Hasan, *Cohesion in English*, London: Longman./Beijing: Foreign Language Teaching and Research Press, 1976/2001.

[23] M. P. Hoey, *On the Surface of Discourse*, London: George Allen & Unwin, 1983.

[24] Hu Zhuanglin et al. (eds.), *Linguistics: A Course Book*, Beijing: Beijing University Press, 1988.

[25] K. Hyland, "Stance and Engagement: A Model of Interaction in Academic Discourse", *Discourse Studies*, Vol. 7, No. 2, 2005.

[26] S. Hunston and G. Thompson. "Evaluation: An introduction", In S. Hunston& G. Thompson (eds), *Evaluation in Text: Authorial Stance and the Construction of Discourse*, Oxford: Oxford University Press, 2000.

[27] Kinneavy, A *Theory of Discourse: The Aims of Discourse*, New York: W. W. Norton and Company, 1971.

[28] N. K. Knight, "Wrinkling Complexity: Concepts of Identify and Affiliation in Humour", In M. Bednarek & J. R. Martin (eds.), *New Discourse on Language: Functional Perspectives on Multimodality, Identity, and Affiliation*, London: Continuum, 2010.

[29] J. Kristeva, *The Kristeva Reader*, In T. Moi (eds.), Oxford: Blackwell, 1986.

[30] G. Lakoff and M. Turner, *More Than Cool Reason: A Field Guide to Poetic Metaphor*, Chicago: University of Chicago Press, 1989.

[31] J. L. Lemke, "Resources for attitudinal Meanings: Evaluations in Text Semantics", *Functions of language*, No. 1, 1998.

[32] B. G. Link and J. C. Phelan, "Conceptualizing Stigma", *Annual Review of Sociology*, No. 27, 2001.

[33] J. R. Martin, *English Text: System and Structure*, Amsterdam/Philadelpaia: John Benjam in Publishing Company, 1992.

[34] J. R. Martin, "Beyond Exchange: Appraisal Systems in English", In S. Hunston & G. Thompson (eds.), *Evaluation in English*, Oxford: Oxford UP, 2000.

[35] J. R. Martin, "Fair trade: Negotiating meaning in multimodal texts", In P. Coppock (eds.), *The Semiotics of Writing: Transdisciplinary Perspectives on the Technology of Writing*, Belgium: Brepols and Indiana University Press, 2002.

[36] J. R. Martin, "Sense and Sensibility: Texturing Evaluation", In J. Foley (eds.), *Language, Education and Discourse: Functional Approaches*, London: Continuum, 2004.

[37] J. R. Martin, "Comment", *World Englishes*, No. 1, 2007.

[38] J. R. Martin, "Positive Discourse Analysis: Power, Solidarity and Change", *Revista Canaria de Estudios Ingleses*, No. 49, 2004.

[39] J. R. Martin and D. Rose, *Working with Discourse: Meaning Beyond the Clause*, London& New York: Continuum, 2003.

[40] J. R. Martin and P. R. R. White, *The Language of Evaluation: Appraisal in English*, Basingstoke: Palgrave Macmillan, 2005.

[41] Pudlinski, "Doing Empathy and Sympathy: Caring Responses to Troubles Tellings on a Peer Support Line", *Discourse Studies*, Vol. 7, No. 3, 2005.

[42] M. Reisigl and R. Wodak, *Discourse and Discrimination: Rhetorics of*

Racism and Antisemitism, London: Routledge, 2001.

[43] J. R. Seale, *Speech Acts: An Essay in the Philosophy of Language*, Cambridge: Cambridge University Press, 1968.

[44] M. Stubbs, *Discourse Analysis*, Oxford: Basil Blackwell, 1983.

[45] G. Thompson, "Voices in the Text Discourse Perspectives on Language Reports", *Applied Linguistics*, No. 17, 1996.

[46] G. Thompson, *Introducing Functional Grammar*, London: Arnold, 1996.

[47] G. Thompson and S. Hunston, "Hunston. Evaluation: An introduction", *Text: Authorial Stance and the Construction of Discourse*, New York: Oxford University Press, 2000.

[48] G. Thompson and Zhou, "Evaluation and Organization in Text: The structuring Role of evaluative Disjuncts", In S. Hunston and G. Thompson (eds.), *Evaluation in Text: Authorial Stance and the Construction of Discourses*, New York: Oxford University Press, 2001.

[49] M. A. van Rees, "The Adequacy of Speech Act Theory for Explaining Conversational Phenomena: A response to some conversational analytical Critics", *Journal of Pragmatics*, No. 17, 1992.

[50] V. N. Volonov, *Marxism and the Philosophy of Language* (trans. L. Matjka and I. R. Titunik), London: Routledge, 1995.

后　　记

在读博士研究生期间，我就对话语理论产生了浓厚的兴趣。从苏联思想家巴赫金的《巴赫金全集》，到法国思想家福柯的《规训与惩罚》《知识考古学》《话语的秩序》，再到新韩礼德学派 Martin & Rose 合著的《语篇研究：跨越小句的意义》、Martin & White 合著的《评估语言：英语评价系统》以及后来王振华主编的《马丁文集》（共 8 卷），我都反复咀嚼，细加研读。这些天才的思想家或语言学家，涉及领域之广，研究成果之多而又富有洞见，令我这个话语理论的朝圣者，不只是惊叹折服，而是匍匐在地。

我迅速明确了自己的学术目标——主攻网络话语语言学领域。

网络话语语言学，是一个崭新的研究领域。既可以说是语言学的一个分支学科，也可以说是语言学、政治学、社会学、心理学、传播学等跨学科互动的交叉学科。学科的发展，呼唤网络话语语言学的产生。现实的需要，也催生网络话语语言学的建立。如何构建一个健康、有序、和谐的网络空间？如何良性互动、引导网络舆论从无序的众声喧哗向有序的多声合奏演变？这是政治学、社会学、传播学、语言学等学科众目关注的重大课题。

2012 年，我主持的课题"基于网络热点事件的汉语评价研究"获教育部人文社会科学研究青年基金项目的资助。2013 年，我主持的课题"微博舆论场的评价研究"获国家社科基金项目的资助。从此,我与网络话语语言学结下了不解之缘。两个课题同时进行,有压力更有动力,注定了我必将成为该领域的得风气之先者。

学术之路艰辛、清贫和寂寞,但沉浸在学术和思考之中是最幸福的,常常有一种责任感和使命感驱使着我,不敢有丝毫的倦怠。2016年,我出版了第一本网络话语语言学专著《基于网络热点事件的汉语评价研究》(中国社会科学出版社),教育部课题成功结项,也顺利地晋升了教授。2017年,历经四载,我的第二本网络话语语言学专著《微博舆论场的评价研究》也已定稿。借此机会,我要向所有关心和帮助我的人表示衷心的感谢!

我要感谢我的父母。我出生在湘中的农村,是父母培养了我勤劳的习惯。我家有六亩多水田,从小就帮父母搞"双抢"。割稻、递稻穗、踩打谷机、挑谷、晒谷、插秧等农活,样样都会干。面对太阳的炙烤、水田的滚烫和蚂蟥的叮咬,这样高温作业的恶劣环境都能坚持下来,且不会中暑。可以说,父母培养了我坚韧不拔的意志。

我要感谢我的妻子。我心存愧疚,因为痴迷学术陪伴家人的时间太少了。是妻子善良朴实,从不攀比,用爱支撑着我一步一步地前行。

我要感谢我的硕士生导师罗昕如教授和博士生导师周国光教授。导师对我的鼓励和包容,使我从传统的语言研究走出来,研究视野越来越宽广。

我要感谢上海交通大学王振华教授、中国传媒大学唐远清教授、上海师范大学张谊生教授、华中师范大学姚双云教授。他们是我学术上的良师益友,我迷茫时总能得到他们的点拨和帮助。

我要感谢原单位领导邓国军教授、刘云生教授和翁礼明教授。他们的支持和关照,使我能克服困难,避免了许多人际关系的困扰,能全力投入教学和科研之中,在自由、宽松、创新、互助的学术氛围中潜心写作。

我要感谢广西师范大学文学院的领导和同事。他们的支持和帮助,使本

后　记

书获得了桂学研究院的出版资助。

　　生命中的贵人还有许许多多，值得我去感恩和铭记！本课题的完成只是一个阶段性的总结，前面还有更高的山头、更美的景致等待我去探访。

　　但愿我的学术之路别有洞天！但愿网络话语语言学这颗幼苗长成枝繁叶茂的参天大树。

陈景元

2017 年 8 月 15 日